邓兆安 张 涛 著

中国式网络问政

"胶东在线"的标本意义

南方日报出版社
NANFANG DAILY PRESS

图书在版编目（CIP）数据

中国式网络问政 ："胶东在线"的标本意义 / 邓兆安，张涛著. -- 广州 ：南方日报出版社，2010.10
ISBN 978-7-5491-0108-5

Ⅰ. ①中… Ⅱ. ①邓… ②张… Ⅲ. ①电子政务－研究－中国 Ⅳ. ①D630.1-39

中国版本图书馆 CIP 数据核字(2010)第 221342 号

中国式网络问政——"胶东在线"的标本意义　　邓兆安 张涛　著

出版发行： 南方日报出版社
地　　址： 广州市广州大道中 289 号
电　　话：（020）87373998-8502
经　　销： 全国新华书店
印　　刷： 广州市怡升印刷有限公司
开　　本： 889mm×1194mm　1/16
印　　张： 18
字　　数： 280 千字
版　　次： 2010 年 10 月第 1 版
印　　次： 2010 年 10 月第 1 次印刷
定　　价： 36.00 元

投稿热线：（020）87373998-8503　读者热线：（020）87373998-8502

网址：http://nf.nfdaily.cn/press/

2009年11月8日，胶东在线总编辑邓兆安出席第19届中国新闻奖颁奖典礼，会前得到中共中央政治局常委李长春、中共中央政治局委员、中央书记处书记、中宣部部长刘云山等中央领导亲切接见。

2004年6月17日，新华社副社长兼新华网总裁周锡生考察胶东在线，高度评价“网上民声”栏目。

2009年1月23日，中共烟台市委书记孙永春视察胶东在线，为“网上民声”题词：“通达民意 反映民声”。

2007年4月27日，国务院新闻办公室网络新闻宣传局副局长魏正新考察胶东在线，指导“网上民声”工作。

2009年6月20日，山东省网络文化办公室主任刘致福（中一）与专家闵大洪（左三）、邓炘炘（右二）、周勇（右三）、孙光海（右一）一起到胶东在线考察。

2010年10月20日，中共烟台市委常委、宣传部长刘延林视察胶东在线，肯定“网上民声”在构建和谐社会等方面发挥的重要作用。

烟台市委机关建设办公室常务副书记李胜学（右一）、副书记李浩生（中）指导“网上民声”栏目建设。

“网上民声”工作人员研究栏目改版。

2008年6月26日，胶东在线举行以“服务民生 共建和谐”为主题的“网上民声”五周年庆祝活动。

2009年6月20日，胶东在线组织国内知名专家学者召开“网上民声”理论研讨会。

2010年9月16日，胶东在线承办第七届中国城市新闻网站联盟年会，重点推介“网上民声”品牌经验。

序一

互联网推动中国社会文明进步

《中国式网络问政》是“胶东在线”基于网络信息传播实践的思考和总结。它成稿的时间正值互联网对中国公众提供商业服务的第十五年。这不能不让我感慨我们正在经历的互联网技术革命与中国社会变革交叠演进的历史变迁。

近15年来，互联网已经成为中国社会运行的基础设施，互联网技术的应用正在告别早期公共信息传播与私人信息传播的初始形态，在其自身蓬勃创新精神主导下，完成着从简单到复杂、从单一到多元、从初级到高级的历史演进，施放着它推进社会生活各个领域发生变革的巨大潜能。

我们在体验着网络具有的丰富的工具性功能的同时，能够看到，互联网信息技术比人类历史上的任何科学发明都更加广泛、更加深入地影响着社会生活的各个领域、各个层面、各个环节、各个时段，从而改变着人们的思维方式和行为方式，改变着社会的存在方式与运行方式。

互联网信息传播技术第一次让人类的文明进程在现实文明形态之外拥有了一个数字文明形态，这个数字文明形态绝对不只是对现实文明形态的复制、存储和备份，而是有着它自身的运行规律与能量，两个文明形态之间日益融合，进行着复杂的能量交互。

互联网正在深刻地改变着中国社会信息传播的结构模式和发展形态，同时也在深刻地影响着中国社会的进步与变革。

在互联网技术创造的新的信息传播环境中，中国公民权利的实现和公民社会的建造都赢得了新的空间。在以下诸方面，中国社会已经呈现出新的变化：

一、公众知情范围不断扩大

“公众的启蒙是正义的先驱，民主的基石”。[①]公众了解自身生存环境的真实变化情况是公众支配自身命运，实现参与社会各项权利的基础与前提。

中国改革开放30年间，公众知情权利的实现得到四大动力的支持：

1．公众在其自身物质与精神需求不断扩张的发展欲望的推动下，了解自身

①［美］《职业新闻记者协会（SPJ）职业伦理规范》.

生存环境变化全程信息的欲望日益强烈。

2．互联网信息传播技术的发展，为各种信息的社会传播与全民通达提供了技术上的可能性。

3．经济发展与社会进步为公众信息知晓权利的实现提供了经济、文化、技术等各方面的基础条件。

4．及时、公开、透明逐渐成为中国政治文明进程中中国政府机构、中国新闻管理机构和中国新闻媒体机构的责任共识。

2008年5月1日起施行的《中华人民共和国政府信息公开条例》可以被视为中国政府推进公民信息知晓权利实现的一个历史性标志。

中国各个地区、各个层级、各个领域的政府机构、社会机构、媒体机构今天都已经在互联网上建造了自己的信息传播与信息服务的平台，形成了一个功能丰富、结构多元、布局广泛、规模庞大的信息传播集群。互联网信息的传播速度更为迅捷，传播范围更为广泛，传播内容更为丰富，传播方式更为便利，由此生成了一个全新的中国国家信息的传播架构。

各种环境变化的信息、各种专业知识的信息、各种实用服务的信息、各种文化娱乐的信息、各种分析评论的信息，正在通过多元媒体渠道迅速广泛地在中国各个地区、各个行业、各个机构、各个群体之间传播与交流。

今天，中国民众已经能够通过互联网了解到与自身利益密切相关的各种信息。

借助互联网信息技术提供的便利，人们在了解各种生存环境变化状况信息的同时，也参与着对生存环境的多元描述与多元解读。

二、公众表达空间不断拓展

《世界人权宣言》第十九条规定："人人有权享有主张和发表意见的自由；此项权利包括持有主张而不受干涉的自由和通过任何媒介和不论国界寻求、接受和传递消息和思想的自由。"[①]

《世界人权宣言》述说了人类的共同理想。中国人民正在互联网这种传播自由度最高的信息平台上不断开辟自身的话语空间。

个人表达是公众表达的基础细胞。这个细胞是否健全关系着公共表达肌体是

①世界人权宣言．http://www.un.org/chinese/work/rights/rights.htm.

否健康。

公共表达不仅关系到维护人类的基本权利与尊严，而且也是公民参与社会事务的前提，是人类智慧创造得以实现的基础。

由于互联网技术的普及性应用，中国公众表达的空间在不断扩展。

博客、微博快速增长：中国互联网络信息中心（CNNIC）2010年7月发布《第26次中国互联网络发展状况统计报告》数据显示，截至2010年6月，我国使用博客的用户规模扩大到2.31亿。微博客发展更是迅速。社会公众日益便利地在互联网平台上实施着个人信息的公共传播。

新闻跟帖普遍设置：在中国的各个网络新闻传播平台上，每一个频道、每一个专题，甚至每一条新闻大都设置着网民直接发表评论参与分析的新闻跟帖功能。这就为网民对环境发生变化的事件、动态、趋势、意义进行个人的思索分析和公开的阐述表达提供了最便捷的平台，由此为人们深入理解生存环境的变动意义提供了多元认识视角。

网络论坛日益活跃：目前中国的网络论坛已经涉及到社会生活的各个领域，成为我国民众探讨问题，获取知识，寻求方法的最为广泛最为活跃的公共言论场所。中国互联网络信息中心（CNNIC）2010年7月发布的《第26次中国互联网络发展状况统计报告》数据显示，截至2008年6月底，网络社区中的论坛/BBS访问率为31.5%，网络论坛已经跻身中国网民的十大网络应用之列。这说明了中国公众表达自身观点的积极性、广泛性和可能性正在发生着历史性的改变。

随着互联网社会应用的日益普及，中国民众赢得了前所未有的个人意见的表达空间，互联网信息平台上的公众表达具有自主表达、即时发布、广泛传播、连锁反应的全新特点。

三、公众监督权利不断加强

胡锦涛总书记在中共十七大的报告中，提出了发展社会主义民主政治的六大战略举措。其中包括：

1. 扩大人民民主，保证人民当家作主。
2. 发展基层民主，保障人民享有更多更切实的民主权利。
3. 全面落实依法治国基本方略，加快建设社会主义法治国家。
4. 壮大爱国统一战线，团结一切可以团结的力量。
5. 加快行政管理体制改革，建设服务型政府。

6．完善制约和监督机制，保证人民赋予的权力始终用来为人民谋利益。

胡锦涛说："人民当家作主是社会主义民主政治的本质和核心。要健全民主制度，丰富民主形式，拓宽民主渠道，依法实行民主选举、民主决策、民主管理、民主监督，保障人民的知情权、参与权、表达权、监督权。"①

中国改革开放30年间，公众监督的状况发生了历史性改变。近些年来，由于传媒业快速发展，特别是互联网的普遍应用，公众的监督范围在不断扩大，监督的途径在不断拓展，监督的效力在不断加强。

我们看到：对政府机构的监督、对公共事务的监督、对大众媒体的监督、对社会生活方方面面的全领域、全天候、全进程的公众监督已经在中国的社会生活中呈现端倪。

互联网信息平台为实现公共监督提供了技术途径。它使得公民的社会监督能够更容易在公共空间表述、更容易在公共空间交流、更容易通达到被监督者、更容易被监察机构和司法机构知晓，因此更容易取得监督的成效。

在今日中国诸多的公民参与社会监督的事件中，我们可以发现，整个事件的细节、关键事实的验证，一切公民的质疑、各种观点的争辩，都通过互联网的信息平台淋漓尽致地展现出来，推进着整个社会的观察与思考，最终演进成中国公民对政府行为实施全程监督的丰富多彩的社会变革进程。

四、公众参与机会不断增多

在社会文明进程的意义上讲到"公众参与"的概念，是指公民依照维护自身利益的原则，参与所在生存环境中的经济建设、文化建设、政治建设和社会建设的全过程。

中共中央总书记胡锦涛先生在2006年11月30日中共中央政治局进行第三十六次集体学习时说："要丰富社会主义基层民主政治的实现形式，适应我国经济社会发展和人民群众参与愿望增强的要求，从基层经济、政治、文化、社会生活等方面，扩大人民群众的有序参与，引导和组织人民群众在社会主义基层民主政治的实践中提高自我管理水平。"②

在中国社会改革开放的总体趋势下，中国民众对于所在国家、地区、社区、

①胡锦涛在中国共产党第十七次全国代表大会上的报告．人民网：http://politics.people.com.cn/GB/1024/6429094.html.

②胡锦涛强调提高社会主义基层民主政治建设水平．人民网：http://politics.people.com.cn/GB/1024/5116008.htm.

行业、机构发展进程的参与机会在日益增多，参与领域在日益扩大，参与程度在日益深入，参与的积极性在日益提高。

中国政府的网络信息化工程，开辟了中国公众与政府机构直接交流沟通的信息渠道，公民可以直接把自己的问题、意见、建议提交给政府的相关部门。

中国网络媒体为中国公众提供了更丰富的参与社会建设的渠道。两会期间的网上互动，直通国家最高决策层。人民网、新华网为民众建造了个人信息直达全国人民代表大会、全国政协、国务院各个部委的各种网上信息通道，网民可以直接给国家主席、国家总理、全国人大委员长、全国政协主席写信。

随着中国的改革开放和信息传播技术的普及应用，中国公众与政府的日常信息沟通正在变得越来越畅通。

五、公共协商机制不断完善

改革开放30年建造的今天的中国，已经被多元价值体系、多元文化背景、多元政治信仰、多元经济结构、多元利益关系所覆盖，所支撑，所驱动。

这样一个多元化社会运行模式所生成的无限活力与复杂矛盾，在给社会带来巨大推进力的同时也给社会带来了频繁的震荡力，在各种价值追求形成的社会运行的冲突过程中，公共协商作为保证现代社会良性运行的基础机制就变得日益重要，它不仅成为化解现实矛盾冲突保证社会平衡运行的重要途径，而且也预示着从代议民主机制到协商民主机制的社会发展的更为高级的文明趋势。

在公共协商中，基于平等、理性、公开、求同存异原则所进行的信息沟通与交流，将推进公民间全程信息的知晓，不同意见的表达，公共利益的共识和个性需求的尊重。

今天，中国人民正在伴随着全方位信息交流，体验着一种把握自身命运的新的尝试，经历着他们从未经历过而今后将成为他们维护自身利益的最为重要的一种社会生活的思维方式与行为方式。

信息传播正在推进着公众直接参与社会描述，直接参与社会分析，直接参与社会监督，直接参与社会建设，直接参与社会协调。一个尊重公民权利地位、推动公民权利实现的公民社会的建构由此呈现契机与征兆。

任何社会形态下的文明进程都是充满艰难曲折的过程。由于中国特定的历史文化背景，中国公民信息权利的实现也是一个充满艰难曲折的过程。目前中国公民权利实现面临的主要障碍包括：

1. 改革开放重新建构社会利益的组合方式和分配机制，公民的信息权利会受到不同利益板块的复杂钳制。

2. 政府机构缺少民主社会环境中的执政经验，对于信息公开的社会意义的了解和对于保证公民信息权利实现的具体途径都不同程度地缺乏经验，缺乏知识，缺乏意识，缺乏自觉。

3. 民众自身的素质对其信息知晓权利的实现形成的制约。

4. 媒体业和信息业的从业者的职业修养和水准参差不齐对公民信息权利实现造成的障碍。

5. 社会经济文化发展水平的整体限制，致使各个地区、各个行业、各个群体拥有的媒体资源不平衡。

上述这些障碍决定了中国公民信息权利的实现和中国公民社会的建造必然是一个艰难曲折的过程。

然而，我们清晰地看到：在中国的改革开放和互联网信息技术两极力量的推动下，社会发展的需求与民众利益的需求之间正在形成推进公民信息权利实现的共鸣，中国信息公开、信息共享的进程得以提速。

“胶东在线”是蔚为壮观的中国网络媒体陈列中的一个地方网络媒体机构，这个机构创办的“网上民声”栏目是中国互联网提供的政府与民众进行信息沟通的诸多平台中的一个典型。这样的信息平台在化解社会矛盾、构建和谐社会方面创造出一种新型的公共协商机制，这种机制正在随着中国社会的变革实践而不断地完善和发展。今天胶东在线开创的“网上民声”栏目所从事的工作，显示了中国网络媒体所具有的强烈的社会责任心和在中国变革进程中正在发挥的作用。《中国式网络问政》一书是“网上民声”栏目的工作实录，它描绘了今天中国政治文明建设的一个重要领域的变化情状，并从理论上对这一实践进程进行了分析和研究。《中国式网络问政》一书中显示出的观察视野和思维深度已经能够向人们说明，今日中国社会正在发生的变革是何等剧烈、何等深刻。

马克思和恩格斯在《共产党宣言》里这样描述他们的理想社会：“在那里，每个人的自由发展是一切人自由发展的条件。”①

今天互联网技术推进的信息传播的发展趋势似乎和共产主义学说创始者们的

①马克思，恩格斯．中共中央马克思恩格斯列宁斯大林著作编译局译．共产党宣言．第3版．北京：人民出版社，第3版。

理想境界有着某种相同特征：把获取信息、表达观点、参与讨论、自由创造的权利给予每一个社会成员，尊重每个生命的价值，开掘每个生命的能量，成全每个生命的意愿，保障每个生命权利，推进每个生命获得自由。

在人类的历史间，信息传播的革命往往和社会发展的变革相互作用、互为因果。在中国改革开放的进程中，我们又一次看到了这种神奇的历史演进规律。

高　钢

（作者为中国人民大学新闻学院教授、新闻学院党委书记、中华全国新闻工作者协会常务理事、中国高等教育学会新闻学与传播学专业委员会理事长）

序

网络媒体的力量

在2009年第19届中国新闻奖获奖作品中，人民网“地方领导留言板”和胶东在线网站“网上民声”两个栏目双双获得一等奖（新闻名专栏）。这两个栏目都是当前被大家热烈讨论的“网络问政”栏目，他们一个面向全国，一个面向地方，但同样都为网友搭建了一个与党政机关及领导人沟通的平台，在人民群众和政府之间架起了交流的桥梁。这两个具有创新性的栏目获得大奖，充分表明了网络问政这一新的沟通渠道和模式，已被越来越多的人所认识和认可，我们应该为他们叫好。

互联网在中国不仅是获取信息、学习知识、交流分享、娱乐休闲的平台，更承担了重要的表达功能，成为社会各种信息上传下达、交流沟通的重要渠道。2006年，人民网开办了“地方领导留言板”栏目，构建起了一个全国范围的网络问政平台。目前，已有44位省委书记、省长，约160多位地市级“一把手”通过该栏目听取民众的声音，了解百姓的诉求；各地基于这个栏目累计帮助网友解决了12000多项问题。山西、河南、山东、广东等12个省区市陆续作出规定，将办理网民留言纳入党委和政府的常态工作机制。

另一个具有典型意义的网络问政平台——“网上民声”早在2003年即在山东烟台诞生。这是一个由地方性网络媒体——胶东在线创办的面向本地区的网络问政栏目。这个平台是怎么建立起来的？运作模式如何？发挥了怎样的作用？为当地网民和政府提供了一个怎样的沟通交流渠道？《中国式网络问政》一书作了深入解读。从本书中我们不难看出，胶东在线的朋友们作出了多么大的努力。他们创造性的劳动，使“网上民声”成了一个名副其实的网络问政平台，并通过科学完善、严谨规范的一系列规章制度，形成了网民、政府和网站三位一体的协作关系，开创了媒体协调社会的新模式。从中还可以看到，在促进当地官民沟通、化解社会矛盾、解决实际问题方面，“网上民声”做出了实际性贡献，真正成为当地百姓与政府部门之间的“连心桥”。所以，他们获奖是当之无愧的。“网上民声”的建立、发展、稳定，经过了一个较长时间的过程，可以想象，无论是功能建设还是资源整合，这中间都需要做出许许多多的艰辛努力。在这个过程中，胶东在线网站表现出来的持之以恒的拼搏精神是值得我们大家学习的。

胶东在线的这种拼搏精神具体表现为创新意识、超前意识和品牌意识。首先，是他们的创新精神值得提倡。创新是一种奋发有为的精神状态和工作状态的集中体现，它是通过非常具体实在的工作表现出来的。对网络媒体而言，创新就是在遵循网络媒体传播规律、发展规律的基础上，利用先进的网络技术，创造出具有丰富内涵和价值的新产品、新功能、新模式。“网上民声”栏目的诞生是胶东在线的同志们不断思考和创新的结果，“网上民声”栏目的发展完善过程也处处体现了创新意识。“网上民声”栏目获得中国新闻奖一等奖已经说明，她所开创的网络问政模式得到了业内及专家的肯定。其次，值得提倡的是他们的超前意识。“网上民声”栏目之所以能在一个地方网络媒体中诞生，很重要的一点就是强烈的超前意识。胶东在线创办于2002年，在其开通的第二年，“网上民声”栏目便上线运行。在当时，胶东在线或许并没有形成网络问政概念，他们凭借对互联网在中国发展趋势的把握，凭借强烈的责任感和使命感，不断超前思考和规划，终于结出硕果。再次，胶东在线还是一个具有品牌意识的网络媒体。“网上民声”一经推出，他们便在这个栏目上倾注了大量的心血，不遗余力地将其打造为精品栏目。“网上民声”栏目在荣获中国新闻奖之前，已经获得过2007年度中国互联网站品牌栏目。

无论《中国式网络问政》本身还是书中所介绍的“网上民声”栏目，都展示了一个地方网络媒体在新媒体时代的责任和理想。我们不难想象，胶东在线为了他们的理想付出了艰辛的努力。这本书，不但阐释、论证了“网上民声”的价值和意义，而且也必将成为中国蓬勃开展的网络问政过程中的浓重一笔。

何加正

（作者为人民日报社原网络中心主任、人民网原总裁、中国互联网协会副理事长、人民日报高级记者；南京大学、苏州大学客座教授；曾获第三届范长江新闻奖，多次获得中国新闻奖特别奖和一等奖；享受“国务院政府特殊津贴”待遇）

序二

网上民声：政府与群众的连心桥

胶东在线“网上民声”栏目是烟台市民百姓与党政机关交流沟通的一个重要平台，为烟台市经济发展繁荣，社会和谐稳定做出了积极贡献。从2003年底起，烟台市委、市政府就将“网上民声”栏目正式确定为三条听取群众意见的渠道之一，积极开展网络问政工作。可以说，没有“网上民声”栏目的长期实践，就没有《中国式网络问政》一书的问世。

以“网上民声”栏目为代表的一系列网络问政平台，借助互联网的互动性、开放性、包容性和平民化等特点，聚集了大量的网络民意，逐渐成为党和政府了解民意、汇聚民智的重要渠道。在烟台，“网上民声”栏目已经成为党政机关与民沟通、科学决策、化解矛盾、解决问题的一个重要平台，被誉为官民“网上连心桥”。

网络民意反映了群众的心声。在现实生活中，市民百姓由于各种原因会产生大量的诉求，需要反映和传递。“网上民声”栏目为此提供了一个最直接、最便捷的平台。在这个平台上，网友反映的问题、提出的建议没有经过任何加工修饰，不会被歪曲走样，能够真实表达群众的意愿。对党和政府而言，多关注网络民意，就更容易了解群众的所思所想，拉近与群众之间的距离，实现党和政府与群众之间的良性互动。网络民意还蕴藏着丰富的智慧。在“网上民声”栏目中，有众多网友对烟台市委、市政府的工作提出了宝贵的意见和建议，其中许多涉及烟台城市建设和经济发展等重要问题，丰富了领导决策的依据，提升了科学决策的水平，大大提高了党委、政府的执政能力。

互联网出现之前，社会中的很多矛盾和问题是比较隐蔽的，很难被发现。现在，以往我们很难看到、听到却严重影响群众生活的矛盾和问题一下子显现出来。这种新的形势和变化考验着我们的执政能力。小矛盾得不到重视和化解，就容易形成大矛盾，大矛盾得不到及时解决，很有可能引发冲突性事件，破坏社会和谐稳定。“网上民声”栏目有效疏导了市民百姓针对某些问题和现象的不满情绪，发挥了“减压阀”和“缓冲器”的作用。毋庸置疑，“网上民声”栏目呈现出来的许多问题，表明了我们的工作还存在一些缺陷和不足，但正是这种“揭丑”的作用，使许多矛盾被消灭在萌芽之中，避免了更严重的问题出现。烟台市委、市政府对网友在“网上民声”栏目中反映的各类问题十分重视，从上到下建立了一整套处理机制，规范各部门积极作为有效处理。同时，在网络舆论监督的作用下，面对各类公开于网上的矛盾和问题，各相关部门心系百姓，解决问题的紧迫感、责任感显著增强。近年来，我们看到许多淤积已久的矛盾得到妥善化解，群众工作和生活中遇到的烦事难事得到有效解决，进一步提升了党和政府的良好形象。

《中国式网络问政》一书是胶东在线对“网上民声”工作的总结，也从一个侧面反映了中国的互联网政治景观。此书应该是中国第一本对网络问政进行系统论述的著作，其中不仅有理论分析，也有很多生动案例。这本书值得党政机关干部读一读，进一步提升对互联网的认识，积极参与网络问政，更好地把握网络民意，更有成效地提高执政能力。也希望胶东在线百尺竿头更进一步，把“网上民声”栏目办得更好，为推动科学发展、促进社会和谐、全面建设文明富庶新烟台做出更大贡献。

中共烟台市委机关建设办公室

目录

前言

近年来，网络问政成为中国互联网领域的一朵奇葩，展示出了独具一格的魅力。各级党政领导纷纷上网，主动利用互联网了解民意，汇聚民智，形成了别开生面的网络政治景观。网民数量不断增长，成为民意表达的中坚力量，并掀起了一波又一波民意浪潮。每有重大事件发生，总能在互联网上听到网民的声音，甚至某些事件就是在网民的直接推动下才有了最终解决结果。事实表明，网络民意凝聚了巨大的话语力量，形成了非同寻常的舆论压力。

互联网在中国的发展，也不过是十五六年的时间。然而在短短的时间里，这个行业发展迅速，璀璨夺目。在中国，有领先世界的互联网企业，如阿里巴巴，如百度，也有一大批从中央到地方、遍布各地的新闻网站。他们都是中国互联网领域的生力军，是中国互联网未来发展的希望。在这短短的十几年里，我们深刻认识到了互联网的价值以及对当今中国的社会意义。或许，对于浩瀚的互联网海洋来说，我们的认识还只是冰山一角。

2001年，我们开始接触互联网，承担了创办胶东在线网站的任务。一扇大门忽然敞开，里面万象缤纷。面对一个崭新的媒体形式，带着惊喜和惶恐，我们开始畅游在广袤的互联网世界中。“铁肩担道义，妙手著文章”是我们的职业理想。如今，一个更为新潮却平民化的网络媒体出现在面前，内心的激动油然而生。我们隐隐约约意识到，这是一个可以大有作为的媒体，互联网能够让具有责任和使命的媒体人实现更大的理想和抱负。内心有了坚定的信念和对美好未来的憧憬，即使眼前困难重重，也便无所畏惧。

我们长期从事地方新闻报道，深深懂得媒体在普通民众心目中所具有的影响力，他们对媒体的那种敬畏和期待让我们感动，更让我们不安。作为新闻工作者，我们一直有一个心愿：让更多普通百姓的声音能够通过媒体反映出来。这是媒体的责任，也是新闻工作者的责任。我们时刻在想，是不是可以做得更好，挖掘出更好的形式，制作出更好的栏目，让民众有一个通畅的表达渠道，去反映疾苦、建言献策，积极参与到社会公共事务中来。

在社会转型期的时代背景下，网络群体性事件猛增，社会矛盾从现实社会逐渐转移到互联网上，网络舆论压力异常增大。面对这种局面，不彻底解决问题而仅仅停留在网络舆论引导层面，其效果也只是暂时的。所以，着手解决百姓的实际问题，并将矛盾消除在萌芽状态，一直是我们思考的问题。2002年，我们围绕"如何让网站更好地服务百姓"这个主题不断思考，策划了一系列有影响力的栏目，"网上民声"就是其中杰出的代表。该栏目在不经意间成长为一个名誉全国的品牌栏目，并问鼎中国新闻奖一等奖。一切看似偶然，却又顺理成章。

从某种意义上说，《中国式网络问政》是胶东在线"网上民声"精神与力量的一种凝聚和延续。本书的诞生，离不开中国当下日益清明的互联网政治环境，更离不开以"网上民声"为代表的一系列制度化网络问政平台的探索和实践。本质上，《中国式网络问政》浓缩了一个时代的图景，反映了在中国大地上所蕴藏的巨大的民间智慧和力量。当"网上民声"有幸荣获第19届中国新闻奖一等奖后，我们便想将她的这种"精神与力量"告诉更多的人，我们期待中国各地能创造出更多具有现实意义乃至深远影响的网络问政模式，深刻影响在变革中前行的时代中国。

《中国式网络问政》共七章内容，既剖析典型，也力图总结规律。第一章简明扼要地阐述了当前中国社会的主要问题，指出了在社会转型大背景下，社会各阶层普遍产生的不适感。第二章从网络民意、网络诉求、网络暴力三个方面分析解读，挖掘网络民意的形成机制和传播特点。第三章对网络问政的历史与发展进行了全面回顾与透视，提出了"制度化网络问政"和"非制度化网络问政"概念，并重点介绍了人民网"地方领导留言版"栏目和"胡锦涛总书记同网友在线交流"经过。第四章首次详尽地、完整地揭示了"网上民声"的运作实践和经验，介绍了"记者追踪"、"嘉宾访谈"、"市长关注"等栏目的运作过程。第五章从民意伸张、舆论监督和解决问题三个层面分析网络问政平台的价值和作用。第六章进一步阐述了"执网能力"概念，深入分析了党和政府如何提高执网能力问题。第七章选编了部分网民、政府部门工作人员和"网上民声"编辑、记者的文章。

网络问政的兴起和发展使我们遇到了许多新情况、新问题和新挑战。我们衷心希望本书能为各地各级党政机关积极投入到网络问政中提供一些启示，能够为各地网络媒体创办、运行网络问政平台提供一些方法技巧和理论参考，能够让更多的民众享受到互联网所带来的便捷，能够为中国的民主政治与网络文化建设贡献一份力量。

第一章

社会转型期下的离心力

对当前中国互联网上呈现出的大量网络民意进行梳理和分析，探究网络媒体如何担当历史责任以及党和政府如何提高执网能力，离不开时代的大背景——中国正处于社会转型过程当中。社会转型期是一个漫长的过程，这个过程充斥着各种矛盾与问题，也暗藏着许多机遇与希望，有冲突和对抗，也有缓和与妥协。每个利益群体都在争取利益最大化，规避风险、逃脱责任、投机钻营在法律空白处和制度真空地带屡见不鲜。社会分化加剧，黏度降低，形成了多层次、多角度的矛盾。在社会转型期所产生的巨大的离心力作用下，一些群体、一些阶层被逐渐边缘化。这些游走在社会政治、经济乃至文化边缘地带的群体由此缺乏安全感、归属感和认同感。即使那些还没有被边缘化的阶层，在社会快速转型过程中也难以适应，从内心里映射出的是无奈、不平、焦虑甚至恐惧。

第一节　旋转的“陀螺”

不妨让我们这样比喻：社会就像一只旋转的“陀螺”。

陀螺是必须旋转的，永不休止，否则，它就失去了存在的意义。按如此推理，一个社会犹如一只巨大的“陀螺”，无论背负多重，都必须运行下去，否则，就不复存在。旋转的“陀螺”，或许可以形象地寓意我们赖以生存的人类社会。

现实的问题是，“陀螺”并不永远都是以匀速的态势而旋转。这是一个有意思的过程：玩家会以一个温和的力量让陀螺先慢慢转起来，然后在第一时间抽上一鞭子，给它一个更强的外力，让它能够加速旋转。一只陀螺旋转起来后，如果不再施加外力，它的旋转会逐渐慢下来，直至停止倒地。会玩儿陀螺的高手，总是能在最恰当的时机，给它一鞭子，让它持续旋转下去。

社会的发展，或许也是一个这样的过程。唯一不同的是，陀螺的旋转，并无特定的目的，旋转的过程是玩家乐趣所在；而社会的运行，则指向一个个更高的层次。

万物运行，都必须遵循一定的法则。如果把能让陀螺持续旋转下去的“一鞭子”比喻成助推社会发展、进步的改革措施，那么任何一个社会的运行都逃脱不了“陀螺”法则：社会形态的转化是一个由慢而快的渐进过程。社会形态转化会产生离心力，即出现矛盾、冲突等紊乱、失序现象；社会形态的转化需要持续不断地改革动力支持，包括构建体制、完善制度、健全法治等一系列措施。

离心力是“陀螺”法则之一。陀螺在旋转的同时，必然产生离心力，而且以不同速率旋转。不同的轴心距，其离心力是不同的。旋转速率愈高，轴心距愈远，其离心力愈强。中国社会转型进入加速期阶段，其旋转速率较之前有很大提高，进而产生强大的离心力。“虽然改革并未表现为群情激昂、横扫千军如卷席的否定性行为形态，并未表现为情感多于理智的激情冲动的行为方式，而是表现为更多的理性、建设性，表现为一种建设中的否定。”[①]但是改革的力量就像海

①高兆明．社会失范论．南京：江苏人民出版社，2000.

底暗流，蕴藏着极强的“动能”。中国又是一个幅员辽阔、人口众多的国家，一旦进入改革的快车道，在惯性作用下会爆发出惊人的“势能”。“动能”和“势能”交相作用，便会产生强大的改革离心力。一方面，陈旧的、落后的体制、规范、观念、思想会在离心力的作用下逐渐消亡；另一方面，这种离心力也会在客观上伤害到那些在观念、行动上无法与改革保持同步的社会成员和组织，而且由于转型期无法避免的“社会失范”现象的存在，这种伤害会更加深刻。因此，在离心力的刺激和威胁下，社会矛盾也会不断产生、积累和爆发。根据以上分析，我们可以总结出这样一个社会转型期矛盾产生过程：改革加速——强大离心力——本能的不适应——刻意的抗拒——矛盾冲突。

通过这样一个比喻和“陀螺”法则的引入来解读当前中国社会转型及其衍生出来的系列问题，将有助于更好地理解接下来要引述的关于“社会转型期”的相关理论，也会让我们将中国转型期过程中出现的问题看得更透彻一些。

第二节 转型期下的中国社会

“社会转型期”属于社会学研究的范畴，要对这一概念有一个准确的理解，首先需要弄清楚什么是“社会转型”。高兆明在《社会失范论》一书中对“社会转型”这样定义：它的完整指称应该是“社会结构转型”。“社会结构”不能简单地被理解成社会构建的框架，它是一个总体性概念。它指的是具有相对稳定功能体系的社会存在范型。它应当被理解为社会生活与社会秩序的一种不易改变的相对稳定状态。这样，社会结构转型就应该被理解为是社会存在范型的根本变化。[①]因此，“社会转型期”是一种社会存在范型向另一种社会存在范型演变的过渡时期，是由一种社会生活、社会秩序向另一种社会生活、社会秩序行进的过程。

现实从来不会孤立地存在。中国的改革开放是100多年来中国探求近代化、现代化道路的继承与发展，将是从根本上摧毁几千年来中国封建社会形成的小农经济模式、宗法社会结构的历史性举措。把中国社会转型放到这一历史背景下分析，可以得出这样的结论：当前中国正在经历的社会转型，其本质上是从农业文明向工业文明、由前现代化向现代化、由封闭一元性社会向开放多元性社会的转化。[②]而且这种转化正在以一种加速的态势行进。

社会结构转型时期是社会发生深刻变革的时期。21世纪初期，中国社会仍然处于新旧交替的变革时期。随着市场经济体制改革、政治体制改革的深入，中国的社会生活也在发生着变化，新的秩序、新的规则逐步取代旧的秩序和旧的规则。在市场经济环境下，个人权益被逐渐尊重，自由、平等、民主等人类普遍追求的文明准则深入人心，人们的生活方式、思想观念、精神气质也在这场变革中悄然发生着某种改变。

国内许多社会学家认为，改革开放以来，中国社会主要呈现出以下问题：

一是社会分化加速。随着中国加速转型，社会分化速度也在急速上升，社会分化广度也进一步拓宽。社会分化突出表现为社会分层增多，有专家将目前中国

①高兆明．社会失范论．南京：江苏人民出版社．2000.
②刘祖云．社会转型解读．武汉：武汉大学出版社．2005.

社会划分为十个阶层。社会分化必然导致社会黏度降低，在社会转型期产生的强大离心力的作用之下，处于社会边缘的阶层很容易被剥离出去。关于中国社会分层问题将在本章第三节单独阐述。

二是社会流动加快。社会转型时期我国社会成员的流动主要表现为各种结构性社会流动，包括所有制结构、产业结构、地区结构、城乡结构的流动。20世纪80年代出现的大规模“下海”和90年代开始的农民工进城现象，都是这些结构性流动的具体表现。这种流动一方面是市场经济的产物，并促进了市场经济的发展，但同时由于制度、规范的缺失，带来了诸如投机、欺诈、违约、犯罪等社会问题。

三是社会冲突加剧。社会冲突存在于转型期中的各个方面。在转型期过程中，新旧体制是一个对抗的关系，旧体制总是想方设法影响当前社会，市场经济体制要深化和完善，就必须摆脱小农经济、计划经济模式的束缚；改革也是一个市场重新洗牌、利益分配机制重新确立的阶段，各利益主体之间存在利益上的争夺；社会各项新的制度、规范也面临取代旧的制度和规范的任务，也会引发一系列的冲突和对抗；改革的成果并不会立竿见影，即使社会个体都认识到改革的长远意义，但出于维护当下自身利益的考虑，并不是所有人都对改革的措施、新的思想持赞成意见，社会个体、群体、组织之间不可避免地存在观念上的冲突和斗争。

四是社会整合力下降。所谓社会整合（功能），指的是“借以调整和协调系统内部的各套结构，防止任何严重的紧张关系和不一致对系统的瓦解的过程”。①随着改革的深入，当前社会整合能力下降主要表现在三个方面：一是传统社会整合力量逐渐弱化，二是国家行政整合力量下降，三是新的社会整合机制不健全。

①［美］安东尼·奥勒姆. 董云虎等译. 政治社会学导论. 杭州：浙江人民出版社，1989：114.

第三节　中国社会转型之痛

改革总是伴随着阵痛甚至剧痛，这是历史规律。任何社会转型都不可能有一个截然分明的分界线，总是存在融合和斗争。社会转型的过程一方面是新秩序取代旧秩序、新规则取代旧规则的过程，整个社会逐渐整合出一种全新的生活方式；另一方面也是一个新旧秩序交织、斗争的阶段，旧的秩序和规则不会立即消失，新的秩序和规则也不会立即产生效用。毋庸置疑，中国的改革开放取得了令人瞩目的成就，但在改革的过程中，也出现了各种不容忽视的社会问题。人们在感受到当代中国发生着深刻变化的同时，也感受到某种社会秩序的失落，某种紊乱的存在。

一、关于社会失范

社会失范理论是由迪尔克姆和默顿提出来的，其字面意思为社会规范的缺失。高兆明认为，社会失范指的是在社会生活中，作为规范生活的规范或者缺失，或者缺失有效性，不能对社会生活发挥有效的调节作用，从而在社会行为层面表现出混乱状况。中国的改革开放是一个长期的复杂的过程。这是基于，我们承认人类可以通过主观的思考和规划尽可能地避免显而易见的或潜在的谬误和危险，但总是不能穷尽所有的可能性。在这种复杂的情形面前，引入社会失范理论，可以帮助我们更好地理解目前我们所面临的困境和疑惑。那就是社会失范作为一种客观存在，尤其在社会转型期过程中是不可避免的，在新旧交替的过程中，规范社会生活的规范体系有可能发生断裂。刘祖云在《社会转型解读》中认为：社会转型期是传统因素与现代因素杂然并存共起作用的时期，极易导致各种社会问题。有社会学者认为，社会失范的具体表现主要有以下几种情况：

1．社会失衡。社会失衡是指社会系统的各个组成部分之间出现的发展程度高低不同的状况。目前，中国社会也存在诸多不平衡现象，如东西发展不平衡，城乡发展不平衡，居民收入不平衡，贫富差距加剧，教育资源不平衡等等。这些不平衡现象的存在一方面是改革的难点，另一方面也导致社会不满情绪蔓延，越轨行为大量出现，严重威胁公共安全和社会稳定。社会失衡还对宏观经济的发展产生了不利影响，个体收入失衡制约了人们消费需求的扩大，权力寻租、非法手段带来的高收入也严重伤害了遵纪守法、合法经营的积极性。

2. 社会失调。社会失调是指在社会变迁或转型过程中，各个领域的发展速度、深度和广度相差甚远，不能相互配合，相互支持。尤其是经济的增长不能带来社会文明的进步，社会发展不能带来环境的改善。改革开放使中国的经济得到了快速发展，“实现了长期、持续、快速、平稳增长。1979—2007年，我国国内生产总值年均增长9.8%；在基数大大提高的情况下，比1953—1978年年均增速6.1%要高出3.7%，年均增速提高了60%。2008年上半年经济增速为10.4%。据国外有的学者计算，上世纪50年代以来，有11个国家和地区在长达25年的时间内，年均经济增速达到7%以上。而我国改革开放以来，已有29年实现了年均增速9.8%。”[①]但是，在经济取得巨大成就的同时，社会文明发展与之并不协调，自由、平等、民主的人文精神还没有成为社会主流文化，人们的价值观更多指向金钱等物质利益层面，社会道德滑坡，信仰缺失，这是市场经济体制下必然面临的问题，也是在发展市场经济的同时必须依靠其他手段进行调节和解决的问题。同时，经济发展往往是以牺牲环境、破坏资源为代价的，缺乏可持续性。近年来，中国环境质量虽然得到一些改善，但形势依然严峻，主要表现为：水土流失严重，沙漠化迅速发展，草原退化加剧，森林资源锐减，生物物种加速灭绝，地下水位下降，湖泊面积减少，水污染明显加重，大气污染严重，环境污染向农村蔓延等。

3. 社会失序。社会失序是指社会缺乏可遵循的秩序或失去监管，导致社会各领域出现混乱的局面。政治领域失序导致权力腐败，经济领域失序导致投资盲目化、短期化，教育领域失序导致过分追求经济利益。具体到中国当前出现的各种失序问题，其根本原因是改革尚不到位，以及改革过程中制度和规范的严重缺失。如果法制健全，执掌公共机关的个人就不会滥用权力；如果市场竞争有效，商业机会主义行为就会大大减少。那样的话，腐败自然敛迹，道德自然彰显，秩序自然生成。所以，在当代中国，根治腐败，规范社会，弘扬道德，归根结底要靠经济的市场化、政治的民主化和社会的法治化。

---

①汪海波. 改革开放30年经济发展的成就及其根本动力——兼及中国化马克思主义的改革观. 中国经济时报，2008（7）.

二、关于社会分层化

改革开放三十余年，中国出现了更多的社会阶层。从社会分工需求看，这个现象有其必然性。然而社会各阶层之间存在着不平等，在利益分配、资源配置等方面形成了明显差别。尽管今天中国经济已经取得了巨大发展，人们分享到了经济发展所带来的系列成果，但是一个不争的事实是，人们的社会不平等感越来越强烈。

社会学家认为，现代化的社会阶层结构应该是中间大两头小的橄榄型等级结构，中间阶层占据了社会的主体，使社会结构更加稳固。传统社会是金字塔结构，处于社会上层的只是极少数人，更多的人处于社会底层。目前中国转型也在朝着“橄榄型”结构迈进，农业劳动者阶层正在逐步缩小，中间阶层已经出现并日渐壮大，但形成标准的“橄榄型”结构还需要时间。

关于中国社会分层数量，中国社会科学院社会学所“当代中国社会结构变迁研究”课题组以职业分化和三种资源占有状况为划分标准，划分了当代中国社会的十大阶层，分别是：国家和社会管理者阶层；经理人员阶层；私营企业主阶层；专业技术人员阶层；办事人员阶层；个体工商户阶层；商业服务业人员阶层；产业工人阶层；农业劳动者阶层；城乡无业、失业、半失业者阶层。其中前四个阶层主要处于社会上层或中上层，办事人员阶层处于社会中中层，个体工商户阶层、商业服务业人员阶层、产业工人阶层、农业劳动者阶层主要处于社会中中层甚至以下，城乡无业、失业、半失业者阶层处于社会最底层。①

这种划分是以社会个体为对象而没有考虑家庭因素，相对反映了中国目前社会阶层状况，但不是绝对的，现实往往要复杂得多。

三、关于社会矛盾和问题

社会学家认为，中国目前的社会矛盾和问题，主要有四大类：结构性社会问题、变迁性社会问题、越轨性社会问题和病态性社会问题。

结构性社会问题是由于社会转型期过程中某些制度性、政策性因素引发的，往往具有全局性、普遍性特点，这类问题主要有人口问题、失业问题、贫富差距问题、腐败问题和公共安全问题。

变迁性社会问题是伴随社会流动出现的系列问题，主要包括农民工问题、生

---

①陆学艺. 当代中国社会阶层研究报告. 北京：社会科学文献出版社，2002.

态失衡与环境破坏问题、人口老龄化问题和离婚率上升问题。

越轨性社会问题是由于个人或集体行为偏差引发的，直接危及个人生命或财产安全，严重妨碍社会秩序，这类问题有黑恶势力猖獗、青少年犯罪、偷盗抢劫和信用危机等。

病态性社会问题是指社会生活中存在的与现行法律相抵触或有悖于社会道德的行为和观念，主要有色情泛滥、性行为开放、赌博、吸毒贩毒、关系网与行业不正之风盛行、利他性行为衰减等。

第二章

网络民意空前膨胀

截至2010年6月，中国网民数量已达4亿多。每天，都有数以万计的中国网民在网络上发表各种各样的言论。这些言论汇聚成一条条浩浩荡荡的河流，汹涌澎湃，不可阻挡，汇入互联网海洋，掀起一波又一波网络民意浪潮。如今，互联网已经成为社会舆论的集散地，成为普通民众打破官方信息及话语垄断的重要出口，在民意疏通方面起到了“减压器”和“安全阀”的作用。

第一节　网络民意折射社会现实

互联网是一面巨大的回音壁，人民的呼声在这个变革时代产生了巨大的回响，振聋发聩。大量的社会矛盾和问题以铺天盖地的网络民意的形式被反映出来，形成了强烈的冲击波。

一、网络民意的含义和实质

所谓的网络民意，其核心依然是“民意”，因此，要明确网络民意的含义，首先要厘清“民意”这一概念。民意一词源于西方，但是至今仍然没有一个权威的定义。有人认为，“民意是指公意，它应当具有普遍的代表性和共同性，它反映的应该是最广大人民的根本利益，是绝大多数人的共同意愿。”[①]仔细分析便会发现，民意和公意是两个相近的概念，但是并不完全一样。张淑华在《网络民意与公共决策：权利和权力的对话》一书中对“民意”进行了梳理和研究，她认为“民意是社会大众对某一社会问题或现象集中表达出来的具有多数一致性和时间的持续性，并具有对事态产生强烈影响趋向的意见、态度、情绪和干涉意愿的总和。”这一定义相对将民意直接等同于公意的认识更加科学、合理。基于此，笔者认为：网络民意是民意通过网络平台的具体呈现，指公众通过互联网这一媒介，利用社区、论坛、博客、聊天室、即时通信等平台针对社会问题或现象发表的趋向一致性的言论、观点和意愿的总和。

网络民意具有特定的语境，并不是所有呈现在网络上的话语都可以看做网络民意。由于网络匿名性特点，任何人都可以通过网络进行表达，网络上也充斥着各种各样的杂音和噪声。网络民意具有公共性，是公众针对某个事件或主题的议论和探讨，那些随便发表的、缺乏特定主题的家长里短式的话语，无法承担社会公共责任，不具备网络民意的资格。本质上，网络民意是社会民意的延伸和反映，网络民意的喷发是公众在社会公共事务领域的知情权、表达权、监督权、参与权的具体表现，表明了公众参与社会公共事务的强烈意愿。网络民意也体现了

①张航．网络舆论不是民意的全部．解放日报：http://news.163.com/09/0831/19/5I2NGE2N000120GR.html，2009（8）．

多数人的压力，是众人力量的集合和意志的累加，具有非常强的杀伤力。

二、网络民意的形成机制和特点

互联网技术的应用和发展，使信息传播机制发生了深刻变革。国家对信息资源的垄断局面被打破，信息传递渠道不再只是由上至下进行，而是形成了多向传播的态势。公众“拥有表达权”不仅仅停留在法律层面，而且日渐得到有效落实；媒体不再是信息的唯一发布者，普通公众也可以通过互联网发表言论，传递消息，而且借助互联网的传播效应使影响呈几何级放大，起到影响他人和社会的效果。网络媒体的影响力在日渐增强，传统媒体的影响力则相对削减。

互联网没有被广泛应用之前，特别是在传媒不发达的历史时期，传统社会的治理模式是建立在信息不对称的基础之上的。传媒匮乏的时代里，整个社会体系呈金字塔结构，社会管理者处于金字塔最顶端，拥有对信息资源的垄断权，普通民众处于金字塔底层，彼此之间没有有效的沟通渠道，只能聆听来自金字塔最顶层的声音。这种结构从社会管理者的角度也可以看成是“俯视”模式，社会管理者从最顶层可以看到全社会，但是普通民众从最底层却看不到最顶层。这是一种信息完全不对称的结构。社会管理者通过这样一种信息不对称的结构达到低成本高效率的社会治理目的。

今天，随着互联网时代的来临，一切都发生了翻天覆地的变化。有一句话很好地描述了这种变化的情形：互联网时代，世界是平的。至少在当今中国，从信息传播角度形成的金字塔形的社会结构正在消失，变成了一种平坦的“罗马角斗场”结构。这是“一种围观结构，是众人对个体展开的凝视和控制。”社会管理者被置于众人围观之中，已经失去了信息资源的垄断优势，依靠信息的不对称进行社会治理失去了作用并“遭受到前所未有的危机”。①

首先，网络匿名性特点营造了一种“围观”但不在“现场”的独特语境，普通民众在关注社会管理者的同时，也有机会和胆量相互议论，无所顾忌地发表彼此的意见和观点，容易形成对社会管理者的舆论攻势。处于舆论中心的社会管理者的地位与之前发生了颠倒，他们几乎不可能再对普通民众实施有效监控，却反而被民众监视起来了。

其次，网络传播的虚拟性也增强了由于“传染”、“暗示”等心理机制的作

①喻国明. 中国社会舆情年度报告（2010）. 北京：人民日报出版社，2010：1～2.

用，使网络民意产生裂变效应。由于网民的知识结构、社会背景、经验阅历、思想观念等方面千差万别，在针对一个问题的讨论上很容易形成不同的观点和派别，在每种观点背后，都有一大批支持者。这些支持者中不乏理性网民，但更多网民是在“传染”和“暗示”感召下的盲从者。网络民意裂变效应同时造成了网络民意的“泛主题”、“无主题”现象，这主要表现在两个方面，一是在同一时间维度上，围绕同一事件的网络民意会呈现多个角度，尽管有些角度脱离主题甚远，但网民依然津津乐道；二是随着时间的推移，事件发展变化的推进，网络民意所关注的对象会不断发生迁移，矛盾的焦点也会相应转化。现实经验表明，对于一个问题的讨论，网络当然有很多“仁者见仁，智者见智”的争论和激辩，但也会出现“众说纷纭，听风是雨”的迂回和反复。

再次，由于长期的“沉默”和众多现实因素，在社会敏感问题上，网络民意极其容易产生聚合效应。普通民众在与社会管理者沟通的过程中，有一种潜在的对抗情绪，这使得他们在表达利益诉求、评价领导者功过是非时，不由自主地掺杂个人情感因素。尤其是面对公权腐败、官僚主义等社会敏感现象和问题时，他们更会义愤填膺、言辞激烈，形成一边倒的舆论态势。当事人在这个过程中稍有不慎，作出不合时宜的反应和举动，便会引发更大规模的网络民意的反抗。

复次，“意见领袖”仍然是网络民意形成过程中的一个重要因素。在传统媒体统治信息资源的时代，意见领袖通常是由媒体工作者、专家学者等知识阶层担当的，他们以公开的方式在正式场合设置公共议题，充当社会舆论引导者的角色。在网络传播情境下，除去那些为了达到某些目的而刻意策划网络事件的网络推手，真正意义上的意见领袖仍然存在，他们在网络民意的形成中起到了重要的引领作用。所不同的是，他们通常以比较隐蔽的、非正式化的方式引导网络民意走向。

最后，网络民意在形成过程中，经常会发生“方向性”转移，出现左右摇摆的现象，缺乏稳定性。这并非是网民缺乏足够的智慧所造成的，相反，网民拥有无穷的力量和智慧，这在许多由网民所促成而最终圆满解决的网络事件中已经得到验证。究其根源，这是目前网络沟通语境所造成的。网络民意大多是由网民自发产生的，网民在对一些错综复杂的事件进行讨论时，无论是时间上还是组织上都缺乏能够深入认知、理性分析的条件。虽然从参与讨论的整体网民而言，他们可能夜以继日、前仆后继地对事件作出分析，但大多数个体缺乏深入思考；虽然参与讨论的网民数量是庞大的，但是缺乏有效组织，各种观点交织，甚至相互抵消，一些有着独立判断、长远思考的观点容易被淹没在嘈杂的声音之中，反而某些戏谑、嘲讽式的表层言语往往获得关注和追捧。

以上是笔者归纳的网络民意的形成机制。在具体运行中，网络民意体现出了如下特点：

一是网络民意表达便捷、迅速。互联网在技术上具有传播迅速、即时性强的特点，这使得网络民意的表达不受时间、空间的限制，网民只要具备上网条件，随时随地都可以通过网络发表意见和建议，对事件作出可长可短的评论。"互联网新应用新服务为人们表达意见提供了更广阔的空间。博客、微博客、视频分享、社交网站等新兴网络服务在中国发展迅速，为中国公民通过互联网进行交流提供了更便捷的条件。"[①]手机作为互联网终端之一，也极大地方便了网民通过互联网传递信息、发表意见。随着互联网宽带技术的发展以及3G技术的应用和普及，各种信息尤其是视频信息的传输速度会成倍增长，这给民意更加便捷、迅速地表达带来了有利的条件。

二是网络民意表达具有大众性。互联网在中国的普及速度异常迅速。根据CNNIC发布的《第26次中国互联网络发展状况统计报告》，截至2010年6月，中国的网民人数达到了4.2亿，互联网普及率达到31.8%，超过世界平均水平。"超过66%的中国网民经常在网上发表言论，就各种话题进行讨论，充分表达思想观点和利益诉求。"[②]这表明中国的网络民意表达并非个别现象，也不是极少数网民的行为，而是具有大众性、代表性，彰显着明显的时代感。这些网民不仅在数量上有说服力，而且遍布社会各个阶层各行各业，深切感受到社会矛盾和问题所在。大多数网民在发表言论和进行利益诉求时，所指向的往往涉及某一个层面的矛盾，关注的是社会普遍性问题。

三是网络民意具有虚拟性。网络民意虚拟性是指网络民意表达的主体在绝大多数情况下是隐藏在网络背后的，是以一个"虚拟人"的形象在发表言论，对其他受众而言，无法产生眼见为实的感觉。网络民意的虚拟性特点会对事实真相的传播产生两方面的作用，一方面会使事实得到强化，真相得到澄清，"虚拟人"不会顾忌说真话会产生对自己不利的后果；另一方面也有可能导致以讹传讹、谣言四起，因为"虚拟人"同样也不会畏惧说假话需要承担的责任和后果。从目前中国网络民意走向来看，大多数中国网民是心地善良、通情达理的，他们更需要

①国务院新闻办公室．《中国互联网状况》白皮书．2010.
②国务院新闻办公室．《中国互联网状况》白皮书．2010.

的是尊重和坦诚。因此，网络民意的纷纷表达，有利于帮助人们在虚拟世界中了解事实真相。

四是网络民意具有随意性。目前网络民意的产生原因主要有两种类型，一种是事件主导型，一种是议题主导型。所谓的事件主导型是指社会上发生某个事件后获得了网民的关注，进而围绕其进行相关话题的讨论和评价。事件主导型的网络民意具有较强的随意性，这是因为网民讨论什么不是由自己来决定的，而是根据当前社会热点事件设置议题展开讨论的。所谓的议题主导型是指网民在社区、论坛等网络平台中所设立的已经确立某个主题的讨论区进行讨论，发表意见和观点。一般而言，讨论区的主题会比较宽泛，如人民网的"强国论坛"，主题是"强国"，但可以讨论的意见领域非常多。而且网民是松散型的群体，即便是在有明确主题的讨论区里，往往也会根据自己的意愿和需要发表意见，而不会刻意遵循讨论区的议题设置规定。总体而言，大规模网络民意的聚集大部分还是以事件主导型为主，其随意性非常明显。

五是网络民意阶段性和长期性并存。在网络上，对于一个单一的事件来说，网络民意的聚集是阶段性的，随着事件来龙去脉的逐渐清晰或是问题得到了妥善解决，大多数网民便不会再对该事件有过多关注，会转向其他热点事件。根据喻国明主编的《中国社会舆情年度报告（2010）》统计，平均每个热点议题存活时间为16.8天，大多数集中在两周以内。与此相对应的是网络民意对于热点话题如"腐败"、"公共安全"等具有较强的兴奋度。调查显示，2009年1~12月全国每个月的热点事件中，都有涉及到"政府行为"的新闻事件。这表明，无论事件如何变化，但只要涉及到公职人员贪污受贿、作风不正以及公共安全领域的突发事件，网民都会予以关注，网络民意会迅速升温，这种现象将会长期存在。

六是网络民意互动性强。互动性是网络的显著特点，这使得网络能够成为公共话题的舆论场。网民在一言一语的交流中探讨解决问题的方案，在你来我往的互动中碰撞出思想的火花，体现了普通民众参与公共事务的热情和愿望。网络民意的互动体现在三个层面。首先是网民之间的互动，针对同一个热点事件，网民会从不同角度展开讨论，促使事件迅速升温；其次是网民与事件当事人或其代言人的互动，这是消除网民各种猜测、疑虑的主要途径，也是促使事件得以圆满解决的必经环节；第三是网民与媒体之间的互动，近年来许多热点事件在网络上被炒热，基本上遵循了这样一条路径：事件发生—网民在网上公布—引起更多网民关注和讨论—传统媒体跟进—当事方回应—网络媒体、传统媒体继续跟踪报道—

事件结束，其中部分环节会有不断的反复，并非直线行进的。在这个过程中，网民与媒体的互动主要体现在传统媒体自觉不自觉地受到了网民的影响，接受了网民集体设置的议题，传统媒体的报道反过来也会影响网民对事件的看法和评判，双方就在这种互动中相互影响，直至事件结束。

七是网络民意聚集在社会敏感领域。网络民意的指向是有规律的，越是在社会敏感领域和部门、问题多发地带，网络民意越会给予更多的关注。研究显示，2009年网络热点事件涉及领域中，政府行为不当和官员违法乱纪等行为占到所有领域的36.5%。不可否认，在社会转型期阶段，政府和社会管理者已经站在了风口浪尖上，他们的一举一动都会引起网民的时刻关注。从热点事件涉及的主体分析，"公检法系统、职能部委是网络热点事件主要关涉主体"，[①]这两类主体关涉比例达到了33.2%。可以说，敏感领域和部门已经曝光在网络民意的聚光灯之下。

三、网络民意的价值和作用

近年来，网络民意逐渐成为我国社会生活中的一道新景观，在反映社会舆情、缓解社会矛盾、保障公民权利、促进民主文明等方面发挥了重要作用。这对处于社会转型期的中国社会而言，无疑具有新的意味。网络民意的健康发展，能够适当补偿转型期社会中有效制度供给不足的难题，从而使社会失范、失序、失衡等问题得到缓和，有助于中国社会转型能够平稳过渡。

首先，网络民意是反映社会舆情的晴雨表。网络民意的大量涌现，使更多的社会问题暴露出来。对这些问题的议论和探讨，由小范围的、相对割裂的坊间转向了网络这个更为广阔的公众舆论大平台之上。"舆论是民意产生的基础和先导，民意是舆论的发展和集中"，[②]从这一观点出发，社会舆情是社会民意产生的基础和先导，社会民意能够反映社会舆情，而网络民意作为社会民意的一个重要体现，当然是社会舆情的具体反映。及时了解网络民意，有助于对当前社会舆情态势作出科学合理的判断；深入把握网络民意的发展走向，就会对社会舆情进行有效的引导。

其次，网络民意对于缓和社会上各种紧张关系起到减压器和安全阀的作用。我们正处于急剧变革的转型期，改革开放30年来经济发展成就显著，但是政治体

①喻国明．中国社会舆情年度报告（2010）．北京：人民日报出版社，2010：19.
②张淑华．网络民意与公共决策：权利和权力的对话．上海：复旦大学出版社，2010：35.

制改革却缺乏实质性突破，民主决策缺乏制度支持，公权力缺位、错位与越位并存，甚至被作为一种特殊资源加以利用，加剧了民众的不满情绪，从而造成了官民之间关系的紧张和对立，社会矛盾一触即发。互联网为普通民众宣泄提供了出口，使社会各种紧张的关系得到缓和；民众将心中的不满发泄出来，就有可能减少其在现实社会的暴力性冲突和对抗。

再次，网络民意有效落实了公民的知情权、表达权和参与权。在互联网还未普及的年代，民众的知情权、表达权和参与权难以落实。如今，大量的网络民意得以形成，表明了互联网时代普通民众依靠集体的力量，较多地获得了解真相的权利，表达个人意愿参与公共事务的权利。这些权利将会随着网络民意影响力越来越大而备受重视。

最后，网络民意加快了中国民主文明的进程。如此汹涌的网络民意能够呈现在互联网上，本身就是一大进步，这表明了中国公民意识的进一步觉醒和提高，这将成为中国民主文明发展的坚实基础。而诸如抽天价烟的局长“周久耕”锒铛入狱、烈女“邓玉娇”被无罪释放等一系列热点事件的陆续展开，也会对促进整个社会自觉追求公平、正义、秩序等产生深远影响，而这些正是民主、文明社会的内核。

总之，网络民意是在网络语境下社会民意的反映，有独特的生成环境和运行机制。在目前，网络民意还不能完全等同于社会民意，但是随着互联网的发展，人们对互联网认识的深入，网络沟通平台的完善，各种沟通机制的建立，这种情形会得到根本性的改变。终有一天，网络民意会深刻地反映社会民意，精确地表达社会民意，为推动中国民主进程和现代化建设作出更多的贡献。

四、网络民意透视——现实社会缩影

网络民意有一种普遍特质：执著精神。尤其是事关一些社会重大问题，如腐败、不公正、欺骗民众等，网民的执著精神会表现得更加突出。一方面，网民会对这类事件进行刨根问底式的挖掘，直至得到满意的解决结果；另一方面，网民会对某些解释产生本能的怀疑，并进而不断求证查明真相。这种不遗余力的执著精神，有力地推动着一些重大社会事件最终水落石出获得解决，也显示了网络民意在“问责”方面的巨大威力。下文将选取近年来三个有代表性的热点事件进行分析，透视这些事件在网络民意的推动下的行进路径。

透视焦点一：腐败，网民的心头之恨

典型人物：抽天价烟局长周久耕

事件概要：周久耕，男，汉族，1960年6月出生，原南京市江宁区房产局局长，2008年12月因对媒体发表“将查处低于成本价卖房的开发商”的不当言论，被网友人肉搜索，曝出其抽1500元一条的天价香烟，戴名表，开名车等问题，引起社会舆论极大关注，人送其“最牛房产局长”、“天价烟局长”等多个极富讽刺意义的称谓。

周久耕的不当言行经舆论曝光后，引起了南京市委、市政府和江宁区委、区政府的重视。2008年12月28日，江宁区委免去周久耕的江宁区房产管理局局长职务。2009年3月20日，南京市纪委、市监察局宣布，因严重违纪并涉嫌犯罪，给予周久耕开除党籍、开除公职的处分，并移送司法机关依法处理。

2009年9月4日，因涉嫌受贿罪，周久耕在南京市中级人民法院受审，检方指控他受贿107万元人民币和11万港币，建议对其量刑10年以上。检方指控，周久耕在2003年至2008年担任江宁区民政局局长、江宁区房产局局长期间，共接受9人贿赂，受贿金额为107万元人民币和11万元港币。周久耕认可了检方的指控，但他的辩护律师对其中一笔20多万元的受贿数额存疑，认为那只能视为人情往来，不应认定为受贿。

2009年10月10日，江苏省南京市中级人民法院作出一审判决：周久耕犯受贿罪，判处有期徒刑11年，没收财产人民币120万元，受贿所得赃款予以追缴并上交国库。

经审理查明，周久耕在担任江宁经济技术开发区管委会副主任、江宁区民政局局长、江宁区房产局局长期间，利用职务之便，先后为有关单位和个人在承接工程、企业改制、人事调动等事项上谋取利益，共收受贿赂人民币1071257元和港币11万元。

法院认为，周久耕身为国家工作人员，利用职务便利，为他人谋取利益，非法收受他人财物，其行为已构成受贿罪。鉴于周久耕归案后如实供述办案机关尚未掌握的同种较重罪行，并主动退出全部赃款，认罪态度较好，依法从轻处罚。

事件始末：2008年12月10日，南京市江宁区房产局局长周久耕接受媒体采访时抛出“对于开发商低于成本价销售楼盘，下一步将和物价部门一起进行查处”的言论。

2008年12月11日，网友发帖呼吁对周久耕展开“人肉搜索”。

2008年12月14日，网友发帖称，“周局长一条烟抵下岗工人3个月低保。”配发照片注:“‘九五至尊’，一条1500元！”12月15日，网友发帖指认周久耕所戴手表是“江诗丹顿”，价值约10万元。

2008年12月17日，网友发帖称周久耕弟弟是房地产开发商，周久耕儿子是建材商。周家都被推到风口浪尖上。

2008年12月29日，周久耕被免职。

2009年2月13日，南京市江宁区纪委对周久耕立案调查。3月23日，溧水县检察院对周久耕立案侦查。

2009年8月5日，南京市检察院以受贿罪对周久耕提起公诉。

2009年9月4日，周久耕受贿案在南京市中级人民法院开庭。

2009年10月10日，周久耕被南京市中级人民法院一审以受贿罪判处有期徒刑11年。①

深度分析：

1. 该事件网络民意的行进路径

周久耕事件反映出来的网络民意主要经历了三个阶段：一是强烈抨击周久耕“将查处低于成本价卖房的开发商”的不当言论阶段；二是展开对周久耕人肉搜索曝光其生活用品和家庭成员职业阶段；三是政府作出回应、检察机关介入后案件基本明了的反思阶段。这三个阶段网络民意基本上是按照“话题引入—深入追究—反思自省”这一路径行进的。

第一个阶段持续时间最短，网民因对周久耕不当言论不满，遂将矛头直接指向了其存在腐败行为的可能并展开集体追究，挖掘有价值的线索。在这个转折中，反映了网络环境下网民具有一定的“报复”心理，而且这种心理会对其他网民进行“暗示”和“传染”。在强烈的“报复”心理和人肉搜索双重作用下，短短一周的时间，事情就有了结果——周久耕被免职。此后，该事件便进入了司法程序，检察机关立案调查，并最终以周久耕涉嫌受贿罪入狱而画上句号。周久耕被免职后，网络民意的焦点也随之转变，民间展开了一场关于对“反腐”问题的深入思考。

①百度百科——周久耕. http://baike.baidu.com/view/2057114.htm?fr=ala0_1.

2. 周久耕何以锒铛入狱

从一句不当言论到被判刑入狱，只有短短10个月时间，对周久耕本人来说这种传奇式的“因言惹祸”多少有些戏剧色彩，而对那些习惯了用颐指气使、不可一世的口吻对老百姓进行训话的官员来说就不能不引起警醒。周久耕的锒铛入狱表面上是一句不合时宜的言论造成的，但是其背后还有更深层次的原因。

言论本身不重要，关键是谁在说。如果这句话从一个专家学者口中说出，顶多被老百姓扔鞋子，但是从一个与房地产紧密相关的部门领导口中说出，就不能不牵动网民那敏感的神经让人浮想联翩了。一句不合时宜的话或一包名贵香烟仅仅是一个由头，关键这让普通百姓对敏感部门官员那种只能意会式的揣测得到了证实。

伤害民心，违背民意，网民不答应。房子问题是敏感问题，牵动着社会神经。周久耕作为房产局局长公开表示反对开发商低于成本价卖房，无论反对有理还是无理，都会惹来非议，尤其是想利用公权达到私利的目的，更令百姓恼怒。

收受贿赂，牟取私利，触犯法律被昭著天下。人肉搜索让周久耕犹如穿上了皇帝的新衣，毫无遮掩地暴露在网民的监视之下：戴名表，开名车，弟弟是开发商，儿子是建材商，其中猫腻可想而知。在网络民意的推动下，检察机关介入调查，最终认定其犯罪事实。

互联网在这个事件中也起到了至关重要的作用，一是网民发起“线索”搜寻，反映周的奢侈生活和家庭关系；二是网络民意聚集起了强大的舆论场，迫使政府部门重视，检察机关介入调查。

3. 周久耕“是个倒霉蛋吗”？——关于现行反腐机制及其走向的思考

周久耕事件逐渐平息后的一段时间，网络民意焦点开始转向另一个方面：周久耕被网民拉下马到底有多大现实意义，是否意味着网民的胜利。在网络上，有评论人士和网民针对这个问题不断探讨，基本上形成了两派观点。乐观派认为，周久耕被网民送进监狱，体现了网络舆论监督的力量，是网络反腐的重要成果，是网民的胜利；冷静派认为，作为网络反腐个例，周久耕事件实际反映了当前整个社会防腐机制缺失，这是社会的悲哀，也是网民的悲哀，并不值得欢呼雀跃。还有人说，周久耕太冤了，这块砖头怎么就砸着他了？

笔者分别对媒体和网民在这个问题上的观点和言论作了一个梳理，具体情况如下：

冷静派：

1.《请网友不要人为制造下一个周久耕》（《中国青年报》）

观点：不要滥用人肉搜索，避免网络舆论监督失去公信力。

2.《周久耕是不是只替罪羊》（浙江在线）

观点：显而易见，久耕同志或许不过是当地监管部门为了平息网上舆情，而公开推出来的一只替罪羊而已。网友们发起的人肉搜索，丝毫没有动摇现行体制下“自我完善”的反腐套路，以及某些愈演愈烈的官场高消费潜规则。

3.《周久耕获刑并非网络监督的胜利》（《南方都市报》）

观点：网络监督也好，“人肉搜索”也罢，说它已经成为反腐利剑，有些夸大其词了。而周久耕的落马，如果全都归于网络监督，由此欢呼“网民胜利”，也有点贪功太多了。

4.《周久耕被判11年实在太冤了！》（《东方早报》）

观点：如果不建立起合理有效的监督机制，所谓网络监督永远只是网络起哄，而贪官永远反不完，成功扳倒贪官只能是个案，无法被复制，网民只是被人利用的工具而已。

5.《周久耕判了，思考留下了》（凯迪社区）

观点：依靠网络打击腐败，树正气，是一条途径，但绝不是所有。

http://club.kdnet.net/newbbs/dispbbs.asp?boardid=1&id=3056557

6.《周久耕的倒掉》（凯迪社区）

观点：周久耕的原话被媒体阉割；周久耕的倒掉是因言获罪、有罪推定的“成果”，与现代司法精神格格不入等。

http://club.kdnet.net/newbbs/dispbbs.asp?boardid=1&id=2712320

7.《且慢欢呼，周久耕案中没有胜利者》（凯迪社区）

观点：眼下，社会中日渐强大的民间监督资源，却总有一种无处发力的感觉。虽然有时你可以发发飚，搞些周久耕式的边角碎料，但总归不是监督的主力，更多的、更深层的东西就在你的眼皮底下滋长蔓延，你却无计可施，任由发展。

http://club.kdnet.net/newbbs/dispbbs.asp?boardid=52&id=2681559

乐观派：

1.《周久耕栽在互联网上》（东方网）

观点：反腐败利器之一是互联网。周久耕从被发现到受审，互联网起了照妖镜的作用。

2.《也说“周久耕是个倒霉蛋”》（凯迪社区）

观点：我们应对每一个贪官落马感到高兴，不管是“大鱼”还是“小虾”。周久耕们不是“倒霉蛋”，他们是罪有应得。

http://club.kdnet.net/newbbs/dispbbs.asp?boardid=52&id=3062468

3.《周久耕获刑真非网络监督的胜利吗？》（凯迪社区）

观点：网络监督的作用就是逼得监管部门下真“药”、动真“刀”，能达此目的就是网络监督和网民的胜利。

http://club.kdnet.net/newbbs/dispbbs.asp?boardid=24&id=3059109

在这10条评论中，70%的评论在肯定互联网反腐作用的前提下，从规范网络反腐行为，建立合理有效的监督机制入手进行分析，其目的并非贬斥网络的肤浅和网民的鲁莽，而是着眼于从根源上、制度上解决腐败问题。而也有30%的评论认为，这就是网民的胜利，网络监督的胜利。

笔者认为，在当前社会转型期，权力缺乏有效制约手段，腐败作为社会严重问题之一有其存在和蔓延的客观条件。解决腐败问题，既要有长远的战略布局和规划，也要有短期的应对方法和策略；既要有从根源上消灭产生腐败土壤的信心，也要有遏制腐败进一步蔓延的手段。这两者结合起来，是降低腐败危害的有效之道。必须客观地、辩证地、历史地看待网络民意在与腐败作斗争中发挥的作用。网络民意在周久耕事件中确实发挥了作用，一方面释放了公众对房地产行业的各种不满情绪，一方面使周久耕的腐败事实快速浮出水面。这使得网络民意在网络反腐领域表现出了一种威力和震慑力，对腐败行为具有短期的警示作用。从长远来看，这种网络反腐模式难以体系化、制度化和长效化，还十分不成熟、不完善，但这并不意味着网络反腐只有这一条路可以走。随着互联网技术的发展，公民意识的提高，网络反腐或许仍有广阔空间和美好前景。

所以，周久耕是不是个“倒霉蛋”并不重要，关键是他确实腐败了，恰好又被网民抓住了把柄。

透视焦点二：正义，网民的热切向往

典型人物："烈女"邓玉娇

事件概要：邓玉娇，女，1987年7月11日生，湖北省恩施州巴东县野三关镇木龙垭村人，在野三关镇"雄风"宾馆做服务员时，于2009年5月10日晚基于自卫目的，刺死、刺伤镇政府人员引起全国轰动。

2009年5月10日晚8时许，湖北省巴东县野三关镇政府3名工作人员在该镇雄风宾馆梦幻城消费时，涉嫌对当时在该处做服务员的邓玉娇主动进行骚扰挑衅，邓玉娇用水果刀刺向两人，其中一人被刺伤喉部、胸部，经抢救无效死亡。邓玉娇当即拨打110报警。次日，警方以涉嫌"故意杀人"对邓玉娇采取强制措施。

死者名叫邓贵大，今年44岁，是野三关政府招商办公室主任；另一名伤者叫黄德智，以前是该镇农业服务中心副主任，2009年年初抽调到招商办工作。另一名工作人员也是邓贵大的同事，他们三人均在同一间办公室。

消息在网络上传开后，因死者邓贵大原系巴东县野三关镇政府招商办公室主任，故被称做：邓玉娇刺官案。

邓玉娇案发后，网络上出现《烈女邓玉娇传》、《侠女邓玉娇传》、《生女当如邓玉娇》等赞美之文，舆论几乎呈一边倒——纷纷攻击淫官黄德智、邓贵大等人。

2009年5月31日，湖北省恩施州公安局认定邓玉娇"防卫过当"，移送检察院起诉。巴东县纪检委则开除黄德智党籍，县公安局对其治安拘留，未予刑事拘留更未逮捕。

2009年6月5日下午，邓玉娇两位来自湖北的辩护律师收到巴东县法院依法送达的起诉书。检察机关认为邓玉娇具有防卫过当、自首等从轻、减轻或免除处罚的情节。网民继续声援支持邓玉娇。但也有人认为法律为大，她防卫过当刺死邓贵大，被起诉是合情合理的，不能因为对方是官员，政府就屈服于网上的压力。

邓玉娇的两位辩护律师汪少鹏、刘钢则认为，邓玉娇的行为属于正当防卫，他们将为邓玉娇作无罪辩护。根据中国《刑法》相关规定，防卫过当属于"应当减轻或者免除处罚"的情节，而自首和部分（限定）刑事责任能力均为"可以从轻或者减轻处罚"的情节。邓玉娇被采取监视居住的强制措施，由家人陪伴生活。

湖北省巴东县人民法院16日上午一审公开开庭审理了"邓玉娇案"，并作出一审判决。

巴东县人民法院审理查明，2009年5月10日晚，邓贵大、黄德智等人酒后到该县野三关镇雄风宾馆梦幻娱乐城玩乐。黄德智强迫要求宾馆女服务员邓玉娇陪其洗浴，遭到拒绝。邓贵大、黄德智极为不满，对邓玉娇进行纠缠、辱骂，在服务员罗某等人的劝解下，邓玉娇两次欲离开房间，均被邓贵大拦住并被"推坐"在身后的单人沙发上。当邓贵大再次逼近邓玉娇时，被推坐在单人沙发上的邓玉娇从随身携带的包内掏出一把"水果刀"[注：最初的报道里曾明确提到，是一把修脚刀]，起身朝邓贵大刺击，致邓贵大左颈、左小臂、右胸、右肩受伤。一直在现场的黄德智上前对邓玉娇进行阻拦，被刺伤右肘关节内侧。邓贵大因伤势严重，经抢救无效死亡；黄德智所受伤情经鉴定为轻伤。

巴东县人民法院认为，邓玉娇在遭受邓贵大、黄德智"无理纠缠、拉扯推搡、言词侮辱"等不法侵害的情况下，实施的反击行为具有防卫性质，但超过了必要限度，属于防卫过当。被告人邓玉娇故意伤害致人死亡，其行为已构成故意伤害罪。案发后，邓玉娇主动向公安机关投案，如实供述罪行，构成自首。经法医鉴定，邓玉娇为心境障碍（双相），属部分（限定）刑事责任能力。据此，依法判决邓玉娇无罪释放。①

深度分析：

1. 该事件网络民意的行进路径

网络民意对邓玉娇事件发展影响重大，概括起来主要有三个阶段，其中第二阶段、第三阶段交替进行，并无明显的时间分界。

第一阶段：邓玉娇案案发后，网络上出现了对邓玉娇的一片赞声，甚至有网友为其立传，称其为"烈女"、"侠女"，同时网友认为邓贵大死有余辜，网络舆论呈现一边倒的态势。这是此事件网络民意的第一个阶段，可以概括为"网友赞美邓玉娇痛斥邓贵大"阶段。

第二阶段：2009年5月31日，湖北省恩施州公安局认定邓玉娇"防卫过当"，激起了网友极大不满，网络民意矛头直指恩施州公安局，为邓玉娇作集体辩护。这个阶段的网络民意主要集中在以下几点：（1）邓玉娇值得可怜，需要同情；（2）警方的结论幼稚可笑；（3）邓玉娇的行为属正当防卫。这个阶段可

①百度百科——邓玉娇. http://baike.baidu.com/view/2443586.htm.

以概括为网友（网络民意）向警方施压阶段。

第三阶段：事件发生后，《南方都市报》、《广州日报》等媒体也对该事件进行了系列报道，这些报道大都回归理性，秉持客观公正的原则。但是部分报道在网友看来对邓玉娇是不利的，遭到了网友的强烈攻击。法律界的一些专家学者也从专业角度对案件作出了自己的分析和解读，其中对邓玉娇一审判决结果持“赞成”态度的专家无一不遭到网友的抵制甚至谩骂。这个阶段，网络民意的矛头指向了传统媒体和法律界。这个阶段可以概括为网友（网络民意）向传统媒体和法律界施压阶段，逼迫媒体报道有利于邓玉娇的新闻，逼迫法律专家发表有利于邓玉娇的分析。

邓玉娇案自始至终，网络民意主打“道德”牌。网友一致在利用“弱女子斗色官捍卫尊严”这样一个在当今时代具有“标本”意义的事件，瞬间聚集了强大的网络民意，向警方、政府以及法律制度发起舆论攻势。

央视网关于“湖北巴东女服务员刺死官员”网友调查结果

2．是谁让邓玉娇重获自由？——网络民意与现代司法精神的博弈

媒体报道显示，在邓玉娇案最终宣判后，邓玉娇本人及其家人都“为能免予刑事处罚感到意外”。这一细节，能否给人以这样的猜测：假如没有网络民意的干预，该案的判决会是另外一个结果？

在邓玉娇案中，从网络民意显示了巨大的声势开始，就有法律界专家、学者发表言论，认为司法机关对该案的审判不能受网络民意的干扰，否则有悖于现代司法精神，不利于中国法律制度的完善，即使能靠网友的呼声换一个“邓玉娇”正义，但无法让更多的“邓玉娇”得到法律所应该给予的正义保护。显然，这种观点并不是有意与“邓玉娇”作对，而是反映了法律界一部分专家对该事件更深的思考和更高的诉求。

中国网民已达4亿之多，这其中不乏能坚持独立思考和判断者。在承认这一事实的前提下，再回眸邓玉娇案中的网络民意表达，其实更多的是网民关于维护正义、保护弱者（尤其是女性）、嫉恶如仇的一种情感宣泄。让邓玉娇无罪释放，并不是网民对法律的集体无意识甚至漠视，而是在网络语境下网络民意表达的一次失控。失控来自于网友依据社会道德和内心情感对邓玉娇案结果的预判。这样一种失控，客观上冲击了邓玉娇案的“程序正义”。

“程序正义”是现代司法精神的重要组成部分。清华大学副教授易延友认为邓玉娇案程序有问题，“他们对实体的处理完全有可能是正确的，妥当的，就是放在美国法院，可能也是这样的结果。但有一个问题是，实体正义是不容易看见的，而程序正义是看得见的正义，如果未按程序做，即使是实体没问题，都会让人生疑”，“会有一种放大的不公正感”。①

尽管邓玉娇案画上了“圆满”的句号，但是这场关于网络民意与现代司法精神的博弈或许才刚刚开始。

透视焦点三：真相，网民的执著追求

典型事件：“躲猫猫”

事件概要：2009年2月13日，《云南信息报》刊登题为《玉溪男子盗林木被拘半月后死亡》，报道中晋宁县公安机关称李荞明与同监室狱友在看守所天井里玩“躲猫猫”游戏时，遭到狱友踢打并不小心撞到墙壁导致受伤后死亡。这一说法立即在网上引起了轩然大波和广泛质疑。迫于舆论压力，云南省委宣传部发布公告，征集网民参与调查“躲猫猫”事件真相。但是这次调查并没有揭开事件真相，反而使越来越多网友失去了对政府和有关部门的信任。网友继续通过各种方式施加压力，探求真相，最终经法医鉴定，李荞明系多次钝性外力打击致严重颅脑损伤死亡。检查机关公布的事件最终的结论是：李荞明系狱霸殴打致死，狱警存在渎职行为。

事件回放：2009年1月28日，李荞明因涉嫌盗伐林木，被云南晋宁县公安局

①大案要案的律师为何总遭“解雇”？. 南方周末. http://news.ifeng.com/society/5/200906/0625_2579_1220093.shtml.

刑事拘留，羁押于晋宁县看守所。

2月12日，经送医院抢救无效的李荞明死亡。晚11时，调查组通报：2月8日下午放风时，死者与狱友在天井玩“躲猫猫”游戏，由于死者抓到同监狱友普某某，而引起普某某不满，最终两人发生争执。争执中普某某先踢了死者一脚，随后又朝其头部击打一拳，死者由于重心不稳摔倒后，头部与墙壁和门框夹角碰撞，最终受伤。

2月19日，云南省委宣传部发布公告，征集网民参与调查“躲猫猫”事件真相。

2月20日，网友调查委员会发布调查报告，称查看监控录像和会见当事人的要求都被拒绝，探寻真相还是要靠司法机关。

2月20日，晋宁县公安局向网友、媒体代表组成的调查委员会公布对“躲猫猫”事件的调查结果，称是游戏中的意外事件。该县检察院副检察长韩红兵表示，没有发现公安机关存在严重失职渎职现象。

2月27日17时，云南省政府新闻办召开新闻发布会，公布检察机关调查结论：2月8日17时，张涛、普华永等人以玩游戏为名，用布条将李荞明眼睛蒙上，对其进行殴打。期间，普华永猛击李荞明头部一拳，致其头部撞击墙面后倒地昏迷，经送医院抢救无效死亡。

在“躲猫猫”事件调查结论公布之后，云南省公安机关表示，已对相关责任人进行了处理，3人遭撤职，1名民警被辞退。[①]

深度分析：

1. 该事件网络民意的行进路径

“真相，到底是什么？”是“躲猫猫”事件中网友关注的焦点，也是该事件网络民意的核心。从网友得知李荞明玩“躲猫猫”致死开始，网络民意就对其死因表现出了本能的质疑。在整个“躲猫猫”事件中，网络民意大致经历了以下几个阶段。

第一阶段，质疑＋抨击（2009年2月13日至2009年2月19日）：

2月13日，《云南信息报》披露李荞明狱中死亡的消息后，网友对这一消息的讨论在各大论坛、百度贴吧迅速聚集，网友用或是直白或是含蓄的方式来质疑

①百度百科——躲猫猫. http://baike.baidu.com/view/808510.htm.

“躲猫猫”也能死人这一怪诞的说辞。

“天涯杂谈”网友对帖子“今天你躲猫猫了吗？云南男子看守所身亡，民警称其‘躲猫猫撞到墙’”的回复情况表明，60.19%的网友认为“躲猫猫”是警方关于死因的借口，对警方进行嘲讽、抨击和指责；17.59%的网友借此批判国家司法制度和公权力的滥用；另有16.74%的网友质疑警方关于死因的说法；4.63%的网友支持警方关于死因的说法。①

网友质疑的背后，实质上反映了当前警民关系对立恶化这样一个社会现实。网友对“躲猫猫”致死的怀疑，本质上是对警方的严重不信任。在网友纷纷质疑的同时，许多言论甚至转向对警方的抨击、斥责和谩骂，认为李荞明的死是警方渎职造成的，这显然是网络民意“质疑”的升级。与此同时，还有部分网友就如何保障公民知情权、表达权展开深层次讨论，并进一步质疑该事件司法程序的合理性和司法信息的透明度。

第二阶段，失望＋暴力（2009年2月20日至2009年2月26日）：

2月19日，云南省委宣传部副部长伍皓以云南省委宣传部的名义，面向社会征集网民和社会各界人士代表4名，作为调查委员会成员参与调查。2月20日凌晨，被任命为调查委员会主任的“风之末端”在“天涯杂谈”发表题为《求真务实，不辱网友使命——我去参与调查躲猫猫》的帖子，发誓“不负众网民和社会公众的重托”。该帖被推荐置顶，一时成为热帖。网友一度高度赞赏云南省政府这种尊重民意的行为。

然而，由于种种原因，调查以失败而告终。2月20日，网友调查委员会发布调查报告，称查看监控录像和会见当事人的要求都被拒绝，探寻真相还是要靠司法机关。网络民意矛头急转直下，网友展开了新一轮的质疑和谩骂，并对“调查团”成员进行人肉搜索，在网友看来，调查团成员都是官方的“托儿”，自己又一次被欺骗了。“天涯杂谈”网友对帖子“关于征集网民和社会各界人士代表参与调查‘躲猫猫’舆论事件真相”态度分析显示，71.03%的网友质疑、讽刺政府作秀，认为调查团无法查处真相；另有7.48%的网友认为政府的行为是尊重民意的表现，体现了民主进步。②

而另一边，调查团成员却深感委屈，并同网友在网上辩解。伍皓甚至向媒体公开了自己策划“网友调查团”时的QQ聊天记录。这些似乎表明，从网上走到

①杜俊飞．沸腾的冰点——2009中国网络舆情报告．杭州：浙江大学出版社，2010：338.
②杜俊飞．沸腾的冰点——2009中国网络舆情报告．杭州：浙江大学出版社，2010：341.

网下的网络监督，仍然遭受着某种力量的抗拒。

随着“调查团”据理力争的解释，以及部分成员在网络上与网友进行真诚的沟通，网络民意又有了新的转变，许多网友开始理解和支持云南省官方这一调查之举。新浪网2月23日发起的关于“你如何看待云南邀网民调查‘躲猫猫’事件”的网络投票中，有78.1%的网民认同“网络舆论监督可促进司法更公正”这一观点。

“2月24日，是先前伍皓透露司法调查结果公布的日子。然而，据当天的《新京报》报道，云南官方证实司法调查仍在进行中，尚无结果。但焦躁的网民已经等得不耐烦了，当晚，晋宁县政府网站遭到黑客攻击，首页被几十行“俯卧撑、打酱油、躲猫猫，武林三大绝学！”字样覆盖，相关新闻后的网民跟帖大多幸灾乐祸。网络民意已经演变成网络暴力。

第三阶段，平淡 + 失落（2009年2月27日至2009年2月28日）：27日下午，云南省检察机关、公安机关公布了“躲猫猫”事件调查结论：李荞明系因同监室在押人员殴打、拳击头部后撞击墙面，导致受伤、死亡。对这一结论，网友反应平淡，虽然在27、28日两天，百度“躲猫猫吧”出现了发帖高峰，但从网友帖子内容来看，并无太多欢呼雀跃。至此，关于该事件的网络民意逐渐隐去，只有“躲猫猫”这个颇具讽刺性的词语流行开来。

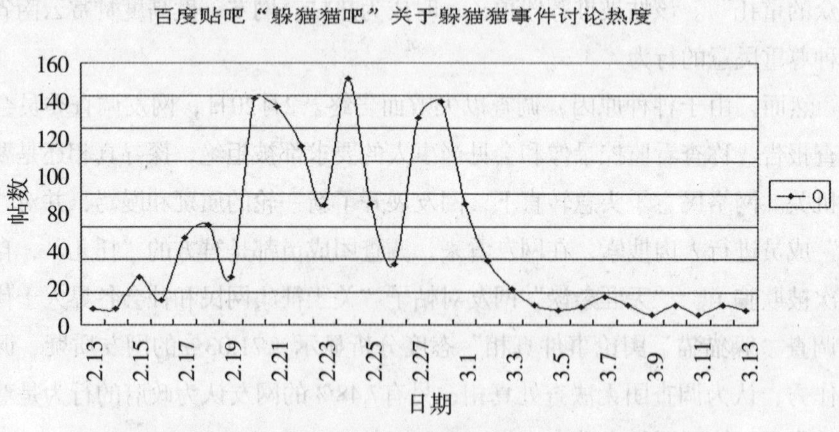

百度贴吧“躲猫猫吧”关于躲猫猫事件讨论热度曲线

2. 网络能让真相大白吗？——关于互联网时代公民知情权的思考

从“躲猫猫”事件中我们可以看到，网民所争取的无非是“知情权”的有效落实。无论这种争取的行为是温和的还是过激的，都并不重要。问题在于，网民这种热切的期盼能美梦成真吗？

类似“躲猫猫”一系列事件，真相到底在哪里？或许，除了当事人，其他人永远也不可能将真相100%还原。换句话说，我们作再多的努力，也只是逐步靠近真相，而非了解真相全部。除去真相发生后客观世界的变化所带来的了解真相的困难，更大的阻碍在于，有些人根本就不愿意将真相公之于众。不让你了解真相，总是有理由的，比如“监视器坏了”之类。所以，“躲猫猫”事件中，能让网友平息的，或许只是最终审查结果能够给“李荞明”一个还算说得过去的说法，至于是否真相，网友已经懒得去深究了。

我始终有这样一个判断，无论是“邓玉娇”案还是“躲猫猫”事件，网友只是取得了结果的胜利，而缺乏一种过程中的尊严。网友是用声势和舆论的优势地位绑架了官方。假如没有维护稳定、防止事态进一步发展的考虑，政府部门能迅速地展开调查和结案吗？结局，可能会截然相反。

互联网时代昂首阔步的来临，给诸多公民权益的讨论提供了契机，似乎每一次大的网络事件中，都会有关于社会体制、公民权益等方面的深度思考，论证的主旨也始终纠缠在，网络民意的胜利究竟是社会的进步还是倒退（潜台词：如果社会问题都要靠网民的舆论围攻解决，那这个社会还有希望吗？）。那么，在“躲猫猫”事件中，自然也有“公民的知情权非得在网络舆论的逼迫之下才能实现吗？”的辩论。如果真的如某些评论所说，网络民意的力量也只是解决了几个个案，而不能从根本上长效地解决此类问题，甚至对由此需要建立的长效机制是一种破坏，那么网络的存在，网络民意的自由表达是一种错误吗？

其实，公民知情权、表达权的保护机制，以及诸如此类的各种社会规范的构架，应该由相关责任主体来完成，这个责任不能由网民来承担。而网络或者网络民意的作用，便是让相关部门能够“把探明的真相”毫不保留地公布出来。所以，“躲猫猫”事件中为了探寻真相的网络民意并没有越位，而是十分到位。

公民知情权要得到切实保证，并非易事。互联网时代的“信息发达”并不等于“信息透明”，网民传播信息的便利也不等同于“知情权”的有效落实。真相能否大白，对责任部门来说，缺乏的不是技术手段，而是思维意识上的转变。

第二节　网络诉求，有话好好说！

互联网真的是一项伟大的发明，更多的平民百姓终于可以将自己的事情放到更多人面前去讨论，而且还不必承受现实中面对公众发言可能产生的尴尬。匿名化的表达环境，让“言论自由”有了现实基础和技术支持。这对网民而言，堪称一件幸福的事情。

从1994年到1997年，刚刚迈入互联网大门的中国，拥有网民62万。[①]16年后的今天，这一数字扩大到4.2亿，互联网普及率达到31.8%。[②]这一数字，还在随着时间的推移和中国经济的发展不断增长。这意味着，更多的网民，可以利用互联网表达个人诉求，利用互联网的迅捷与开放，与外界交流、融合，解决日常生活中遇到的问题。

互联网进入中国的十几年，正是中国改革开放如火如荼大刀阔斧的十几年，中国社会发生着深刻变革。由于社会转型期产生的巨大离心力，带来了社会上各个利益主体之间的博弈，公众在面对各种矛盾和问题时，需要一个“说话”的地方。互联网的诞生恰恰满足了公众这一需求，涉及各个阶层、各个领域的诉求纷纷诉诸互联网，形成了独具中国特色的“网络诉求”现象。

一、什么是网络诉求

《现代汉语词典》附新词新意对“诉求”一词这样解释：1．陈诉和请求；2．追求；要求。笔者认为，社会上的个体或群体利用互联网，向社会或有关部门陈诉有关问题，表达意愿和要求，以期得到圆满的答复和解决的行为，可以称为网络诉求。网络诉求可以从四个方面理解：首先，网络诉求的表达者，既可以是个体也可以是群体。个体为了解或解决与己相关的问题，群体为了解决与组织相关的问题，都可以通过网络渠道反映意见、提出要求；其次，个体或群体的诉求并不全都是为了解决自身问题，涉及社会公共问题也有可能成为网民诉求的内容；再次，网络诉求的渠道是互联网，包括网络媒体、社区、论坛、博客等网络

①中国互联网络信息中心（CNNIC）．中国互联网络发展状况统计报告．1997（11）．
②中国互联网络信息中心（CNNIC）．第26次中国互联网络发展状况统计报告．2010（6）．

工具，尤其是一些网络媒体专门开设的网民与政府部门及热点窗口单位互动交流的平台，使网络诉求的效率进一步提高；最后，网络诉求行为是有目的性的，最基本的目标是让相关部门或人员知道网民的所思所想，但最终指向问题的解决。

网络诉求是网络民意表现形式的一种，网络民意的内涵要大于网络诉求的内涵。简单地说，网络民意泛指网络上一切的网民发表的言论和意见、思想和观点，这些言论、意见、思想以及观点有可能是网民的诉求，也有可能是网民针对某些事件或某类现象的见解和看法。由此看来，网络诉求和网络民意之间应是从属关系，网络诉求属于网络民意的一部分。

二、网络诉求的特点分析

1. 网络诉求具有较强的目的性

单从字面分析，“网络诉求”中的“诉求”二字，“求”的比重更大一些，“诉”的目的也是为了阐述“求”的原因。对胶东在线网站“网上民声”栏目[①]运作8年来网友发表的365000余条留言分析后显示，在咨询、建议、问题、反馈这四类主要留言中，咨询和问题类留言所占比重达到了83.8%。这个数字可以说明，利用网络进行诉求的网民，主要是为了让主管部门帮助自己解决生活中的各类难题。

□ 胶东在线 > 网上民声 > 回复率统计

回复率统计

数据说明：统计数据从2010年1月1日起截止到2010-6-21 16:00:00。

部门	留言数	已回复	回复率
公安局	2652	2490	93.9%
规划局	2341	2293	97.9%
房管局	2320	2107	90.8%
教育局	2134	1944	91.1%
交通局	1902	1850	97.3%
劳动和社会保障局	1697	1695	99.9%
城管局	1657	1637	98.8%
建设局	1170	1150	98.3%
人事局	665	560	84.2%
工商局	592	584	98.6%
国土资源局	557	546	98%
环保局	500	460	92%
广电局	486	483	99.4%
卫生局	484	467	96.5%
住房公积金管理中心	466	466	100%

2010年1月1日至6月21日胶东在线网站“网上民声”栏目部门留言数量和回复率统计

①胶东在线网站(http://www.jiaodong.net)是山东省重点新闻网站，2003年创办“网上民声”栏目，该栏目于2009年荣获第19届中国新闻奖一等奖。

2008年，有网友在胶东在线网站“网上民声”栏目发表了一则给当地公安部门的留言，反映某大学周边黑网吧泛滥，其在此上大学的弟弟整天沉迷网吧玩网络游戏，一度导致学业荒废的事情。在留言中，该网友发出了“救救我的弟弟”的呼声。[①]得到这一信息后，烟台市公安部门立即展开调查，并最终查处了多家无证经营的黑网吧，净化了网吧经营环境。这是一个典型的网友利用互联网表达诉求的案例。在该案例中，这位网友一方面想挽救自己的弟弟，另一方面也希望公安机关对黑网吧予以取缔，通过网络表达了明确的诉求点。

2. 网络诉求主要涉及社会生活中热点、难点问题

网络民意是反映社会舆情的晴雨表，网络诉求，也在某种程度上反映了当前社会存在的主要矛盾和问题。在2010年1月1日至6月21日这个时间段，“网上民声”栏目中，网友留言最多的前五个部门分别是公安局2652条、规划局2341条、房管局2320条、教育局2134条、交通局1902条，劳动和社会保障局、城管局、建设局、人事局等部门的留言量也在前十位。这些部门有一个共同的特点，即公权力比较大、公益性比较强、公众关注度比较高。网友留言所涉及到的问题主要体现在公共安全、城市规划建设、房屋质量、教育教学、公共交通、食品卫生等领域中一些热点、难点问题。这些问题往往涉及到个人利益，但具有普遍性，要全面地、彻底地解决还需要时日。

三、网络诉求的理性与非理性分析

网络诉求在绝大多数情况下表现为利益诉求，是网民为了维护自身的利益所采取的措施和手段。从“网上民声”栏目网民留言来看，大多数网民的利益诉求是正当的、合理的，极少有无理要求出现，与网络民意的其他形式产生的言论有着一定程度上的区别。但同时，网民在利益诉求的表达中却存在不理性现象。这种不理性现象可以概括为：网民在网络诉求中语言表达上存在过激、不文明、不规范的行为，如侮辱、谩骂、嘲讽、戏谑甚至诽谤等。错字、不规范的语法和标点符号的使用，在网络语言中屡见不鲜，这都是网络诉求表达中，网民极易情绪化的写照。网络诉求在表达上的非理性常被诟病，是一部分人认为“网民素质低”，对网络民意价值持质疑态度的重要原因。

网络诉求的非理性表达主要表现为民意泡沫、虚假信息、语言暴力、情绪发泄和群体激化等现象。以下是“网上民声”栏目中网络诉求非理性表达的部分案

①该案例将在第四章第六节进行详细分析。

例，这些案例由于存在语言上的不规范问题，在实际操作中都被以内参的形式转交给了相关部门，并未对外公开。为保护当事人及相关部门隐私，留言中涉及到的地名、人名、公司名以及电话号码都用“××”代替。除对留言中的空格予以清除外，文字、标点符号均未作任何修改。

案例一：

反映部门	交通局	留言时间	2010-2-17　22:08:00
反映问题	××利用职权介绍驾驶员到公交公司上班收了我5000元！告诉我要把我安排到210路开车！我信以为真，把钱给了他，可是到分配线路时我傻眼了，分到了最累最苦的21路，我多次给××打电话问他问什么，他说钱太少了，要处理的关系太多，嗨，我最后才了解到公交公司现在不需要走后门，送礼，我要过几次，××说钱已经交给公司的经理了，拿不回来，你要是再闹我叫人开除你，我无话可说了，只好忍气留下，他们都骂他是狐狸呀，我看是狐狸中的败类，垃圾。请公交公司领导把××这个人渣清出公交公司，还我们的血汗钱！！还他妈的十佳市民，先进工作者，我看狗屁。		

点评：潜规则成为规则，无秩序成为秩序。如今人们办事，都想找找关系、托托熟人，甚至用钱开路。问题是，有了钱、有了关系，一切都能解决了吗？

案例二：

反映部门	海关	留言时间	2010-5-5　20:26:00
反映问题	每次到船管科办事，最怕的就是找××，她不是挑这个毛病就是找那个毛病，吹毛求疵，百般刁难，总之没有痛快的时候，分个仓单到她手里就没有音信，问她不是不知道就是不耐烦，一拖就是好几天。再问脸就更长，态度更丧！！！我们最怕的就是她看韩剧打扰她（不是整天看韩剧就是工作时间人不在）那业务就更不能办了！！！从查验到船管没有企业不头疼她的，真给你们海关丢脸，海关能有这样的人真是怪事！！！求你们海关领导快把她调到别的部门去吧。请你们海关去到我们代理企业暗访她一下吧，看看有谁说她好！！！		

点评：“门难进、脸难看”现象在一些政府机关、窗口单位仍然存在。手握公章趾高气昂，百呼不应推三阻四是一部分公职人员的形象写照。

案例三：

反映部门	国土资源局	留言时间	2010-5-11　16:45:00
反映问题	××海边沙滩，防护林带海沙遭大规模盗采，无人监管，是否是政府有关部门勾结盗贼所为？建议把有关部门责任人抓起来活埋在金沙滩，因为它们太喜欢沙了.		

点评：面对政府部门的“权力缺位，监管不利”，总会让人浮想联翩：是软弱无力还是有意放纵，更多人愿意相信后者。于是无论出现何种过激的言论也就不足为奇了，网友除了说说，还能做什么呢？

网络诉求表达非理性原因是多方面、多层次的，既具有主观性也具有客观性。

首先，客观上互联网匿名化的表达环境，消除了网民发言的各种顾虑，一方面能够让网民痛快地反映问题，另一方面也纵容了网友放松对于语言文明的要求，利益诉求的表达更容易受到情绪的左右。社会心理学中的“匿名心理”理论很能说明这个问题。它指的是在一种没有社会约束力的匿名状态下，人可能失去社会责任感和自我控制能力。因此，缺乏自我控制力的网民，经常会出现“口不择言”的情况。

其次，矛盾和问题的存在可能使当事人受到经济上、精神上的某些损失和伤害，容易产生焦虑情绪，这种情绪会直接反映在网民的诉求中，并以过激的言语体现出来。网络诉求的大部分问题，一般都会涉及诉求人的切身利益。例如，违章建筑乱搭乱建、交通堵塞行路难、建筑工地噪声扰民等问题，都与人们的日常生活密切相关，直接影响人们的生活质量。这种影响是即时性的，人们往往希望能立即得到解决，免受过多的伤害。然而由于问题的解决需要一段时间，尤其是在目前行政效率普遍低下的情况下，更容易使问题解决被拖延，加剧利益诉求者的焦虑情绪。

再次，责任主体不作为，矛盾和问题久拖不决，并且长期、反复存在，令诉求者失去耐心，对相关部门产生不信任和埋怨情绪，容易造成双方的对立，使矛盾进一步激化。网民的期待和信任与政府机关传统的办事作风、行政效率、思想观念形成了鲜明的反差。不可否认，转型期下的社会矛盾和问题层出不穷，政府部门特别是热点部门，也面临一个如何有效解决各种问题的难题。这个难题并没有现成答案。但对网民来说，政府部门以怎样一种态度面对他们的问题，显得尤为重要。显然，从当前基层政府机关的办事作风以及社会舆论反应来看，政府机关及办事人员“忧民所忧，急民所急”的风尚还未普遍形成。

最后，网友与相关部门信息不对称，可能造成误解。一方面，网友对问题的看法以及解决的办法有可能存在简单化的倾向，难以认识到问题的复杂性和深层次的矛盾，理所当然地认为这些问题必须由相关部门解决；另一方面，相关部门对某些棘手问题的处理也存在应付了事的心态，对暂时不能解决的问题缺乏细致耐心的解释，得不到网友的理解和认可。在应对网络诉求有关问题时，经常有部门简单地节选相关法规、政策用于解答问题，甚至只留一个电话号码让网民直接拨打电话，缺乏有效的沟通和交流。长此以往，网友与政府部门之间自然产生隔阂。

网络诉求表达非理性虽然并不占据主流，但是具有诸多危害性，如果引导不利、控制不好，会在网上网下产生许多负面影响，这主要表现在以下几个方面：

一是不利于诉求信息的有效传递，无法形成良好的沟通和互动。网络诉求的目的还是为了尽快解决问题，问题的解决有赖于诉求者和相关部门进行深入有效的沟通。诉求者如果缺乏陈述问题的耐心，造成表达粗糙、信息不完整、词不达意，则不能对问题进行详细的说明，难以准确地表达诉求点，从而大大影响诉求信息传递效率，相关部门对问题的理解和重要性判断也会产生误差，这有可能贻误解决问题的时机。诉求者如果在陈述中不理智地用一些过激性语言，对个人或部门指责、侮辱、谩骂，则更有可能失去良好的沟通和互动氛围。相关部门对问题的解决需要落实到具体办事人员身上。对公职人员而言，他们也喜欢听“好话”，对过激甚至侮辱、讽刺性的语言本能地反感，并对问题的解决产生抵触情绪。尽管为民服务是公职人员义不容辞的职责，但在目前众多基层公务员职业化程度不高，职业素养还没有普遍被塑造和体现出来的情况下，不理智的言辞无疑是影响双方沟通交流的最大障碍。

二是容易激化矛盾，加剧干群、党群关系紧张程度。目前，在社会转型加速推进的时期，社会失范问题进一步突出。没有规范或规范失效成为各类问题无法根治的重要原因。手握公权的政府机关在对权力使用的把握上缺乏分寸和尺度，造成公权力在社会生活中要么缺失要么越位，“作为一种特殊资源被资本化和非公共使用，这使民间逐渐潜伏积累起逆向抗争情绪，导致一些基层党群、干群、官民关系紧张。”①在前互联网时代，由于公众缺乏表达渠道和平台，这种紧张、对立的关系并没有被大量公开揭示出来，而以比较隐蔽的形式存在。互联网时代的到来，尤其是近年来网络媒体的兴起与发展，公民意识逐渐提高，大量矛盾呈现在互联网上，将官民之间的紧张关系显现出来。网络诉求表达的非理性，用语的不文明，不仅会使这种紧张关系表现得更突出，还会使其进一步加剧。

三是污染网络环境，破坏网络文明，扰乱网络秩序。“中国现在有上百万个

①喻国明．中国社会舆情年度报告（2010）．北京：人民日报出版社，2010：271.

论坛，2.2亿个博客用户，据抽样统计，每天人们通过论坛、新闻评论、博客等渠道发表的言论达300多万条，超过66%的中国网民经常在网上发表言论，就各种话题进行讨论，充分表达思想观点和利益诉求。”①在这些言论当中，有相当一部分或者缺乏主题和思想内容，或者带有侮辱、谩骂性质，或者内容低俗、不堪入目……这些内容在网络放大和快速传播的双重作用下，会迅速散布在网络的各个角落，不仅污染网络环境，破坏网络文明，扰乱网络秩序，还将对网民的心理造成一定程度的污染和伤害，特别是对青少年上网群体会产生误导作用。

网络诉求表达非理性现象还将在很长时期内存在，作为网民、网络媒体和政府部门，都有责任和义务引导网络诉求表达向理性回归。

对网民来说，要加强自律，提高自身素质，规范上网行为，自觉维护网络文明，珍惜互联网为人们提供的这个良好的沟通交流平台，珍惜这种来之不易的言论自由的现实机会。如果互联网上到处充斥着侮辱和谩骂，流传着低俗和谣言，最后受到伤害的还是网民自己。

网络媒体要合理引导，担当媒体社会责任。网络媒体是中国互联网的重要力量，近年来取得了快速发展，已经形成了商业网站与新闻网站，中央网站与地方网站交相辉映的格局。网络媒体尤其要增强社会责任感和使命感，发挥主流媒体的作用，在引导网民规范上网、文明上网方面有所作为。要利用媒体的教育功能，倡导网民正确表达网络诉求；要加强把关，对于一些明显的带有侮辱、谩骂甚至诽谤性质的言论予以清除；要加强引导，为网民表达网络诉求、发表意见提供管理规范、运行有序的网络平台。

政府部门要坚持执政为民的理念，以开阔的胸襟面对网络诉求。互联网时代的到来，受国内外各种因素的影响，党和政府面临的执政环境更加严峻。作为执政者而言，要善待互联网，善待网络诉求，要相信人民群众，要相信网民。尽管互联网上不时出现一些难以入耳的话，但除了极少数别有用心的恶意之举，中国的主流网民是严肃的、负责任的。社会管理者要以较高的姿态面对过激的言论，耐心倾听，细心解释，与网民真诚地交流沟通，在第一时间化解网民的不满情绪，这对于减少网络不良言论、净化互联网环境、有效解决问题将大有裨益。

---

①国务院新闻办公室．《中国互联网状况》白皮书．2010．

附：《文明上网自律公约》

中国互联网协会于2006年4月19日发布《文明上网自律公约》，号召互联网从业者和广大网民从自身做起，在以积极态度促进互联网健康发展的同时，承担起应负的社会责任，始终把国家和公众利益放在首位，坚持文明办网，文明上网。公约全文如下：

自觉遵纪守法，倡导社会公德，促进绿色网络建设；
提倡先进文化，摒弃消极颓废，促进网络文明健康；
提倡自主创新，摒弃盗版剽窃，促进网络应用繁荣；
提倡互相尊重，摒弃造谣诽谤，促进网络和谐共处；
提倡诚实守信，摒弃弄虚作假，促进网络安全可信；
提倡社会关爱，摒弃低俗沉迷，促进少年健康成长；
提倡公平竞争，摒弃尔虞我诈，促进网络百花齐放；
提倡人人受益，消除数字鸿沟，促进信息资源共享。

第三节 网络暴力，狂热的宣泄

近年来，互联网上非常盛行一种现象——网络暴力。在中国，从普遍公认的2006年“虐猫”事件为网络暴力的标志性事件至今，网络暴力已存在四年之久。这期间，发生了几十起较有影响力的网络暴力事件，许多互联网界、法律界以及传媒界人士对此从不同角度进行了分析和评论，其中观点普遍认为，网络暴力虽然有积极的一面，但大多数网络暴力破坏了健康有序的互联网环境，违背了法律精神，有可能侵犯当事人的隐私，损害当事人的名誉，甚至直接干扰了当事人的现实生活，应该采取措施进行必要的管理和控制。

其实，在互联网发达的美国，网络暴力现象也非常严重，并且引发了很多社会问题。2006年“梅根”事件被称为美国网络暴力第一案。该事件引起了美国民众的强烈关注，并要求国家出台相关法律措施，以减少网络暴力产生的危害。邻邦韩国于2006年年底正式实行了网络实名制，借以规范网民上网行为，尤其是遏制网络暴力，但效果并不明显。纵观世界，网络暴力已经成为全球性问题，这与互联网本身的传播特点和表达环境有着密不可分的关系。如何解决这一难题，已经成为一个全球性课题。

一、我国网络暴力现象探源

互联网界普遍认为，“虐猫”事件是中国互联网上出现的第一个网络暴力事件，是网络暴力现象的发端。“虐猫”事件发生于2006年2月，发布于当时知名的网络论坛——猫扑社区，并引发了广大网民的热烈讨论，以“虐猫女”公开道歉收场。后来证实，该事件系一网站炒作行为，是为提高网站流量而刻意策划的。

事件始末：2006年2月，一组残忍杀猫组图流传于网络：先是一名时髦中年妇女微笑地怀抱可爱的小猫，接着该妇女将小猫放到地上轻柔抚摩，接着她用尖尖的高跟凉鞋鞋跟踩进小猫的嘴巴和眼睛，最后是小猫脑袋被踩碎死去。该组图片首先发布在某网站的原创作品栏目中，一经刊发就引发网民极度愤怒。一些网民自发地将该妇女的照片制成“通缉令”，发动大家寻找凶手。

两天后，网友“鹊桥不归路”发帖称，找到了一些资料，发现一个名为www.crushworld.net的网站，里面有碾碎、踩死小动物的视频，不仅有之前网上流传的踩猫录像，还有踩踏青蛙、兔子和狗的视频。这些网站制作踩踏小动物的视频，提供给喜好者下载，还制作成光碟出售。根据网友的调查，该网站的注册地址在杭州。

3月1日，愤怒的网友开始发帖，不仅公布了该网站地址，还号召网友们一起攻击此网站，某网站也悬赏5000元人民币捉拿这个踩踏组织。很多网友积极响应，在这个网站注册了ID，不断地发帖拖慢网站速度，还有一些黑客开始对网站发起攻击。也有网友对图片的真实性表示怀疑，并质疑此举是踩踏网站为了提高点击率的炒作。更多的网友发帖呼吁通过法律手段惩处虐待小动物的人或组织。

网友们自发当了“侦破警察”，案发目标锁定地从最初的杭州到山东，最后确定为黑龙江鹤岗市萝北县的名山镇，目标人物也随之浮出水面。2006年3月7日，事发10天左右时，虐猫者的具体姓名、工作单位等情况亦被揭晓。虐猫当事人也因此被单位辞退，丢了工作。同时，虐猫事件引发网友大讨论，有政协委员公开建议立法反对虐待动物。①

二、网络暴力的定义和特征分析

目前关于网络暴力的定义并没有一个统一的、权威的说法。有人认为：网络暴力是指网民在网络上的暴力行为，是社会暴力在网络上的延伸。也有人将网络暴力概括为：所谓网络暴力，是指人们利用电子邮件、聊天室、拍照手机、交友网站等互联网手段，对他人进行侮辱、诽谤、骚扰等行为。②这两个定义，都无法全面地、系统地将网络暴力准确地解释清楚。

笔者认为，要对网络暴力进行准确定义，首先要分析网络暴力主要涉及的五个方面：一是行为主体，网络暴力中的行为主体是规模庞大、群情激昂的网民；二是行为客体，主要是指某个触犯众怒事件中的当事人，有些情况还包括当事人的亲人甚至所在单位；三是行为目的，即对事件当事人进行集体讨伐，使其承担在事件中某些行为的公众道德谴责后果；四是行为途径，即通过互联网一切的人际交流、群体交流平台，如论坛、社区、MSN、QQ、聊天室等，甚至吸引媒体

①张莹．“网络暴力”恣意蔓延“虚拟空间”呼唤社会公德．京华时报：http://tech.sina.com.cn/i/2008-12-02/08112617660.shtml，2008年12月2日．

②张慧中．美国网络暴力第一案的思考．人民网：http://news.qq.com/a/20081201/000885.htm，2008年12月1日．

报道增强暴力行为的杀伤力；五是行为手段，集体声讨众口铄金，道德谴责追问良心，人肉搜索曝光隐私，现实追踪干扰生活是网络暴力行为最常采用的手段，也是网络暴力行为通常演进的路径。

因此，笔者对网络暴力这样定义：网络暴力是指规模庞大的网民利用互联网论坛、社区、即时通信工具等平台，运用集体声讨、人肉搜索等手段，集体对触犯众怒事件当事人进行道德谴责甚至干扰其现实社会生活的行为，以达到使当事人承担比法律制裁还严重的后果的目的。

从以上网络暴力所归纳的定义出发可以得出，网络暴力有如下特征：

1. 以捍卫社会道德的名义使暴力行为取得天然的“合法”性。

近几年发生的网络暴力事件，绝大多数都与“道德”有关，事件当事人的行为都或多或少有悖于社会公德，从而引起群情激愤。这表明，网络暴力行为是有选择性的。原因在于，网友借“道德”说事最能得到一大批天然的同盟支持，从而使暴力行为取得“合法”地位。以捍卫道德的名义实施网络暴力，会使暴力行为得到强有力的支持，而且鲜有质疑和反对的声音出现。原因在于，几乎没有网友在这种情况下会冒天下之大不韪替有违道德的一方说话。

2. 以暴力性语言为最基本的载体实施暴力行为。

如果说“捍卫道德”是网络暴力得以实施的内在支持，暴力语言则是其直接的施暴工具。在网络暴力行为中，最常见的是网民以各种各样的语言对当事人进行侮辱、谩骂、诅咒和诋毁，对当事人进行最刻薄、恶毒和残忍的人身攻击，有一种不将其置于死地不罢休的气势和决心。

3. 以群体围攻的方式使暴力行为获得悬殊的力量优势。

网络暴力之所以具有强大的威慑力，对当事人造成巨大的、不可抗拒的影响，在于网络暴力行为主体和客体双方之间悬殊的力量对比。在某一有悖于社会公德或引起网民反感的事件发生后，最先获得消息的网民会用尽各种极具煽动性的语言感染其他网友参与，扩大网络暴力队伍，迅速形成网民规模优势，给当事人造成巨大的群体压力。在网络上，这种一呼百应的局面是非常容易产生的，特别是涉及“捍卫道德”之类的正义之举。而当事人既无招架之力，更别说还手的机会，一切的解释都会被看成是“诡辩”，甚至沉默无语也逃脱不了网络暴力的狂轰乱炸。对于当事人来说，这是一场输赢早已见分晓却不得不迎接的战斗。

4. 以恶意制裁的心态实施网络暴力。

网络暴力是对当事人的一种严厉惩罚，这种惩罚的威力甚至超过了法律的制裁。法律的裁决毕竟以公平公正为原则，然而社会公众或者说网民的道德审判，却完全忽视了过程中的公平和公正，他们凭借内心的感觉和社会经验进行判断和定性。而在他们内心世界里，会不自觉地产生非此即彼的绝对认知。失去了以公平作为前提和基础的审判，必然失去准绳导致难以控制，最终被网络情绪所左右。这是网络暴力中“恶意制裁”心态存在的理论基础。另一方面是，几乎所有的网络暴力都使当事人必须接受被全社会公开审判的尴尬。直接后果是当事人的狼狈相被暴露于大庭广众之下，造成极度的难堪。或许，这才是众网民最想看到的情形和得到的结果。

三、谁在施暴？——网络暴民的角色定位

网络暴力是一部分网民所为，这部分网民被冠以“网络暴民”称谓。这个称呼最早源于欧美一些媒体。从2006年开始，国内发生的一系列网络暴力事件引起了海外媒体的关注，“《纽约时报》、《国际先驱论坛报》和《南德意志报》等媒体将那些在网络上发布极端言论、发泄暴力情绪，并直接影响到事件当事人精神状态，侵犯当事人个人权利的部分中国网民冠以‘网络暴民’。”①

网络暴民有三个层次：网络暴力发起者、参与者、围观者。

其一是网络暴力发起者，即最先在网上发布那些违反社会道德或有悖人类文明精神事件的网民。他们发布的事件，能够吸引网民的关注，引发各类讨论，是网络暴力的开端和导火线。网络暴力发起者的目的和动机是不尽相同的。有的网民是想借助网络维护社会道德和正义，有的网民出于娱乐和恶搞心态愚弄世人，有的网民只是为了发泄不满的情绪，有的则属于精心策划以达到营私牟利的目的。他们发布的事件，“都比较容易触动大众的道德神经和内心情感，引发他们对该事件的关注。他们的立场以传统的价值观为参照，往往容易取得网民在观点立场上的共鸣。”②

其二是网络暴力参与者。这其中有一部分网民是认真的参与者，他们绝不怀疑事件的真实性，对当事人的行为极端地鄙视，尽可能地调动一切网络力量，对网友进行煽动和感染。他们甚至还会使用人肉搜索等手段，对当事人进行各种隐私的曝光，公开当事人真实身份，从网上走到网下，对当事人的现实生活进行破坏。还有一部分网民恶搞跟风，他们并不关心当事人到底犯了何等错误，也不在

---

①郭丽华．网络暴力现象探析．新闻传播，2009（11）．
②郭丽华．网络暴力现象探析．新闻传播，2009（11）．

乎事情如何解决，对这部分网民而言，多了一个可以恶搞的对象是最重要的。这部分网民会有意夸大事实，对事件和当事人进行各种想象和夸张描述。用嘲讽、戏谑式的语言按照他们的思维习惯对事件进行解构，在解构过程中享受着恶搞所产生的快感和愉悦。也有一部分网民属于无意识参与的情况，他们不知不觉卷入到一场网络暴力中，他们自己也不明白为什么参与，只是由于这是一个人人都在谈论的热点话题。他们对整个事件的来龙去脉缺乏理性的认识和客观的分析，对主帖所描述的"事实"全盘接受，对其他网民的有关评价不假思索地认可。

其三是网络暴力围观者。在网络暴力事件中，还有一部分网民只看不说，充当看客的角色，也称为围观者。虽然这些围观者对事件和当事人不发表任何评论，没有任何网络暴力行为，但是"他们对事件持续地关注"本身会促使这一事件形成广泛的影响力。其实在社区、论坛中都会有一大批"围观者"的存在，他们虽然不明确地表达什么，但是实质上是在用"鼠标"进行间接地发言。

四、网络暴力的重要手段——人肉搜索

人肉搜索是目前网络搜索方式的一种，同百度、Google等搜索引擎有着类似的功能。所不同的是，百度、Google等搜索引擎属于机器搜索，依靠的是计算机；而人肉搜索属于人工搜索，依靠的是互联网中的网民。

人肉搜索的基本模式是这样的，当某一网民有了问题，便可能在网络上（一般是人气比较活跃的社区或知识问答平台）悬赏提问。问题提出后，便会有众多网民给出各式各样的回答，被采纳的答案的回答者往往会得到悬赏中所承诺的奖励。从本质上分析，这种依靠人工提供答案的搜索方式依赖的是网络人海战术，因而被形象地称为"人肉搜索"。

另外，人肉搜索还能搜人，这是机器搜索所不能及的。人肉搜索的这个功能，成为网络暴力的重要手段。人肉搜索对人的信息搜索同样是依靠广大网民的力量。往往是搜索人提供一些并不完整的信息，网民就会据此展开搜寻，并从不同角度提供更多、更详细的信息，同时对这些信息不断地、反复地求证，直至最终锁定被搜索对象。在人肉搜索中，一些在平常看来并不起眼的蛛丝马迹，都可能成为搜索的重要依据。

"人肉搜索"一词最早在2007年6月出现在中国华讯互联旗下网趣网站中。后来，在猫扑论坛上，有网友提问问题并以论坛上的虚拟币——Mp作为回答问题者的奖励，吸引了大量回答问题的网友。逐渐有很多网友参与到这种问答模式

中来，久而久之形成了“人肉搜索引擎”概念。人肉搜索在信息搜索方面有独特的优势和价值，不需要考虑搜索引擎对搜索词语义的判断正误，比机器搜索更容易得到精准的答案。当然，这种搜索方式的缺点是不能像机器搜索那样立即得到解答。

人肉搜索具有两面性，是一把双刃剑。一方面，如果将人肉搜索用于知识或资料的查询，它能够得到不同背景、不同学识、不同经历的网民提供的答案，尤其是对于没有唯一答案的问题而言，这无异于是非常宝贵的。另一方面，人肉搜索还使社会上的个体、组织等理论上变得透明化了，更加提高了社会透明度。这使得每个人、每个组织的行为都可能被其他人监督，从而有效地对个体、组织行为予以规范。但是，人肉搜索还有其可怕的一面。对人肉搜索的滥用是一种危险的行为，通常会形成网络暴力，造成网络群体攻击事件。在很多网络暴力事件中，许多人因被人肉搜索而名誉扫地，身败名裂。2010年7月1日，我国正式实施的《侵权责任法》中，对网民和网站的侵权行为作出了明确规定。关于人肉搜索及网络暴力的危害，将在下文予以详细阐述。

五、网络暴力形成的原因

网络暴力是一个全球性问题，在不同国家有不同的表现形式和原因。就中国而言，网络暴力的出现，与互联网的表达环境、中国网民结构特征、网络媒体行业现状以及当前社会民主环境有很大关系。

众所周知，互联网是一个人人都可参与发言的交互性媒体，而且发言者不受身份、地位、经济条件等制约，只要具备上网条件，有一定的上网知识和技能便可以利用互联网表达个人意愿和观点。从这个角度来看，互联网无疑使人们嘴巴的功能得到延伸。这仅仅是其一，更重要的是，互联网的表达环境是匿名化的。在匿名化的表达环境中，互联网上的发言者犹如带了面具，彼此之间无法识别，也就没有了维护自身正面形象的顾虑，很容易失去自我的约束。可以说，互联网匿名化的表达环境是网络暴力形成的天然土壤。

参与网络暴力的网民绝不能代表中国的全体网民，但网络暴力现象与中国网民的总体结构特征有密切的关系。首先，年轻的、学历较低的、收入不高的、社会地位较低的网民最容易成为网络暴力的参与者。年轻的网民朝气蓬勃、容易接受新事物，喜欢追逐潮流，在网上也非常活跃，是推动互联网发展的新生力量。但正因为年轻，这部分网民血气方刚容易发怒，思想激进却十分单纯。容易冲动是这个群体的特点，往往是网上一有风吹草动，他们便煽风点火，唯恐天下不乱。年轻也意味着思想的不成熟，他们缺乏理智和深入的分析思考；在面对一些原因复杂、真相不明了的突发事件时，他们会想当然地认为事情就是别人所说的那个样子，缺乏怀疑和批判的精神。学历水平较低的网民，决定了他们对问题的认识和理解能力较低；他们看待问题的深度和广度不够，不能从多方面、多角度对问题进行分析。同时，由于职业层次和收入较低的原因，他们也属于社会上相对较弱势的群体。他们长期被压抑，有太多的情绪需要发泄；他们会对某些事件中的弱者有着天然的同情，对强势一方有着本能的反感和敌对；当一些事件中有与此相符的情形时，他们会非常急于表达心中的这种感情，以高涨的热情参与到对事件及当事人的评论中去。

2010年6月公布的《第26次中国互联网络发展状况统计报告》中对中国的网民结构特征作出了详细分析。从年龄上分析，中国网民仍然以年轻人为主，30岁以下网民占到59%；学历方面，高中及以下学历网民占到76.7%；网民职业分布以学生、公司职员和专业技术人员、个体或自由职业者以及专业技术人员为主，占到72.4%；在收入结构上，月收入千元以下的网民占到42.1%。以上数据表明，具有“四低”特征的网民在中国整体网民中还占据主流，这为网络暴力的形成提供了网民基础。

中国网络媒体行业发育还不成熟，形形色色的网站泛滥，且缺乏严肃性和自律精神。在商业化运作和市场竞争的压力下，一些网站成为网络暴力事件别有用心的导演者，利用网民的年轻和冲动扩大事件的影响力。在激烈的市场竞争中，这些小的网站由于缺乏资金进行长期投入，往往会利用人们的猎奇心理，采取一些不正当的手段，以达到吸引眼球和赚取流量的目的，从而获得经济收益。当然，这种手段属于短视行为，并不会使网站得到长远发展，网站的高流量也只会是昙花一现。例如：“虐猫”事件后来被证实是一网站有意策划的，目的是利用部分人不健康的追求刺激的心理获取点击，提高网站流量。网友发现，在该网站上还有很多虐待其他动物的视频，其情节惨不忍睹。曾经轰动一时的“史上最毒后妈”事件，后来也被证实女孩吐血并非虐待所致，而是患病的原因。与那些自编自导自演的网站不同，绝大多数网站并未参与网络暴力的导演，但是却对网络暴力的蔓延起到了推波助澜的作用。基于流量的考虑，大多数网络媒体对网络暴力事件都有着浓厚的兴趣，并对这类题材进行精心加工编排，在图片处理和标题制作上，运用夸张的手法对事件进行渲染。这些无不刺激着网民那敏感的神经和激动的情绪，令他们群情激昂地参与到网络暴力中来。可见，网络媒体在网络暴力形成过程中扮演了重要的角色，起到了重要的作用。

长期以来，民众自由表达的渠道和空间较少，缺少有自由表达的机会，这是网络暴力得以盛行的重要原因。在互联网普及之前，传统媒体无法为大众提供一个人人都可以发言的平台，在长期的失语状态下，公民缺乏借助媒介发言的基本素养和规范；另一方面，我国市民社会发育不完善，广大民众缺少必要的民主生活的训练，对民主、自由、公平等有追求但并未有深刻的认识，尤其是法律意识淡薄、法治精神缺失。互联网时代的到来，使不同类型的媒介格局发生了深刻变化，撼动了传统媒体时代信息传播中传受双方难以改变的关系和地位。受众不仅仅只是受众，也可以成为传播者。互联网就像是每一个人的自媒体，为每一个公民都提供了可以自由表达的空间和机会。然而，由于民主修养普遍缺乏，民众还没有足够的能力驾驭互联网媒体，尤其是完全拥有了话语权后，难免由“失语”变成“胡言乱语”，网络暴力也就自然出现了。

六、网络暴力的危害

网络暴力犹如一颗互联网原子弹，具有超强的杀伤力。客观上，网络暴力行为对揭发腐败、揭露丑恶有不可忽视的作用。尤其是人肉搜索手段的运用，更使一些涉嫌腐败或有悖社会公德的当事人无处遁身。然而，这种杀伤力也极有可能会侵害公民的正当权利，如隐私权、名誉权，并可能对无辜者造成严重的误伤。

网络暴力越过了道德和法律底线，会对当事人造成过度伤害。毋容置疑，那些违背社会公德、有悖社会文明精神的行为理应受到公众的谴责。但是在网络上，网民这种大规模、集体式谴责会走向失控的局面，使当事人所受到的惩罚远远超过了其所犯错误的严重性。“虐猫”事件中，网民对“虐猫女”发出了“宇宙A级通缉令”，对其进行威胁、恐吓，令该女精神受到严重打击，几近崩溃；在“铜须”事件中，网民以“以键盘为武器砍下奸夫的头，献给受害的丈夫做祭品”、“让偷情者死无葬身之地”为口号，并贴出“江湖追杀令”，短短几天内，参与此事的网民就达到了数万人，当事人的真实身份、住址等被曝光，正常生活完全被打乱。这两个事件表明，网民很难在理性的指导下，运用合理的、适当的表达方式和行为去维护道德和正义，往往矫枉过正，对当事人造成过度的谴责乃至伤害。

网络暴力的存在，对互联网的健康发展也是一大威胁，会对广大网民基于互联网而广泛行使的知情权、表达权、监督权等造成严重伤害。除了网络，对大多数公众来说几乎没有其他有效的制度化渠道参与协商、表达诉求。因此，网络对每一个普通人来说都是弥足珍贵的自由表达空间。善待互联网，爱护互联网，合理使用互联网是每一位公民的责任。如果网络暴力继续泛滥，将会使网民的整体形象受到破坏，网民在网络上的声音也就更难得到重视，所谓的表达权、监督权亦不会得到有效落实。

七、解决网络暴力的办法

网络暴力现象引起了社会各界的关注，并提出了许多解决办法，主要有以下几种：

一是加强对网民尤其是青少年网民的道德教育，培养他们健康的心态和健全的人格，养成良好的上网习惯。要使他们认识到包括网络暴力在内的一切不文明现象的危害，主动承担维护网络环境的责任，做到文明上网。

在学校开设网络道德教育课程是对青少年进行道德教育的一个可行的办法，利用系统的学校教育，不仅可以让广大青少年远离不健康的上网行为，还可以掌握更多的网络知识。

二是加强行业监管与指导，提高网络媒体的自律意识，提高网络媒体从业人员的职业道德水平。网络媒体虽然具有很强的开放性，但是论坛、社区、博客等产生的内容还是在网络媒体的掌控之下的，只要加强管理和引导，增强媒体编辑的责任意识、把关意识，对于剔除有害信息还是可以做到的。互联网行业相关组织、协会也要起到组织、协调、管理的作用，通过制定行业自律规范、制度，提高网络媒体的运营规范。

三是针对网络暴力等现象进行立法，建立健全法律法规。立法要对言论自由与侵权行为有明确的界定，既要保证公民的言论自由，为公民提供一个开放的舆论环境，也要保护公民的隐私权，使每一位公民的正当权益不受侵害。

延伸阅读：

1．美国为预防网络暴力之类的行为已经制定了相关法律。美国把我们统称的网络暴力分为了三类，分别是网络欺凌（cyberbullying）（美国国家犯罪预防委员会所设网络欺凌标准是：当互联网、手机或其他设备被用来发送或张贴短信或图片，意图伤害别人或使之尴尬时，即构成了网络欺凌行为。）网络跟踪（cyberstalking）[网络跟踪是指个人或群体利用信息和通话技术（特别是互联网）骚扰其他个人、群体或机构的行为。该行为包括虚假指控、监听、传达威胁、身份盗窃、损坏数据或设备，以性为目的诱惑未成年人，以骚扰为目的收集信息。]和网络骚扰（cyberharassment）（有人认为，网络骚扰和网络跟踪是一回事，两个术语可以互换。也有人认为，它们虽然看来相似，但还是有些微妙的区别，在于罪犯的意图及行为的初始动机。）2008年6月，美国密苏里州第一个通过了《反网络欺凌法》；1999年，第一部《网络跟踪法》在美国加州生效；美国康州是将计算机骚扰定为犯罪的第一个州。这些法律的制定，旨在遏制网络暴力事件的发生，但也引发了不少批评和反对的声音，批评者认为这妨碍了公民的言论自由。

2．2010年7月1日，我国正式实施《侵权责任法》，其中第四章第三十六条对网民及网站的网络侵权行为作出了明确规定：

网络用户、网络服务提供者利用网络侵害他人民事权益的，应当承担侵权责任。

网络用户利用网络服务实施侵权行为的，被侵权人有权通知网络服务提供者采取删除、屏蔽、断开链接等必要措施。网络服务提供者接到通知后未及时采取必要措施的，对损害的扩大部分与该网络用户承担连带责任。

网络服务提供者知道网络用户利用其网络服务侵害他人民事权益，未采取必要措施的，与该网络用户承担连带责任。

附1 《全国青少年网络文明公约》

2001年11月22日，共青团中央、教育部、文化部、国务院新闻办公室、全国青联、全国学联、全国少工委、中国青少年网络协会向社会正式推出《全国青少年网络文明公约》，全国亿万青少年从此有了自己的网络行为道德规范。公约全文如下：

要善于网上学习，不浏览不良信息；

要诚实友好交流，不侮辱欺诈他人；

要增强自护意识，不随意约会网友；

要维护网络安全，不破坏网络秩序；

要有益身心健康，不沉溺虚拟时空。

附2 《中国互联网行业自律公约》

2002年3月26日，中国互联网协会在北京发布《中国互联网行业自律公约》，该公约的推出为建立中国互联网行业自律机制提供了保证。公约全文如下：

第一章 总则

第一条 遵照“积极发展、加强管理、趋利避害、为我所用”的基本方针，为建立我国互联网行业自律机制，规范行业从业者行为，依法促进和保障互联网行业健康发展，制定本公约。

第二条 本公约所称互联网行业是指从事互联网运行服务、应用服务、信息服务、网络产品和网络信息资源的开发、生产以及其他与互联网有关的科研、教育、服务等活动的行业的总称。

第三条 互联网行业自律的基本原则是爱国、守法、公平、诚信。

第四条 倡议全行业从业者加入本公约，从维护国家和全行业整体利益的高度出发，积极推进行业自律，创造良好的行业发展环境。

第五条 中国互联网协会作为本公约的执行机构，负责组织实施本公约。

第二章 自律条款

第六条 自觉遵守国家有关互联网发展和管理的法律、法规和政策，大力弘扬中华民族优秀文化传统和社会主义精神文明的道德准则，积极推动互联网行业的职业道德建设。

第七条 鼓励、支持开展合法、公平、有序的行业竞争，反对采用不正当手段进行行业内竞争。

第八条 自觉维护消费者的合法权益，保守用户信息秘密；不利用用户提供的信息从事任何与向用户作出的承诺无关的活动，不利用技术或其他优势侵犯消费者或用户的合法权益。

第九条 互联网信息服务者应自觉遵守国家有关互联网信息服务管理的规定，自觉履行互联网信息服务的自律义务：

（一）不制作、发布或传播危害国家安全、危害社会稳定、违反法律法规以及迷信、淫秽等有害信息，依法对用户在本网站上发布的信息进行监督，及时清除有害信息；

（二）不链接含有有害信息的网站，确保网络信息内容的合法、健康；

（三）制作、发布或传播网络信息，要遵守有关保护知识产权的法律、法规；

（四）引导广大用户文明使用网络，增强网络道德意识，自觉抵制有害信息的传播。

第十条 互联网接入服务提供者应对接入的境内外网站信息进行检查监督，拒绝接入发布有害信息的网站，消除有害信息对我国网络用户的不良影响。

第十一条 互联网上网场所经营者要采取有效措施，营造健康文明的上网环境，引导上网人员特别是青少年健康上网。

第十二条 互联网信息网络产品制作者要尊重他人的知识产权，反对制作含有有害信息和侵犯他人知识产权的产品。

第十三条 全行业从业者共同防范计算机恶意代码或破坏性程序在互联网上的传播，反对制作和传播对计算机网络及他人计算机信息系统具有恶意攻击能力的计算机程序，反对非法侵入或破坏他人计算机信息系统。

第十四条 加强沟通协作，研究、探讨我国互联网行业发展战略，对我国互联网行业的建设、发展和管理提出政策和立法建议。

第十五条 支持采取各种有效方式，开展互联网行业科研、生产及服务等领域的协作，共同创造良好的行业发展环境。

第十六条 鼓励企业、科研、教育机构等单位和个人大力开发具有自主知识产权的计算机软件、硬件和各类网络产品等，为我国互联网行业的进一步发展提供有力支持。

第十七条 积极参与国际合作和交流，参与同行业国际规则的制定，自觉遵守我国签署的国际规则。

第十八条　自觉接受社会各界对本行业的监督和批评，共同抵制和纠正行业不正之风。

第三章　公约的执行

第十九条　中国互联网协会负责组织实施本公约，负责向公约成员单位传递互联网行业管理的法规、政策及行业自律信息，及时向政府主管部门反映成员单位的意愿和要求，维护成员单位的正当利益，组织实施互联网行业自律，并对成员单位遵守本公约的情况进行督促检查。

第二十条　本公约成员单位应充分尊重并自觉履行本公约的各项自律原则。

第二十一条　公约成员之间发生争议时，争议各方应本着互谅互让的原则争取以协商的方式解决争议，也可以请求公约执行机构进行调解，自觉维护行业团结，维护行业整体利益。

第二十二条　本公约成员单位违反本公约的，任何其他成员单位均有权及时向公约执行机构进行检举，要求公约执行机构进行调查；公约执行机构也可以直接进行调查，并将调查结果向全体成员单位公布。

第二十三条　公约成员单位违反本公约，造成不良影响，经查证属实的，由公约执行机构视不同情况给予在公约成员单位内部通报或取消公约成员资格的处理。

第二十四条　本公约所有成员单位均有权对公约执行机构执行本公约的合法性和公正性进行监督，有权向执行机构的主管部门检举公约执行机构或其工作人员违反本公约的行为。

第二十五条　本公约执行机构及成员单位在实施和履行本公约过程中必须遵守国家有关法律、法规。

第四章　附则

第二十六条　本公约经公约发起单位法定代表人或其委托的代表签字后生效，并在生效后的30日内由中国互联网协会向社会公布。

第二十七条　本公约生效期间，经公约执行机构或本公约十分之一以上成员单位提议，并经三分之二以上成员单位同意，可以对本公约进行修改。

第二十八条　我国互联网行业从业者接受本公约的自律规则，均可以申请加入本公约；本公约成员单位也可以退出本公约，并通知公约执行机构；公约执行机构定期公布加入及退出本公约的单位名单。

第二十九条　本公约成员单位可以在本公约之下发起制定各分支行业的自律协议，经公约成员单位同意后，作为本公约的附件公布实施。

第三十条　本公约由中国互联网协会负责解释。

第三十一条　本公约自公布之日起施行。

第二章

民声沸腾下的网络问政

古有微服私访，今有网络问政。是否善于借助互联网问政于民，彰显着一级政府是否尊重民意，是否尊重互联网，也考验着一级政府能否以开放的视野、宽广的胸襟和不断进取的健康心态去接受网络民意。党和国家领导人胡锦涛总书记、温家宝总理已经为各级领导利用互联网问政于民作出了表率。但现实也严峻地表明，很多地方党政机关负责人对网络问政毫无概念，从思想认识到技术手段都严重缺失。在这方面，山东省烟台市走在了前面，并探索出了一条可资借鉴的网络问政新模式。

第一节　网络问政的兴起与发展

互联网时代的到来，不仅为公众提供了一个自由表达的渠道和空间，而且为党和政府及时了解社情民意提供了更直接、更便捷的平台。近年来，网络民意沸腾不止，折射出了大量的社会矛盾和问题，成为我国社会转型期过程中的真实写照。在矛盾和问题日益通过网络凸显出来的情况下，必然要求党和政府拿出一个化解矛盾、解决问题的有效办法。解铃还须系铃人，应互联网发展而凸显出来的问题，还需要利用互联网来解决。网络为每一位普通民众提供了一支“麦克风”，也为执政者提供了一部接收效果超强的“收音机”。

当今时代，党和政府应该为有这样一部“收音机”而感到庆幸。通过它，可以听到真话实话，了解事实真相；通过它，可以看清社会百态、感受百姓喜忧；通过它，可以广纳各路言论、凝聚真知灼见。在网络民意汹涌的今天，作为执政者，不仅不能忽视这种互联网现象，还要充分利用好互联网，问情、问计、问政于民，将大量有价值的网络民意为我所用。

2008年6月20日，胡锦涛总书记视察人民日报社，并与人民网强国论坛网友进行了4分钟的在线交流，回答了数位网友提出的问题。胡锦涛总书记表示：“网友们提出的一些建议、意见，我们是非常关注的。我们强调以人为本、执政为民，因此想问题、作决策、办事情，都需要广泛听取人民群众的意见，集中人民群众的智慧。通过互联网来了解民情、汇聚民智，也是一个重要的渠道。”这是中央最高领导人首次与网友在线互动交流，不仅肯定了网络民意的价值和重要性，而且对中国互联网政治发展以及构筑全新的互联网政治新景观意义非凡。由此，2008年也被看做中国网络问政元年。

一、网络问政的含义和具体内容

问政，可以理解为询问、探讨为政之道，其目的是解决社会上各种问题，更好地治理社会。对当前中国而言，就是进一步促进经济发展，化解各类矛盾，维护社会稳定，提高人们的生活质量。本书认为，问政是党和政府部门作为社会管理者发出的一种行为，问政的对象是广大公众。据此，网络问政是指各级党和政府运用互联网积极与网民沟通互动，了解民情、汇聚民智，为其制定政策、作出决策、解决问题提供群众基础和科学指导，是新时期一种新型的执政方式，体现了党和政府崭新的执政理念。

网络问政是人民群众参政议政的有效渠道，体现了民主政治的精神。表面上，网络问政主要表现为少数执政者与多数民众之间利用网络平台进行沟通、协商以及解决各类问题；实质上，网络问政表达了执政者要密切联系群众，紧紧依靠群众，一切为了群众这一执政为民理念。

网络问政要求执政者密切联系群众，及时了解社情民意。正所谓“知屋漏者在宇下，知政失者在草野”。作为行使社会公共管理职能的政府部门，所作的各项决策、制定的系列政策要科学合理，切实可行，就必须本着实事求是的态度深入社会进行调查和研究。社会管理者要对社会运行状况作出准确的判断和把握，对社会出现的各种矛盾和问题有清醒的认识和分析，要拉近与普通百姓之间的距离，了解他们的疾苦与困惑。在没有互联网的时代，普通民众缺少表达渠道，执政者也缺乏进一步了解社会的平台，双方缺乏有效的沟通渠道和沟通机制。互联网的出现解决了信息传递障碍问题，为执政者提供了一个高效的了解社情民意的信息平台。随着越来越多的人使用互联网，利用互联网表达民意，一个越来越真实、生动的社会便会在网络上呈现出来。因此，网络问政就是要求执政者能够主动靠近网民，去倾听网络民意，了解网络民意，尊重网络民意，并进行“去伪存真，去粗取精”的处理，以指导和改进工作。

网络问政要求执政者紧紧依靠群众，广泛吸纳民间智慧。南方报业集团旗下网站奥一网网络问政平台这样认识网络问政：“智慧与真知蕴于民间，通过网络技术平台，草根原生态的舆论和智慧可以被集纳和传播，也包括民主政治。”显然，越来越多的人，越来越多的媒体，甚至越来越多的政府部门，认识到民间蕴藏了巨大的智慧能量。长期以来，我们的党和政府一直重视吸收民间的智慧，如我国的人民代表大会制度和政治协商制度，为人们参与讨论国家事务、公共事务提供了制度保障，在汇聚民智以及指导科学决策方面发挥了重要作用。但是参与各级人民代表大会和政治协商会议的代表毕竟是少数，对于大多数人来说，缺乏一个建言献策的有效的、长期的制度化通道。网络时代的来临，使得汇聚民智的渠道更广，效率更高，使得网络问政、网络议政成为可能。基于互联网的现代的新形式的民间智慧吸纳平台，给每一位公民提供了建言献策，发挥聪明才智的机会。作为执政者，应该利用好这一平台，在进行决策、制定政策前，广泛征求民众的意见和建议，进行科学的论证和分析，避免决策不到位和政策效用的短期化现象。

网络问政要求执政者一切为了群众，切实解决百姓问题。范仲淹被贬居邓州时，写下了“先天下之忧而忧，后天下之乐而乐”这一脍炙人口的传世名句，反映了一个政治家的为官之道。对于当今社会的执政者而言，依然需要这种精神。我们的社会处在一个加速转型的时期，恰恰在这个时期又出现了互联网，本来比较隐蔽的矛盾和问题一下子凸显出来，更加剧了解决这些矛盾的紧迫性。从大量的网络民意来看，转型期的矛盾和问题大多和民众的切身利益相关，关系到民计民生甚至社会安定。所以，网络问政依然要求执政者将人民利益放在第一位，要对网络民意倍加敏感，要将切实解决网民反映的合理问题，有效化解社会矛盾作为行使社会管理和公共服务职能中的重要组成部分。

二、网络问政的兴起与发展

网络问政是伴随互联网在中国的发展而逐渐出现的，与互联网技术发展、应用以及人们对互联网的认识程度、利用程度紧密联系在一起。由于互联网产品形式多样性的特点，网络问政也具有不同的表现模式。

模式一：随着早先政府上网工程的启动，全国各地政府部门开始建立自己的政府网站，这些网站通常都设有市长信箱，并向社会公布了市长热线。

模式二：在全国各地，有一部分党政领导认识到网络民意的重要性，主动利用互联网与民众就热点问题沟通交流，听取网民意见和建议。他们借助的网络平台主要是论坛、博客和网络在线访谈。

模式三：网络媒体开办的一系列具有网络问政性质的栏目，为公众和政府部门搭建沟通交流的平台。网民可以在这个平台上咨询问题、投诉举报、建言献策，政府部门则依靠这个平台倾听民声，解疑释惑，处理问题。

在政府网站开通之前，各地已经纷纷设立市长信箱和市长热线。各地开通政府网站后，只是把这两种沟通形式在网上予以公布，没有更多实质性的变化，因此，本书不将其作为研究网络问政的重点，主要对后面两种模式予以重点分析。

在对这两种网络问政模式进行分析前，先引入两个概念：制度化网络问政和非制度化网络问政。关于网络问政的概念已经在前面作了解释和说明，“这里解释一下“制度化”和“非制度化”的含义”。非制度化网络问政主要是指上文提到的第二种网络问政模式，也有媒体称之为“官员触网”，该模式下的网络问政比较随意，主要取决于当地领导自身的网络认识程度和开明程度，与民众的沟通交流很难达到常态化，交流的具体渠道也不固定，或者是论坛，或者是博客，或者是一次访谈，因而缺乏系统性和长效化，是非制度化的。当然，该模式能够因领导的“明星”效应产生较大的影响力，引发阶段性大规模的网民积极参与响应现象，也能够树立一个地方政府开明的执政形象。制度化网络问政主要是指上文提到的第三种网络问政模式，该模式下的网络问政一般会取得当地某个部门（省、市委办、政府办、纪委、信访办、机关建设办公室等）的支持，问政部门会按照规定的周期处理、解答网民的问题，整个流程会纳入统一的常规管理，并不断建立健全各项规章制度，保证栏目的长效运作，属于制度化的运作模式。从对这两种模式的分析可以看出，前者主要以领导个人为主体进行网络问政，后者主要以部门为主体进行网络问政。

由于网络问政存在两种主要模式，关于网络问政的时间起点和演变也是需要进一步厘清的一个问题。笔者在对这两种网络问政模式大量的代表性案例发生时间比较后发现，这两种模式的发展，不存在前后演变的明显分水岭，而是呈现交替发展的特点。例如，被媒体誉为“世纪对话”的深圳市前市长于幼军与网友“我为伊狂”的见面，发生于2003年1月。而就在当年5月，国内首个网络问政平台——“网上民声”①在山东省烟台市开通。此后，无论是前者所代表的非制度化网络问政模式还是后者所代表的制度化网络问政模式，都有新的表现。因此，为了对中国网络问政这一现象能有一个科学的分析和结论，本书对这两种模式下的网络问政采取纵向独立分析，横向比较分析的方法予以研究。

非制度化网络问政模式，主要有三种表现形式：一是官员与网友以直接会面或网络访谈的形式进行交流，二是官员在论坛上以实名的方式注册，公开身份发帖，与网友交流，三是官员开博。这三种形式无论哪种，皆被媒体称为“官员触网”。根据有史可查的资料，最早的具有典型意义的高官与网民对话发生在2003年1月19日。

事情源于网友“我为伊狂”在网上发的一篇题为《深圳，你被谁抛弃》的帖子。这篇帖子谈到深圳大企业迁移、人才流失的问题，对深圳市人才引进、投资环境、行政效率以及国企改革等问题进行分析探讨，试图回答深圳何去何从这一命题。该帖引起了全国上百万网友的参与讨论。随后，在媒体的牵引下，时任深

①胶东在线网站（http://www.jiaodong.net）是山东省重点新闻网站，2003年创办了“网上民声”栏目，该栏目于2009年荣获第19届中国新闻奖一等奖（新闻名专栏）。

圳市市长的于幼军与该网友见面，这一消息不胫而走，引起广泛评论。海内外媒体评价称“于幼军此举开创了中国省市长级高官与网上批评者当面交流的先河”。“一位市长因为一篇网文与一个普通网友进行一场面对面的对话，畅谈一座城市的今天与未来，这在国内还是第一次，这是一场注定要写入深圳历史的对话”。

这是一次具有标志性意义的“世纪对话”，开启了高官与网民对话的先河，也是非制度化网络问政的雏形。

从2003年到2010年间，越来越多的官员触网，他们纷纷借助互联网走近草根百姓，近距离沟通交流，寻求执政之道。根据笔者的调查研究和所掌握的资料，官员触网从时间上主要划分为三个阶段：

一是2003年至2005年，为官员触网的沉寂阶段。这一阶段，官员触网还非常少见，有记录可查的是《南方都市报》的《高官“触网”录》一文所载：2003年12月23日，担任中国外交部长近10个月的李肇星在中国外交部网站“中国外交论坛”和新华网“发展论坛”与网友进行在线交流，回答了网民很多“尖锐问题”和“私人问题”。此次交流与之前的“世纪对话”都是这一阶段的典型官员触网案例，除此之外，还鲜有官员通过网络与百姓互动沟通的事情发生。

二是2006年至2007年，为官员触网的兴起阶段。在这两年，已经有不少地方官员意识到互联网在汇聚民智方面的重要作用，频频触网，开始有意识将一些工作与互联网联系到一起。

2006年3月8日，海南省临高县县长符永在天涯社区以真实身份注册，他的第一句话是：“大家好！我是临高县人民政府县长符永。”“在网上公开自己官员身份毫无顾忌的，他还是国内第一人”。[①]他也因此被誉为“不穿‘马甲’的网民县长”。《海南日报》于3月20日发表题为《欢迎县长如此“作秀”》，对符永的行为给予了充分肯定。新浪名人博客也向符永发出邀请：“博客频道作为致力推荐最广泛最前沿思想的网络阵地，缺少了符县长这样的时代浪潮骄子，始终是不完整的。”

2006年10月22日，江苏省宿迁市市委书记张新实在“网上宿迁”公共论坛上发了一个题为《关于宿迁人的行为举止细节问题》，并署名“张新实”。此贴形式新颖、蕴涵深意，得到了众多宿迁网友的支持，影响广泛。随后，2006年

①由姗姗．不穿“马甲”的网民县长：海南临高县长符永．南方周末：http://news.163.com/06/0323/10/2CT279GI0001124T.html，2006年3月．

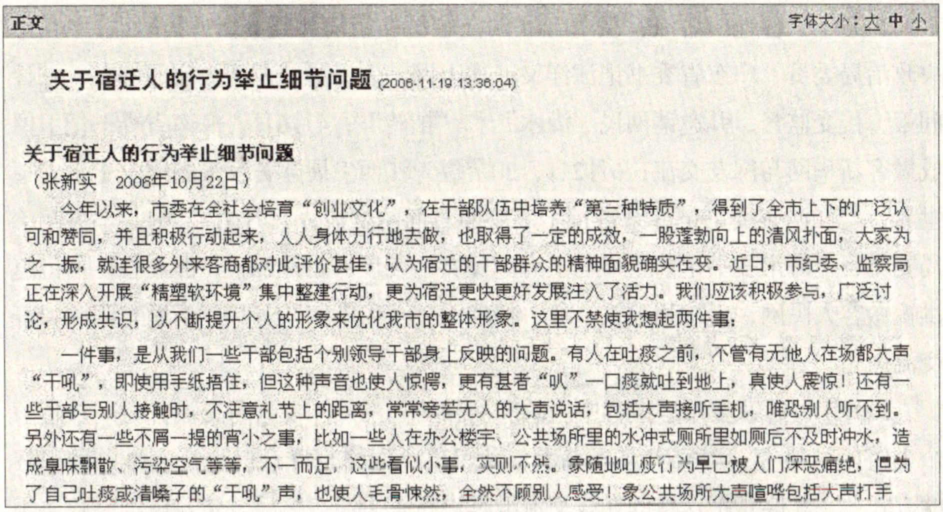

正文　　字体大小：大 中 小

关于宿迁人的行为举止细节问题 (2006-11-19 13:36:04)

关于宿迁人的行为举止细节问题

（张新实　2006年10月22日）

今年以来，市委在全社会培育“创业文化”，在干部队伍中培养“第三种特质”，得到了全市上下的广泛认可和赞同，并且积极行动起来，人人身体力行地去做，也取得了一定的成效，一股蓬勃向上的清风扑面，大家为之一振，就连很多外来客商都对此评价甚佳，认为宿迁的干部群众的精神面貌确实在变。近日，市纪委、监察局正在深入开展“精塑软环境”集中整建行动，更为宿迁更快更好发展注入了活力。我们应该积极参与，广泛讨论，形成共识，以不断提升个人的形象来优化我市的整体形象。这里不禁使我想起两件事：

一件事，是从我们一些干部包括个别领导干部身上反映的问题。有人在吐痰之前，不管有无他人在场都大声“干吼”，即使用手纸捂住，但这种声音也使人惊愕，更有甚者“叭”一口痰就吐到地上，真使人震惊！还有一些干部与别人接触时，不注意礼节上的距离，常常旁若无人的大声说话，包括大声接听手机，唯恐别人听不到。另外还有一些不屑一提的宵小之事，比如一些人在办公楼宇、公共场所里的水冲式厕所里如厕后不及时冲水，造成臭味飘散、污染空气等等，不一而足，这些看似小事，实则不然。象随地吐痰行为早已被人们深恶痛绝，但为了自己吐痰或清嗓子的“干吼”声，也使人毛骨悚然，全然不顾别人感受！象公共场所大声喧哗包括大声打手

张新实在新浪博客上发表的第一篇文章《关于宿迁人的行为举止细节问题》的截图。

11月，张新实在新浪开博，第一篇博文依然是《关于宿迁人的行为举止细节问题》。截至2010年8月31日，张新实的博客已经发表博文701篇，涉及农业、企业改革、城市发展以及道德建设等多个领域。

2007年春节前夕，湖南省委书记张春贤在红网论坛实名注册，发表了《我向红网的网友致以诚挚的问候，拜个早年》的帖文，一下子拉近了与网友之间的距离，网友亲切地称呼他为“亲民书记”。由于张春贤经常活跃于互联网，通过互联网了解社情民意，他获得了“互联网上明星书记”的雅称。

2007年，现任广东省省委书记汪洋在担任重庆市委书记时首开互联网全球问计先河，被网民推举为“2007年度网络知识分子”。2007年6月，重庆市委市政府就重庆统筹城乡发展综合配套改革实验区建设通过互联网向全球“问计求策”，开中国省级行政区网络问政、网络民主之先河，在海内外引起巨大反响。重庆网络民意由此逐渐发酵，与决策层良性互动，堪称中国网络民主一方重镇。

三是2008年至今，是官员触网活跃阶段。2008年，官员触网进入了一个全新的阶段，更多中央领导、全国各地省、市领导触网，通过网络与网友沟通。2008年，清华大学媒介调查实验室联合人民网做的一项调查问卷也显示，在所调查的629名地方党政县处级以上领导中，近70%的干部有“触网”的经历。《人民日报》撰文指出，领导干部上网已经成为中国政坛新气象。尤其是2008年6月20日，胡锦涛总书记在人民网强国论坛与网友在线交流，彰显了国家最高层对互联网的重视，为各级领导利用互联网施政树立了榜样。

2008年，各地、各级官员与互联网接触更加密切和频繁。2月14日，中共中央政治局委员、广东省委书记汪洋又一次上网，表示愿意成为大家的网友，求计问策，接受监督，并邀请网民“灌水”和“拍砖”；4月6日，海南省委书记卫留成做客新华网与网友交流；6月2日，20余位为江西发展建言献策的网友走出虚拟世界，与江西省委书记苏荣进行了一场面对面的交流；11月6日，中共中央政治局委员、上海市委书记俞正声与上海网民共话发展；11月28日，浙江省委书记赵洪祝做客人民网，就杭州地铁事故、杨湘洪“滞留不归”等热点话题与网民展开交流……

2009年，温家宝总理做客中国政府网和新华网同网友进行交流，时间长达两个小时。访谈中，温家宝总理表示“利用现代网络与群众进行交流是一种很好的方式”。“愿意把这样的在线交流继续进行下去”。之后，十几位国家政协领导、部委领导和省级领导做客人民网强国论坛，同网友畅谈。与此同时，在全国各省市，越来越多的地方官员也在以各种形式与网友互动。据人民网统计，截至2010年6月，公开回复人民网网友留言的书记、省长达到40位。[①]举国上下，官员触网蔚然成风，呈现了一派生机勃勃的互联网政治新景观。

以上是“官员触网”在2003年至2009年的三个发展阶段，在其发展过程中主要呈现出了如下特点：

1. 从大量报道来看，触网官员多为省、市领导，尤其以省委书记、市委书记居多。出现这种现象有如下两个原因，一是这些地方的一把手对互联网的认识更充分，更到位，他们非常重视网络民意，希望能够通过互联网拉近与百姓之间的距离，听到最真实的声音，化解社会矛盾，提高党和政府形象，并进一步改进工作；二是媒体选择性报道的结果，这主要是由于一个地方的一把手领导触网更有标志性意义，更容易引起媒体的关注和报道。

2. 官员触网的程度和规模与其所在省份的经济发展水平、网络普及程度关系不是十分明显。在触网官员当中，有的来自经济比较发达的地区如广东、江苏、上海等，有的则经济发展相对落后，如江西、安徽等。这说明，各级官员特别是一个地方的一把手是否愿意触网，是否重视网络民意，是否认可网民的智慧，与领导的个性、学识有很大关系，尤其与领导执政理念和对网络的认识密切

①韩月. 上海市长韩正首次公开回应网友留言. 人民网：http://leaders.people.com.cn/GB/12003726.html，2010年6月29日.

相关。反过来，无论是在经济较发达地区还是在相对落后地区，只要一把手领导表现出对互联网极高的热忱，主动利用互联网了解社情民意，便能开一片网络民主之风，深刻影响其他领导干部，甚至促进当地党政机关工作作风的改进和工作效能的提高。

3．从发生时间、涉及的事件这两个方面考量，官员触网具有随意性、偶然性和不稳定性的特点。党政领导一把手一般公务繁忙，不可能事无巨细，更不可能把主要精力放在网络问政上。从这几年官员触网的实际表现来看，官员触网更多的是个人行为，是基于个人对局势的判断和把握，因而并没有上升到有组织的系统化运作层面上。从推动网络问政这个角度来看，官员触网的主要作用在于引领和示范。笔者认为，各级党政领导一把手触网，其象征意义、示范作用远远超过对一些反映在网络上的具体问题的解决，会对建立系统的、制度化、长效的网络问政平台起到巨大的推动作用。正如广东省委书记汪洋面对网友“作秀嫌疑”的质疑时说：“这么做是为了推动各级党委、政府重视网络问政工作，是为了通过我们的行动去推动这种民主、政治、制度化建设。我们没有去作秀的想法，当然如果你认为我们是在作秀的话，我也不能批评你这个想法。”[①]从这个意义上看，一把手领导触网有利于增强广大领导干部互联网意识，是发扬网络民主的基础，是搭建系统的、制度化的网络问政平台的前奏。

①广东省委书记汪洋与网友交流回应作秀质疑．新浪网：http://news.sina.com.cn/c/p/2010-07-02/115220597583.shtml，2010年7月2日．

附　上海市市长韩正同志致网友的一封公开信

2010年6月25日，上海市市长韩正首次公开回应网友留言，并通过市政府办公厅发来致人民网网友公开信，并就网友在人民网“地方领导留言板”中的12项留言予以公开回复。

各位网民朋友：

大家好!

首先，感谢广大网友对上海政府工作的关心和支持，感谢人民网为我们了解民意、采集民智搭建了良好平台。我非常关注人民网“地方领导留言板”网友留言，看到不少网友为上海发展献计献策，非常感动。上海市政府已建立了由市政府办公厅牵头负责，各有关部门共同配合的工作机制，定期分析梳理网友留言，以不断改进我们的工作。

今年网友给我的46条留言，已请相关部门进行了研处。其中，住房保障是反映比较集中的热点，占全部留言的近1/3，有的网友反映居住环境差，有的期待尽快动迁以改善居住条件，有的希望降低经济适用房准入门槛，有的建议采取措施抑制高房价，这些留言反映出网友对住房保障的普遍关心。今年3月，我做客人民网和网友交流时也重点谈到了上海的住房问题。住房是重要的民生，上海市委、市政府正在努力建立健全以廉租住房、经济适用住房、公共租赁住房为重点的住房保障体系。今年以来，我们进一步加大了保障性住房政策研究和推进力度，着力解决市民的住房困难问题，放宽廉租对象申请标准，提高实物配租比例，实现新增廉租对象“应得尽得”；在徐汇、闵行两区启动经济适用住房试点工作，并准备年内在市中心城区全面推开。到2012年，努力做到廉租受益家庭达到12万户；享受经济适用住房的家庭达到30万户；建立并完善公共租赁住房制度，逐步改善本市青年职工、引进人才、来沪务工人员的居住条件。6月4日，《上海市发展公共租赁房的实施意见（征求意见稿）》已上网公开征求意见，欢迎广大网友提宝贵意见。对于部分网友提出的希望通过动迁改善居住条件的需求，我们非常理解，也会继续大力推进旧区改造和大型居住区建设。

还有不少网友对交通出行提出建议。作为特大型城市，上海的交通问题至关重要，目前已基本形成以轨道交通为骨干、地面公交为基础、出租汽车为补充、信息系统为手段、交通枢纽为衔接的城市公共交通体系。初步实现了“三个一”目标，即中心城区两点间公共交通出行一小时内完成，郊区新城一次乘车进入轨道交通网络，新市镇与所属中心村之间一次乘车到达。

对于网友反映的“建议将轨道交通延伸至金山区，解决金山区因远离市区影响发展的瓶颈问题”，我们已有考虑和规划，金山至上海南站的金山支线铁路已开工建设，预计将在明年通车，届时，只需要30分钟便可从市区到达金山。对于网友反映“增加长兴岛至市区的公交车，解决百姓出行不便的问题”，4月28日由吴淞发往长兴岛的公交申崇五线已正式开通。对于网友反映“公交指示牌功能缺陷问题”，上海市已制定了《公共汽（电）车中途站候车设施配置规范》，明确要求候车信息亭服务标志须标明公交车线路途经各站点中文名称及本站位置提示标志、公交车行驶方向以及线路特性等内容，并将逐步完善，方便市民出行。

上海的发展离不开广大网友的关心和支持，真诚地希望大家对上海市政府和我的工作提出宝贵意见、建议，使政府更全面地深入了解民情民意。网民朋友也可通过中国上海门户网站的“市长信箱”反映情况。

上海市市长　韩正

2010年6月25日

第二节　网络问政历史一刻：胡锦涛同网友在线交流

2008年6月20日，胡锦涛总书记做客人民网，同强国论坛网友在线交流4分钟，回答了网友提出的三个问题。这一事件，在中国互联网发展史上具有里程碑意义。由于该事件所具有的重要意义和价值，人民网的网络访谈《胡锦涛总书记同人民网强国论坛网友在线交流》在第19届中国新闻奖评选中被评为一等奖。

一、访谈背景和经过

2008年6月15日是《人民日报》创刊60周年纪念日。人民网同时对胡锦涛总书记到人民日报社考察作了充分准备，并预计总书记会到人民网视察。人民网希望胡锦涛总书记的这次考察能给人民网，给中国的互联网留下一些可以纪念的东西。人民网最初设想，是请总书记考察期间同网民作一次短暂的在线交流或者利用合适的时机专门作一次访谈、录播一段对网民的视频讲话、给网民写一段话、登录强国论坛对网民说几句话（不在线交流、只发布视频录像或照片）等等。这几个设想，能实现其中任何一个都意义重大。人民网最希望作在线访谈，但又觉得希望不大，因为总书记太忙了。令人惊喜的是，总书记在极其繁忙的考察活动中，挤出时间同网民在线交流。事实证明，在曾经设想的几种方式中，总书记所决定的在考察过程中进行简短的在线交流，效果最好、影响最大。

6月20日，胡锦涛总书记在中央政治局常委李长春等的陪同下来到人民日报社考察。上午9时许，总书记来到人民日报社。在编辑部楼大厅，他兴致勃勃地参观了人民日报社60年发展历程展览。接着，他来到人民日报夜班工作台、国际部编辑平台和人民日报社印刷厂，看望一线采编人员和印刷厂干部职工。10时许，总书记健步来到人民网工作平台，亲切看望人民网员工。他先后在“中国共产党新闻”网和强国论坛工作区停下来，询问有关情况。

胡锦涛总书记一行刚刚进入人民日报社时，强国论坛即发布预告：“各位网友，告诉大家一个好消息，胡锦涛总书记今天来到人民日报社了。过一会儿，他将通过强国论坛同网友们在线交流。”这一帖文同时被发布到人民网首页大头条位置，瞬时被许多网站转载。约10时20分，总书记来到强国论坛时，“他将通过

“胡锦涛总书记在人民网同网友在线交流”专题截图。

强国论坛与网民在线交流”的消息已传遍世界。

胡锦涛总书记在强国论坛工作区一个编辑工位上坐下来，看网友在强国论坛上给他的提问。强国论坛负责人向他简要介绍情况后，总书记跟网友打招呼：“朋友们，大家好！今天有机会在网上和大家交流，我感到非常高兴。我要借此机会，向网民朋友们表示诚挚的问候和良好的祝愿。”因为马上要参加人民日报社创刊60周年座谈会，总书记回答了网友提出的三个问题后，不得不跟网友说：“因为时间关系，今天不可能和网友们作更多的交流。但是网友们在网上发给我的一些帖子，我会认真地去阅读，去研究。”

访谈进行了4分多钟。这是开历史先河、具有划时代意义、对中国互联网和中国社会产生深远影响的4分多钟，人民网对整个过程进行了图文和视频直播，详细记录了这举世瞩目、令亿万中国网民异常激动和振奋的历史时刻，记录下了这被称为最幸福的“网事”。人民网同时将访谈内容和网民热情洋溢的评论进行精心编辑，开设新闻专题，并在此后一段时间进行了重点、持续报道。

二、访谈的影响

胡锦涛总书记将通过强国论坛与网民在线交流的预告于9时13分在强国论坛和人民网主页大头条发布，仅仅几分钟就被各新闻网站和商业网站转载。有的网民惊呼“不敢相信自己的眼睛”。在第一时间看到这一预告的网友，纷纷在各个论坛里发布消息，号召大家立即到人民网强国论坛去看总书记，和总书记在线交流。一时间，网民争先恐后到强国论坛注册、发帖提问，数以亿计的点击涌向人民网，中国互联网上出现了“万人空巷，直奔人民网”的盛况。强国论坛的注册用户数据库与网页服务器瞬间请求服务超过平常的千倍以上，其火爆程度大大超出预料。虽然论坛系统承受不了排山倒海般的网民注册与浏览请求，但人民网视频直播、图文直播和新闻浏览畅通无阻。

胡锦涛总书记通过强国论坛同网民在线交流的信息引爆了中国互联网，用网民的话说是“网民沸腾了”。访谈预告发出后，大家争先恐后向总书记提问；访谈结束后，无数网民迅速对这一具有划时代意义的事件进行评论。访谈结束后不到两个小时，网友评论帖文达200多万条，都是发自肺腑的话语，其中有不少洋洋千言的评论文章。如《总书记与网友交流凸显网络的重要性》、《总书记在线交流浓缩的网络时代图景》、《总书记同网友谱写中国最幸福“网事”》、《胡锦涛总书记：中国第一号网民》和《总书记上人民网听取民意 中国网民最幸福的时刻》等等，这些文章被各大网站转载，广泛流传，快速传播。

网友“两江打鱼人”评论说：总书记同网民在线交流“这是一个莫大的惊喜”；“这是一个莫大的肯定——体现了党和国家对网民的大力肯定”；“这是一个莫大的进步——体现了中央乐于听取民意，尊重民意，重视来自网络的声音，是亲民尊民的生动体现”；“这是一个莫大的焦点——它将成为境内外媒体和广大网民关注的焦点”。

网友“邱柏星”说：“作为网民，还有什么比这一刻更感到幸福的吗！这一刻，是人民网强国论坛最幸福的时刻，更是全国所有网民值得高兴和庆贺的一刻。这一刻，也必将成为中国的最幸福‘网事’。”他还说：“最幸福‘网事’里，彰显出问计于民的情怀。”

网友称，总书记和网民交流开创了历史先河；总书记给各级干部作出了表率；对中国互联网政治具有划时代意义。总书记做客强国论坛，与网民交流透露出三大信息：一是互联网在中国政治、经济、文化生活中已具有重要地位，二是党中央对互联网的建设和发展将会更加重视，三是今后中央决策将会更加关注、听取网络民意。有网民说，没想到胡总书记这样平易近人，让网友们心里热乎乎的，这种平民化的作风让人感动，让总书记的形象更显高大。

胡锦涛总书记通过人民网强国论坛与网民在线交流成了当天全世界的大新闻，国内外各种媒体迅速进行报道。中央重点新闻网站和主要商业网站第一时间在首页头条位置突出转载了总书记做客强国论坛并与网友交流的消息。《人民日报》、新华社、中央电视台、路透社、法新社、俄新社、BBC等上千家境内外主流媒体、主流网站进行了转载、报道和评论。有媒体评论，胡锦涛总书记同网友的在线交流，不仅彰显出我们国家最高领导人在信息时代对民意的欢迎姿态，还体现了我们党执政风格更加成熟、开放和自信。还有评论说，总书记在人民网与网友即时互动，是自中国进入网络时代以来的第一次。这个第一次，是执政水平、社会管理能力提高的一次呈现，是时代前进的一幅浓缩图景。

三、对访谈的认识

胡锦涛总书记到人民日报社考察，全部时间总共不到3小时，同采编人员座谈近一个半小时，参观人民日报社发展历史展览、看望人民日报社采编人员和印刷厂干部职工近一个小时，在人民网的时间大约半小时，通过强国论坛同网民进行在线交流只有4分多钟。在这4分多钟里，总书记一共回答了网民的三个问题：1.“总书记，您平时上网吗？”；2.“总书记，平时您上网都看些什么内容？”；3.“总书记，网友们在网上提了不少意见和建议，您能看到吗？”

可以说，这三个问题是中国网民最想问的问题。2003年，胡锦涛总书记在非典肆虐时期到广东考察时，对一位参与防治非典的一线医生说：“你的建议非常好，我在网上已经看到了。”温家宝总理考察北京大学抗非典工作时说：“我在网上看到同学们在留言中表达了同全国人民一起抗击非典的决心，令人感动。”这些事实明确告诉人们，总书记、总理也上网，总书记、总理从网上看到了网民的建议和意见，让网友们激动、振奋。网民纷纷对总书记、总理的行为表示赞赏、肯定。中央领导上网，一时成为网民热议的话题，并对此发表了数以万计的评论和感想。

总书记上网是无疑的，但他日理万机，有多少时间上网呢？他上网关注哪些问题？他对网民的意见关注、重视到什么程度？这是网民很想知道的。2007年召开的党的“十七大”，受到网民前所未有的关注，网民对党的“十七大”寄予了无限的期望。大会召开前夕，强国论坛一个名叫“小火龙”的网友发出的帖文就很有代表性，这篇题为《总书记，请来强坛跟网民说说心里话！》的帖文说："看着强国论坛满眼的帖子，看着论坛里大家纷纷给十七大建言，为反腐败支招，总是禁不住热血沸腾。可是冷静下来，我常想，总书记您上网吗？您能看到我们的建议吗？您能听到我们的心声吗？隔着这虚拟的互联网，我常想，哪个马甲会是您？"这个帖子说出了网民的心声，顿时引爆了强国论坛，大量网民纷纷跟帖留言。贴文浏览人数达到58万，跟帖1500多条。中国网民如此关注中央领导上网与否，一个重要原因是，这些网民关心国事，政治热情高，常怀忧国忧民之心，非常关注国家的发展。他们经常在网上发帖，反映在现实生活中的所见所闻，鞭挞丑恶，评论时事，为党的建设和国家发展不断建言献策。他们很希望倾注了感情的帖文被领导人看到，希望他们的一腔热血没有白洒。

网民提的问题千千万万，总书记只回答了三个问题，但这三个问题不仅是网民问得最多、最有代表性的，而且也是网民们最愿意听、最想听的。总书记说："平时我上网，一是想看一看国内外新闻，二是想从网上了解网民朋友们关心些什么问题、有些什么看法，三是希望从网上了解网民朋友们对党和国家工作有些什么意见和建议。""网友们提出的一些意见、建议，我们是非常关注的。我们强调以人为本、执政为民，因此想问题、作决策、办事情都要广泛听取人民群众意见，集中人民群众智慧。通过互联网了解民情、汇聚民智，也是一个重要的渠道。""因为时间关系，今天不可能和网友们作更多的交流。但是网友们在网上发给我的一些帖子，我会认真地去阅读，去研究。"在日常生活中，连县委书记、市委书记都难得一见的普通百姓，通过网络写出的意见、建议，提出的要求，有可能被中共中央总书记看到，还有比这更让网民激动、兴奋、幸福的事吗？对任何具体政策问题的回答都不会像回答这三个问题那样，让几乎所有网民都满意，都高兴，都充满期待。

四、访谈的作用

1. 极大地促进了人民网新闻宣传和各项事业的发展

2008年6月20日之后，人民网强国论坛注册用户数和发帖量都暴增，一年的新增注册用户数差不多是前9年的总和。"6 · 20"之后很长一段时间，"强国论坛"一词都排在"百度热词"的前几位。有一名网友帮他90多岁的爷爷在强国论坛注册了一个网名。版主问他，你爷爷这么大年纪了怎么看论坛呢，他说由他爸爸念给爷爷听。又问，那你爸爸多大了，他说60多岁了。因为总书记到强国论坛来了，这一家祖孙三代都成了强国论坛的网友。

同时，人民网的权威性进一步提高，影响力迅速扩大，浏览量也迅速增加。更为重要的是，人民网开展了一次全员大讨论：以胡锦涛总书记亲临考察为强大动力，全面贯彻总书记考察人民日报时的重要讲话精神，实现人民网跨越式的发展。这次讨论实际上是一次全员动员。目前，人民网在新闻宣传、经营、管理、技术创新、改革改制等各方面都已初见成效。

2．提高了网民参政议政的热情

总书记与网民在线交流时，表达了通过网络了解社情民意，通过网络问政于民的思想，这对网民是极大的鼓舞。现在，有更多的网民通过网络为国家发展献计献策了。2009年6月20日，总书记同网友在线交流一周年之际，网民们热烈议论一年前的幸福“网事”。有网民说：“总书记和网友一交流，网友发帖不用愁。”“胡锦涛‘触网’一周年，网民‘问政’开新篇！”“胡哥来强坛走了一小步，中国民主的进程就实实在在地向前迈了一大步啊！”

总书记上网听民意，对网民改进不良的上网行为也有促进作用。有网民说，以前上网，大部分时间都是在灌水、聊天，或者是泛泛地讨论问题，现在总书记这么重视网络，我们一定要用好网络这块阵地积极参政议政。

3．增强了各级领导干部通过网络听政于民、问政于民的意识

总书记同网民在线交流之后，温家宝总理于2010年2月通过新华网与网民在线交流；中央政治局委员、上海市委书记俞正声通过东方网与网友在线交流；在省委领导的带动下，浙江各市市委常委都到网上同网民交谈。从2008年“6·20”到2009年10月12日，到人民网与网民交流的国家领导人有6位，副省级以上的领导干部有70多位。截至人民网2008年7月推出“地方领导留言板”新版，已经有30多位书记、省长公开回复网友留言。正如2008年10月8日《人民日报》的一篇报道所说：“了解民情、汇聚民智，官员上网成中国政坛新气象”。

4．彰显了中国领导人亲民近民，善听民意的良好形象

国际上对胡锦涛总书记同网民在线交流的评价非常高。有评论说，中国有世界上最广大的网民群体，作为最高领袖以在线方式与网民交流，充分说明从执政党核心群体开始，对互联网给予了高度的肯定，对网民也给予了高度的认可，这种肯定与认可是主动式的，中共正以更加博大的胸怀，迎接新时代的挑战。还有评论认为，胡锦涛与网友交流，表明互联网开通了由草根通往中南海的直通车。①

①此文引用了人民网副总裁官建文在第19届中国新闻奖作品高端研讨班上的发言材料，有删改。

第三节　网络媒体搭建制度化网络问政平台

如果说“官员触网”意味着越来越多的官员网络问政意识增强，那么网络媒体开办的一系列具有明显的网络问政特征的栏目、平台，则表明网络问政迈出了实质性、关键性一步。从2000年至今，中国有不少网络媒体陆陆续续开办了此类栏目。这些网络媒体中有的是具有传统媒体背景的地方性新闻网站，有的是中央级重点新闻网站，其中典型代表当属位于山东烟台的胶东在线网站。据笔者掌握的资料，胶东在线是全国首家推出网络问政平台的网站，甚至比人民网“地方领导留言板”栏目开办早三年。①

2003年5月，胶东在线网站经过半年时间的酝酿和筹备，联合烟台市直机关建设办公室，推出了“网上民声”②栏目，在全国首创开办网络问政平台之先

网上民声首页截图。

①胶东在线网站“网上民声”栏目开办于2003年，人民网“地方领导留言板”栏目开办于2006年，这两个栏目都于2009年荣获第19届中国新闻奖一等奖。

②该栏目初创时命名“网上对话”，即政府部门、热点窗口单位通过网络平台与市民百姓沟通交流，2006年，“网上对话”改名为“网上民声”。

河，引起社会各界广泛关注。关于胶东在线“网上民声”栏目的创办背景和发展过程，将在第四章第一节作详细的阐述。

制度化网络问政模式——“网上民声”诞生至今，也只有短短7年时间，但是全国各地网络问政总体上发展较快。这主要表现在全国各地网络问政平台的数量不断增加，功能不断提升，网络问政这种形式越来越得到党政部门以及各级领导的关注和支持，所发挥的作用也日趋明显，得到了更多网民的欢迎和认可。2010年7月，笔者对全国各地网络问政平台建设、运行情况作了详细调查，具体情况如下。

一、关于调查说明

1. 调查对象

此次调查主要考察全国规模、省级规模和市级规模网络问政平台建设、运行情况。在市级网络问政平台的调查中，主要选取各个省省会城市、副省级城市作为调查对象，针对个别省份也选取了部分有代表性的地市级城市。

2. 样本情况

该调查覆盖全国32个省、自治区、直辖市，不包括台湾、香港和澳门地区，共计73个网站。其中中央重点新闻网站1家，为人民网；地方网站72家，主要为各地重点新闻网站，绝大部分是地方网联①和城市网盟②会员单位，在当地网民和政府中有较强的影响力。

3. 调查项目

此次调查涉及到的项目主要包括栏目开办时间、覆盖范围、合作部门、上级重视程度和日均留言数量几个方面。

4. 时间范围

2000年1月1日至2010年6月30日。

二、调查结果与结论

1. 全国各地网络媒体开办网络问政平台情况

在73个被调查网站中，已经开办网络问政平台之类栏目的网站有43个，占

①地方网联：全称“地方重点新闻网站总编联席会”，是全国地方（省级）重点新闻网站之间建立的一个联席会议制度，其宗旨是推动地方重点新闻网站之间的交流与合作，整体提升地方重点新闻网站的知名度和影响力，促进地方重点新闻网站的健康发展。

②城市网盟：全称“中国城市新闻网站联盟”，是由大连天健网等五家网站发起的，目前会员单位有60余家，主要为全国省会、副省级城市新闻网站及部分地市级城市新闻网站。

58.9%，还未开办的有30个，占41.1%。这表明，开办网络问政平台在全国各地网络媒体频道建设中成为比较普遍的现象。许多网站开始重视网络媒体在协调社会、解决问题、促进社会和谐等方面发挥的作用。

2. 省级网络问政平台开办情况

全国31个省、自治区、直辖市中，有23个地方开办了省级网络问政平台，8个省级行政区域仍然没有开办，已经开办数量达到了74.2%。没有开办省级网络问政平台的省份主要集中在西部地区，如甘肃、内蒙、青海、西藏、新疆等。中部地区和东部沿海省份基本上都开通了网络问政平台。[①]根据这一结果可以得出这样这一个结论，网络问政平台的建设情况与当地经济发展程度、社会开放程度以及互联网普及应用程度成正比关系，这与官员触网地域分布特点有所不同。

3. 市级（包括省会城市、副省级城市、地市级城市）网络问政平台开办情况

在所调查的网站中共涉及到26个城市，其中开办了网络问政栏目的城市有15个，未开办此类栏目的城市有11个，开办率达到了57.7%。这表明，网络问政栏目在全国省会城市、副省级城市以及个别地级市已经陆续建立起来，并达到了一定规模。

4. 关于各网络媒体网络问政平台开办时间分析

在43个开办网络问政平台栏目的网络媒体中，最早开办的是胶东在线网站，其“网上民声”栏目创办于2003年5月。之后每年情况如下：2004年有4家网络媒体开办；2005年未发现；2006年和2007年分别各有一家网络媒体开办，其中2006年人民网创办了“地方领导留言板”栏目，2007年南都全媒体旗下网站奥一网创

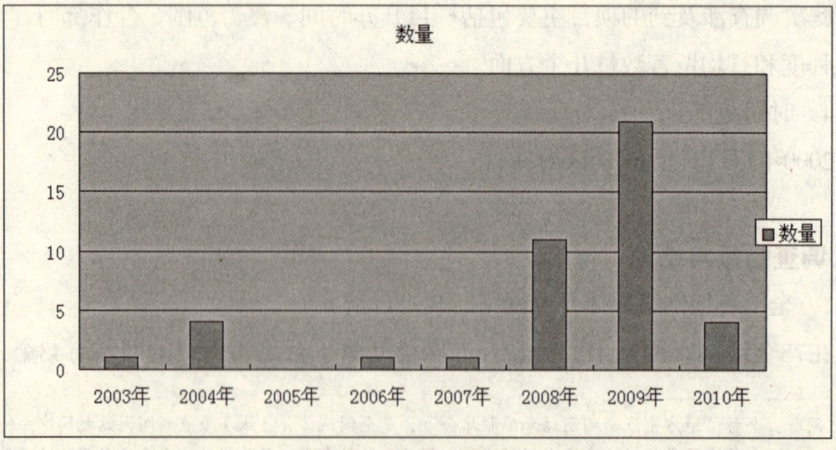

2003年1月1日至2010年6月30日全国43家网络媒体开办网络问政平台时间分布情况

①由于人民网地方领导留言板覆盖了全国范围，在考察省级网络问政平台开办情况时，人民网地方领导留言板不包括在内。

办了“网络问政平台”栏目；2008年有11家网络媒体开办；2009年有21家网络媒体开办；2010年6月30日前有4家网络媒体开办。2008年、2009年是各地开办网络问政平台的高峰时段，也是制度化网络问政模式逐渐普及的两个重要年份。

5．关于网络问政平台的官方支持部门

在43个开办网络问政栏目的网络媒体中，有16家网络媒体明确标示了栏目的合作部门。这些部门主要是当地纪委、监察、信访以及纠风办等。这16家网络媒体网络问政平台，功能比较完善，栏目内容丰富，网民留言量较高，版面布局严格规范。这说明网络问政平台是一个需要多方共建的栏目，仅仅靠网络媒体难以良好运行，需要有党政部门的支持和协调，方能发挥有效作用并健康发展。

6．关于网民参与情况

虽然全国范围的网络问政平台建设在数量上于2008年、2009年有比较大的跨越，但是调查显示，许多网络问政栏目在具体的运作中仍然存在问题，尤其表现为网民参与程度不高。在这43个网络问政栏目中，网民日均留言量能超过百条的只有人民网“地方领导留言板”栏目和胶东在线“网上民声”栏目。其中“地方领导留言板”日均留言量达到了1000余条，[①]“网上民声”栏目日均留言量达到了170余条。其他栏目，网民日均留言量大多在10条左右，有的甚至数天没有更新。这说明大多数网络问政平台现在仍处于起步阶段，还没有得到很好地推广应用，也暗示各地网络问政平台的建设可能存在跟风现象。

7．关于网络问政平台所发挥的作用

在43个网络问政平台中，90%以上设置了网民留言，部门答复的功能。留言类别主要涉及咨询、投诉、建议等。可见，现阶段的网络问政平台主要发挥了社会监督、民意表达、解决问题等作用。

以上是对网络媒体开办的“网络问政平台”发展情况的总结和分析。从中可以看到，互联网在中国社会转型阶段已经被赋予了更多的政治功能和价值期望，各级政府和官员对待互联网的态度也在发生着转变。笔者认为，随着时间的推移，互联网不断发展，中国的政治体制改革日益深入，各级官员关于民主政治的认识会逐步提高，积极利用现代化管理手段进行管理的意识也会不断增强。互联网的继续发展，网络民意的大量涌现是不可阻挡的潮流，是张开双臂、解放思想大胆地拥抱互联网，还是畏首畏脚，固步自封视历史潮流于不顾，不仅考验着执政者的执政水平，更能反映执政者是否拥有足够开阔的政治视野。

①地方领导留言板2008—2009年度总结，http://leaders.people.com.cn/GB/70158/162758/index.html.

延伸阅读：国外网络政治发展概况

在国外，公民网络政治参与现象也比较普遍，主要体现在以下两个方面：

第一，网上调查、电子投票等形式被广泛运用于选举、公共决策等众多议题中。加拿大政府1994年公布《运用信息科技改造政府服务之蓝图》，使加拿大成为最早利用网络推进政府公共服务的国家。20世纪90年代初美国的俄亥俄州（Ohio）哥伦比亚市（Columbia），建立了世界上第一个“电子市政厅”，通过一个双向通信系统，居民在家中只要轻按电钮，就可以参与评论地方计划委员会的政治会议，参与各种公共事务投票，参与评论和发表广播演说。澳大利亚昆士兰州的“电子民主政策框架”，把电子民主纳入现行的代议制民主体系之中，重要问题都要通过投票决策。法国2007年的总统选举，美国2008年的总统大选，瑞士、爱沙尼亚等国就环境问题、教育问题都进行过成功的投票决策。各国“电子政务”发展的一个突出特征就是信息共享基础上的“网络表决”。

第二，专题性的“电子部落”和“网络论坛”是政治议题收集的重要手段。20世纪90年代，美国就出现了一批利用网络来提高知名度、吸引支持者的政治家，被称为政坛“电子部落”，他们将收集到的公众意见带入政治议题或用作处理公共事务的依据。政府机构也经常利用互联网来收集民意，作为决策依据和参考。如美国全国电信信息管理局NTIA（National Telecommunication Information Administration）早在1995年5月就曾举办过一个公共论坛，征求互联网用户对互联网私有化的意见。在英国，冈特利特关于“网络论坛”的观点正在变成现实：英国有许多以讨论政策、形成民意为目标的网站或公民社区，如“英国市民在线民主”（UK’s Citizens Online Democracy），开设专门论坛，议题包括交通政策、欧洲货币组织、议会内容等。还有各种运用远程通信工具进行的“远程民主”（Tele-democracy）试验。“人们通过讨论，形成合意，或就某政治问题达成一致，从而使选民参与到决策过程中来”。甚至有人称，这种新型论坛将代替“过时的”市政大厅和工作会议，通过网上的直接民主代替“他们选出的代表”。①

①张淑华著. 网络民意与公共决策：权利和权力的对话. 第六章第三节。

第四节　全国网络问政平台

——人民网地方领导留言板

2006年，人民网创办了首个全国性的网络问政平台——地方领导留言板。该平台为全国60多位省委书记、省长，近1000位副省级、地市级党政一把手，以及1000多位县委书记分别开通留言页面，供网友以留言方式向领导干部反映情况和问题。2009年，该栏目与胶东在线“网上民声”一并荣获第19届中国新闻奖一等奖（新闻名专栏）。

从2005年起，人民网依据自身优势资源，逐步建立起一套完整的全国省、地、县党政领导资料库，并于2006年推出“省级地方领导人报道集”，记录各地

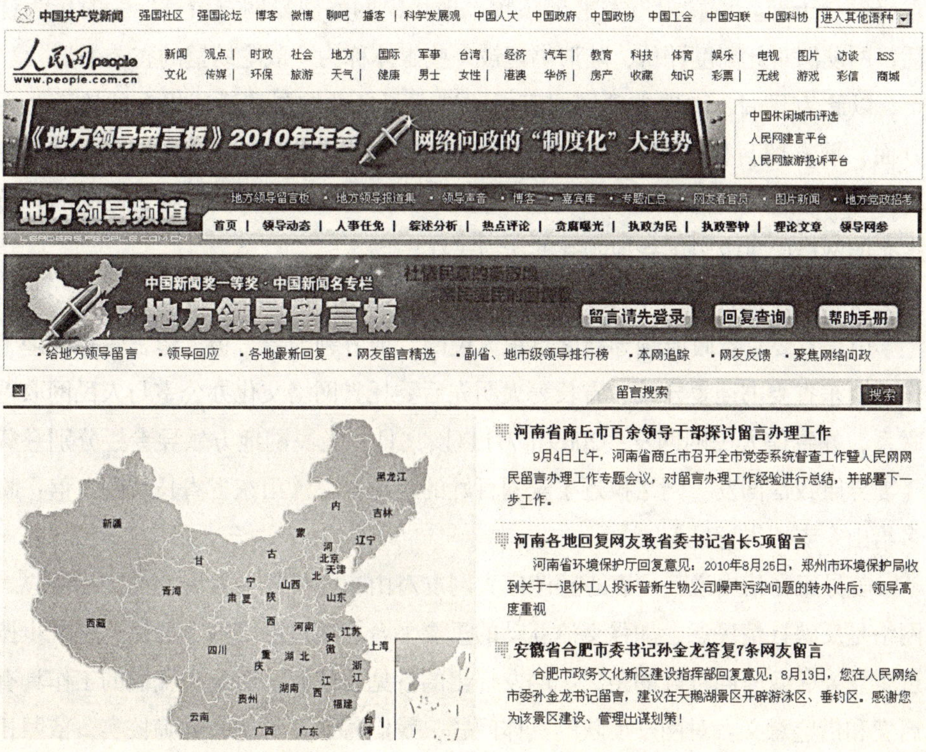

人民网地方领导留言板首页截图。

要员的最新动态。与此同时，人民网开始着力探索“网友给领导留言”这一官民交流模式。2008年，人民网“中央领导留言板”、“部委领导留言板”也相继开办，“地方领导留言板”结合网友需要，进行了全面改版。

笔者浏览人民网发现，地方领导留言板是人民网“地方领导”频道中的一个栏目，该栏目内容设置丰富合理，功能规划科学完善，版面设计清新自然，较好地担当了全国网络问政平台的重任。在该栏目的首屏左侧，是一幅全国地图，明确标示出了各个省级行政区。点击某一行政区域会进入相应的功能页面，显示该省份省级党政一把手领导和所辖地级城市。网民可以在这里向相关领导留言反映问题，也可以浏览其他网友的留言。此外，地方领导留言板还设置了“昨日最新回复”、“一周最新回复一览”、“省委书记、省长公开回应网友留言”、“留言量排行”、“回复量排行”、“视频面对面”、“本网追踪”和“各地新举措”等内容，打造了立体式、全方位的网络问政平台。

2008年8月月底，甘肃省委办公厅与人民网取得联系，就网友留言中的一些热点问题连续三次进行回复，甘肃省委书记陆浩成为第一个公开回应网友留言的省级领导干部。“甘肃省委书记频频‘现身’网络回复网友留言”一时传为佳话，网友们对此高度评价，陆浩书记被一些媒体称为“敢吃螃蟹的省委书记”。

以此为开端，“地方领导留言板”进入了良性发展、迅速提升的轨道。一方面，网友留言量大幅增加，从每天的100多条迅速突破1000条，基本稳定在1500~2000条。另一方面，留言板中大量网民表达意愿，反映问题，民间的、原生态的网络民意吸引了各地领导的纷纷关注。

1. 中共山东省委书记姜异康、省长姜大明致信网友赢得赞誉

山东省委、省政府领导高度重视人民网“地方领导留言板”留言收集办理工作，山东省委书记姜异康、省长姜大明先后委托省网络文化办公室与人民网取得联系，并致信人民网网友。2009年7月1日、6日，人民网地方领导专栏分别登载《姜异康致信网友：网络拉近了党同百姓的距离》、《山东省省长致网友信：盼多给山东支招提意见》。

姜异康在信中说：“衷心感谢广大网友对山东经济社会发展的关注和关心。网络是反映社情民意、加强交流互动的重要平台，通过网络这个载体，进一步拉近了党委、政府同百姓的距离。网友提出的意见和建议，对改进我们的工作具有启发和借鉴意义。对网友反映的具体问题，我们将认真对待，准确核实，依照相关法律法规妥善处理。”

姜大明在信中说："非常感谢广大网友对山东工作的关心和支持，对我本人的信任和监督。同时，感谢人民网为领导干部和广大群众搭建了这一沟通互动平台。我已责成有关部门对留言所反映的问题认真研究、核实情况，尽快处理；对涉及山东经济社会发展的建设性意见和建议，我们将高度重视，在工作中充分吸纳。希望广大网友真诚坦率地为山东发展建言献策，对我们工作中的缺点和不足提出批评。"

这两篇报道都被放于人民网首页头条位置，引起网上广泛关注，各大网站、社区论坛、博客等都第一时间进行了转载，网上舆论普遍对姜异康书记、姜大明省长重视网络、重视民意，回复网友表示肯定和赞赏，并希望省领导继续关注网民留言，使互联网能真正成为山东省领导干部与广大群众沟通交流的平台。

2. 贵州省委书记石宗源亲自批示网友留言

2009年3月两会期间，贵州省委书记石宗源在接受媒体采访时透露，他每天早晨都会浏览人民网"地方领导留言板"，遇有重要留言，就打印下来，根据情况作出批示处理。石宗源说："我不在网上直接回复和对话。但这是个窗口，可以听到群众的声音。对这些声音，力求有回应。"据透露，截至目前，这样的网上声音，能处理的他都直接批示了，总数超过1000条。

3. 一位省委书记在退休前，连夜上网公布360多条留言批示

这位省委书记长期关注人民网"地方领导留言板"，随时对留言进行批转。但网民诉求不同，问题办理速度快慢不一，很多网民留言处于未办结状态，而未有公开回应。2009年11月29日，在即将退休离开省委书记岗位的前一天，他决定将以往对网友留言作出的批示全部上网公布。在和人民网商量如何以最快速度发布上网时，这位省委书记一度亲自拿起秘书手机，直接在电话中表达心意："感谢人民网提供这样一个平台，'地方领导留言板'里网友给我的留言，我是一个不落地都看了，都批示了意见。既然网友通过这个平台给我留了言，我应该有所交待，我准备把全部留言批示都发上去，这也是对每个网民的一个尊重，不能有的没有回复，全部都回复。"

4. 徐守盛赴湖南任职，专门致信人民网向甘肃网友告别

甘肃省原省长徐守盛5月31日在离开甘肃前往湖南任省委副书记、代省长前，专门通过人民网独家发表了他致甘肃网友的公开信。

公开信中，徐守盛特别感谢广大网民："通过你们的留言，我了解了社情民意，听到了群众呼声，集中了民众智慧，也感受到了网友们的真诚、坦率以及良

好的素质。”

同时，人民网“地方领导留言板”在各地被纳入制度化运作的轨道。2009年以来，山西、安徽、河南、天津、云南等11个地区的党委和政府，陆续建立起固定的工作机制，专人专职负责督办领导干部对网友留言的批示，并对落实情况进行核查。吉林省委还成立网友留言督办处，专职督办人民网网友留言，创全国先河。吉林省委办公厅、省政府办公厅根据省委省政府主要领导批示，于2009年11月下发了《关于开展网友留言办理工作的意见》，以红头文件形式对网民留言办理工作进行明确与规范，同时成立省委办公厅网友留言督办处，以承办网友在人民网“地方领导留言板”给省委书记留言的呈报、督办、回复等为首要工作职责。地方省委针对一家媒体的一个栏目专门成立处级单位，这在全国恐怕不多见。

天津市市长2009年8月7日在信访办的人民网留言办理情况件上批示：网上信访已成为很重要的渠道，我们一定要十分认真十分负责地办好，信访办在力量的投入上可根据工作量的增加予以加强，做到件件有落实，事事有结果。我看了这个文件后，觉得很满意，信访办工作很负责。

作为一个全国性网络问政平台，人民网“地方领导留言板”为全国网民提供了一个直接向各地主要党政领导反映问题和意愿的通道。根据人民网统计，2008年7月至2009年7月间，“地方领导留言板”共收到网民反映的问题33万条，29位省委书记、省长公开回应网民提出的留言，61位地市级领导公开答复网民的问题，共收到地方领导回复450批次，4000余项网民的问题得到妥善解决。这一个个数字背后，体现的是人民网“地方领导留言板”的作用与价值。在这个平台的推动下，更多的党政领导开始深入接触互联网，自觉走近网络民意。正如人民时评《看29位书记省长交出的这份答卷》中所说：经历几年发展，网络时代的官民沟通已经从单纯的“倾听问题”发展成了“解决问题”。同时，这种互动不是“一阵风”，已有多个省区制定了专门的留言回复常态工作机制，有专门机构负责督办。这种进步，既有利于信息公开，建设“阳光政府”，也能优化政府服务，更好地代表民意。①

①本文引用了人民网副总编李欣玉在2010年中国互联网大会上关于人民网“地方领导留言板”创办与发展的发言材料，有删改。

延伸阅读：部分省委书记、省长谈网络问政

姜异康（中共山东省委书记）

网络是反映社情民意、加强交流互动的重要平台，通过网络这个载体，进一步拉近了党委、政府同百姓的距离。网友提出的意见和建议，对改进我们的工作具有启发和借鉴意义。

姜大明（中共山东省省长）

对涉及山东经济社会发展的建设性意见和建议，我们将高度重视，在工作中充分吸纳。希望广大网友真诚坦率地为山东发展建言献策，对我们工作中的缺点和不足提出批评。

王金山（中共安徽省委书记）

在办理网友留言、推进“网络问政”的过程中，我感到：“网络问政”是了解民意、服务群众、密切党群干群关系的重要举措；是汇聚民智，推进科学决策、民主决策的重要途径。

苏荣（中共江西省委书记）

在数次与网友在线及面对面交流中，网民洋溢的浓烈期待和炽热情怀，让我深受感动。我更深切地体会到，在广大群众中，蕴藏着无穷的智慧和创造力。

郭声琨（中共广西区委书记）

身为亿万网民中的一员，我一直比较关注网络舆情，每天都会挤些时间了解网上舆论动态。记得一名网友曾留言：“网络时代需要网络思维！”的确，这是时之所需、势之所趋。

陆浩（中共甘肃省委书记）

我是人民网的网民，也是各位网友的老朋友。我每天都要挤时间上网了解民意。在办理留言工作中我的体会是：集中网络民智，是推进科学决策的重要形式。

强卫（中共青海省委书记）

许多网友通过人民网“地方领导留言板”这一平台，对新青海建设建言献策，对闯出一条欠发达地区的成功之路直抒胸臆，对我们工作中存在的问题善意提醒。

徐光春（中共河南省委原书记）

近年来，河南省委高度重视网络舆情，积极推动网络问政。做好网民留言办理工作，要让网民留言办理工作成为了解民意、倾听民声的前沿哨，成为排解民忧、化解矛盾的直通车。

第四章

网络问政新模式：网上民声

“网上民声”网络问政平台是一个比较复杂的系统，它的系统性主要体现在三个方面。一是“网上民声”的组织结构是系统的。“网上民声”由网民、政府部门、主管部门、网络媒体、“网上民声”栏目构成，各司其职、各负其责，缺一不可；二是“网上民声”的运转过程是系统的。“网上民声”平台的运行实行严格的流程化管理，并有一系列规章制度作保障；三是“网上民声”的平台构架是系统的。这个平台包括最初的问答平台，以及后来增加的追踪报道、嘉宾访谈和市长关注栏目，有不同的特点和功能。他们综合在一起取长补短，相得益彰，产生了更大的效果。

第一节　网上民声的诞生与发展

2003年5月，国内第一个具有网络问政性质的平台——“网上民声”在山东烟台诞生。负责创办这个栏目的网络媒体，是当时成立仅有一年的胶东在线网站。2009年10月，“网上民声”栏目经过6年的发展和积淀后，一举荣获第19届中国新闻奖一等奖殊荣，取得了历史性突破。这是烟台新闻史上第一个获得中国新闻奖一等奖的新闻作品，而且填补了山东省网络新闻作品中国新闻奖一等奖的空白。“网上民声”是地方网络媒体探索网络传播规律，利用互联网协调社会，积极打造精品栏目的一个生动典型。本节旨在通过对“网上民声”诞生与发展整个过程的分析和解读，为读者呈现该栏目从无到有、从小到大的完整发展脉络，为业界开办、运作此类栏目提供一些借鉴。

一、“网上民声”的含义和宗旨

“网上民声”最初名为“网上对话”，乃政府部门、窗口单位与市民网上沟通交流之意，借助网络沟通交流平台，实现消除疑惑、投诉举报以及解决问题的目的，客观上也具备了舆论监督的功能。

在“网上民声”平台上，网民可以就社会生活中遇到的问题向相关部门咨询，了解政策法规和办事程序；可以表达利益诉求，维护自身的合法权益；也可以对违反法律法规的企业、单位或个人进行举报，维护社会秩序和正义；除此之外，网民还可以针对社会公共问题提出个人意见和建议。

“网上民声”的宗旨是“服务民生 共建和谐”，为公众与政府部门、窗口单位搭建一个沟通交流的平台，促进双方有效地交流沟通。对公众而言，主要是为其提供一个表达民意、反映问题、参与决策的渠道，并致力于民意疏通，问题解决，使公众的知情权、表达权、监督权、参政议政的权利得到保障；对政府部门而言，为其提供一个了解社情民意、汇聚民智的窗口，起到化解社会矛盾，促进社会和谐，密切党群、干群关系的作用。

二、“网上民声”诞生的背景

2002年4月28日，胶东在线网站成立。作为烟台的官方网络媒体，胶东在线成立之初就把“为民服务，为党分忧”作为网站建设、发展的一项重要目标。这从网站初创时设置的“政策法规”、“办事指南”、“便民服务”等频道和栏目中可见一斑。

尽管在互联网领域还是新兵，但年轻的胶东在线对互联网的特点和广阔前景有自己深刻的认识。虽然刚开通就为网民提供了大量的与烟台有关的各类信息，但是他们并不满足。利用互联网技术优势，做出网络媒体独有的特色栏目、核心栏目和品牌栏目一直是胶东在线努力的方向。这个方向在哪里？对于刚刚成立的胶东在线来说还是个未知数。

胶东在线创办之初，条件非常艰苦，用“十几个人，七八条枪”来形容当时的情形并不为过。“一台电脑，两个人轮班用，歇人不歇机”，是当时胶东在线办公条件的真实写照。2000年，互联网泡沫破灭。作为一个地方性网络媒体，在2002年中国互联网形势依然严峻的背景下，胶东在线的成立和前景并不被人看好。资金短缺、设备落后、人员匮乏，这对于建立在新技术应用和整合海量内容为基础的网络媒体来说，要突破创新、快速发展，无疑面临着巨大的困难。从哪里找到突破口呢？胶东在线上下在苦苦思索。

2002年是烟台市“环境建设年”，烟台市机关建设办公室组织了“面对面话环境，心连心促发展”市民现场对话会活动（以下简称“对话会”）。目的是通过对话交流活动，为市民切实解决疑难问题，全面改善、提升烟台市包括政务环境、发展环境和机关作风在内的一系列软环境建设水平，打造“诚信政府”良好形象。该活动从2002年5月至今，已有8个年头。“对话会”活动每年约有15场次部门和市民现场对话，参与“对话会”的市民代表来自各行各业，多为普通百姓。每次对话市民代表都会围绕一些重点、难点问题与部门探讨解决办法，从市民百姓的角度谈意见和建议。这种形式是烟台市民表达民意的又一个重要渠道，而且解决了不少实际问题，深受市民认可。

烟台市直机关建设办公室组织的“对话会”活动给了胶东在线极大的启迪。胶东在线从这个颇受市民欢迎的活动中隐约看到了一缕曙光、一个机会，他们开始思考这个活动的内在价值。没有思考，何来思路？没有思路，何来创新？善于思考，勇于创新，是胶东在线与生俱来的优秀品质。胶东在线成立8年来，一点一滴的进步与发展，都印证着思考与创新对于网络媒体的重要性。在日常工作中胶东在线已经发现，群众在生活中遇到一些难题、烦事经常不知道找谁解决，而很多政府部门从为群众办实事的角度出发，做了大量的工作，可是群众并不一定满意。群众的问题难以直接反映到具体部门，结果成了烦事、难题，而部门难以摸清群众的脉搏，造成工作思路容易与群众利益脱节，这都与缺乏相互沟通、交流的渠道有关。在反复的思考下，胶东在线敏锐地认识到“对话会”活动的重要性和意义，并考虑如何将这种对话形式与网络结合起来，产生更大的社会效益。

“对话会”活动为普通市民近距离、面对面接触政府管理者提供了机会和平台；一些关乎市民切身利益的问题能够直接进入到相关职能部门视野之中。而且烟台电视台对每场“对话会”都会进行录制，并在重要时段播出，更加促使参与对话的部门认真回答、妥善解决市民代表提出的问题。这对促进烟台政务公开，有效改进工作作风，提高烟台民主化程度具有深远意义。但是，由于受时间限制，这种良好的沟通形式每次只能有十几位市民代表参与，无法让更多的市民参与进来。每场“对话会”也只能解答50余个问题，一年下来共计700余个问题，与市民的期望还有一段距离。如何提高“对话会”参与的广泛性，扩大“对话会”规模，将这种好的交流形式进一步发扬，也成为烟台市直机关建设办公室思索的问题。

2003年1月，烟台广播电台开办“环境与发展”热线栏目。该栏目是由广播电台与烟台市直机关建设办公室联合主办的一档民生访谈类节目，每周三期，每期40分钟。每期节目，相关部门会做客广播电台直播间，与听众通过电波互动交流，当场解答听众提出的各种问题，这是现场“对话会”的重要延伸。“环境与发展”热线栏目的开通，扩大了市民与政府部门交流沟通的渠道，使更多的问题得到了解决和落实，进一步推动了烟台市“软环境”的建设和发展。由于节目质量高，访谈效果好，许多问题能得到落实，每期节目都会吸引众多听众拨打热线，但是能将电话打进直播间的听众与拨打热线的听众相比是少之又少。据统计，该栏目每期能接听15个左右热线，一年下来，也只能解答2000多位听众的问题。这对于有600多万人口的烟台市来说，只有极少数人能通过电台来反映问题、表达诉求，这也意味着民生类、问政类栏目仍然有广阔的生存、发展空间，市民对此有着极大需求。

不同媒介特点不同，其优势和可以发挥的领域亦有所区别。胶东在线对这个问题有明确的认识和理解。虽然从全国范围来看，2002年地方性网络媒体还鲜有作为，但这不意味着永远没有机会。

结合现场“对话会”和电台“环境与发展”热线栏目的特点，胶东在线对网络媒体关于问政方面的优势进行了深入分析：一是互联网具有开放性，任何人都可以在网上留言，提交问题，表达诉求，如果能在网上搭建一个“对话”平台，可以为所有网民提供发言的机会，就解决了“参与人数受限”的问题；二是互联网具有互动性，政府部门和市民可以畅通无阻地交流、探讨，在一问一答中将问题解决掉；三是互联网具有匿名性，可以消除网民在反映问题、投诉举报时的各种疑虑和担心。许多在现场对话中由于碍于情面等原因不便提及的问题，可以通过网络更好地反映出来；四是互联网具有快捷性，只要通过网络提交留言，便可以快速传递到相关部门，省却了市民跑腿的麻烦，甚至避免遇到“门难进，脸难看，事难办”的尴尬；五是互联网具有可检索性，网民可以对过往的问题进行查询、浏览，迅速找到同类问题的答案，避免重复提问。胶东在线在一番认真分析后认为，利用网络媒体的技术特点和传播优势，可以解决目前这两种形式的不足，甚至能产生更好的效果。于是，建立“网上民声”平台的想法便萌生了。

当然，任何事情远非想象的那么简单，建立这样一个“网上民声”平台，仍然面临很多困难。对此，胶东在线有自己的担忧。“网上民声”平台仅仅依靠媒体自己是无法操作的，这其中涉及到诸多部门。首先要取得主管此事的烟台市直机关建设办公室的同意；其次政府各部门还要予以支持和配合，参与“网上民声”解答市民问题。在当时的形势下，如果没有这两者的支持和参与，“网上民声”就只能是空中楼阁。因此，这两个问题成为“网上民声”能否创办的关键。

胶东在线的担忧不无道理，虽然广播电台可以开办“环境与发展”热线，但是胶东在线未必会被允许搭建“网上民声”平台，尽管这样一个平台有着显著的先进性。2002年，人们对互联网的认识还远未达到现在这种程度，网络媒体并未被普遍认可。在大多数人眼里，网站与一些低端的小报小刊没有区别，属于不入流的“媒体”。另一方面，大多数政府部门尤其担心网络言论难以控制，操作不好会给部门带来不良社会影响。当然，这只是当时的普遍认识，至于烟台市直机关建设办公室是否能以开放的眼光看待互联网，是否会青睐“网上民声”思路，胶东在线也并没底。

然而，有理想、有责任感的媒体永远不会在困难面前退缩。为了让“网上民声”栏目顺利开办，在摸不准主管部门意图的情况下，胶东在线决心将功课做足。他们不打无准备之仗，否则被一口回绝，那这个栏目就很难再有开办的机会了。为此，胶东在线一班人马开始不断开会研究分析，商讨以何种方式将搭建

“网上民声”平台的想法汇报给主管部门，并有回旋的余地。经过周密的研究分析，他们一致认为“只帮忙，不添乱”，应该是“网上民声”平台所坚持的原则，也应当是对主管部门和政府部门的一个严肃的承诺。现在看来，这一原则不仅得到主管部门的认可，帮助胶东在线顺利搭建了“网上民声”平台，而且使这一平台持续、健康地发展下去。直到现在，这仍然是指导“网上民声”健康发展的重要原则。

2003年春节刚过，胶东在线经慎重考虑后，决心向烟台市直机关建设办公室汇报搭建“网上民声”平台的想法和具体运作思路。汇报中，胶东在线详细阐述了互联网的发展前景和开展“网上民声”的种种益处，并承诺坚持“只帮忙，不添乱”的原则。经过反复沟通和不懈努力，胶东在线终被获许开办“网上民声”栏目，成功地迈出了至关重要的第一步。

三、“网上民声”的发展之路

在烟台市直机关建设办公室的支持和协调下，前期确定了28个部门参与“网上对话”。2003年5月，“网上民声”栏目正式开通。但是，要使这个栏目高效运转起来，吸引网民的参与，发挥栏目的作用，达到创办的目的，还有许多工作要做。如何提高这28个部门参与的热情是重中之重。开办之初，许多部门并不理解也不支持，认为这个栏目不会长期开办下去。有一些部门本能地抗拒舆论监督和信息公开，担心权力缩水；有的部门认为，网上的言论不可信，也无法核实和调查，这个栏目对解决网民实际问题不会起到实际性作用；有的部门对于网上的言论有畏惧心理，害怕部门形象受到影响；也有的部门担心参与“网上民声”会增加工作量；还有的部门对互联网甚至非常陌生，整个单位没有一台电脑能上网。在当时，这些想法和情况很具有代表性，总体上反映了政府机关对互联网的态度和认识，是一个普遍的现实问题。针对这些疑虑和问题，胶东在线在烟台市直机关建设办公室的强力支持下，做了大量的解释工作，以打消政府部门的种种顾虑。

“网上民声”栏目开通几个月后，胶东在线和烟台市直机关建设办公室联合召开了28个参与“网上民声”栏目的部门座谈会。胶东在线想用这样一种形式，与部门敞开心扉交流，把自己开办“网上民声”栏目的初衷和意义传达出去，希望能得到部门的理解和支持。在座谈会上，胶东在线总编辑邓兆安明确表示，胶东在线是一个负责任的网络媒体，开办“网上民声”栏目主要是给部门和网民交流提供一个通畅的平台，不会故意让参与对话的部门难堪，“只帮忙，不添乱”；对于一些敏感的、容易引发矛盾和冲突的问题，“网上民声”栏目会以内参形式转给部门，直至问题解决后再公开。这两个承诺，切中要害，基本上打消了各个部门的顾虑，赢得了部门的信任。对于这两点承诺，笔者认为并非权宜之计，也不是不讲原则一味地维护政府形象，为政府脸上贴金，而是一种战略性思考。直至今天，胶东在线“网上民声”栏目仍然坚持自己的诺言。事实证明，这种战略是正确的，不仅使“网上民声”得以诞生和发展，而且确实为市民百姓解决了大量疑难问题。在胶东在线看来，媒体实施舆论监督并不是一味地“揭丑”，携起手来一道解决问题才是根本。

2003年，烟台市各政府部门上网还远远没有普及，许多单位只有一台公用的电脑能上网。烟台市劳动局是第一批参与“网上民声”栏目的28个部门之一，也是当时唯一一个不具备上网条件的单位。在其购置电脑开通上网之前的一段时间，双方一直采用传真的方式传递网民的问题和答复。每当有网民通过“网上民声”平台提交问题给劳动局时，胶东在线都会在整理好后通过传真发过去，对方解答后再传过来，由胶东在线工作人员发到“网上民声”平台进行回复。当时刚

中央电视台《新闻联播》报道“网上民声”经验。

刚创办一年多的胶东在线面临多个频道创建的重任，人员紧张，但为了能及时解答网民的问题，“网上民声”栏目工作人员经常加班处理有关问题，保证了网民的问题能得到及时答复。

2003年12月，经过短短几个月的努力，“网上民声”参与部门迅速增加到了52个，基本上涵盖了烟台市与市民关系密切的所有热点部门。绝大多数部门对“网上民声”的态度也发生了转变，认真解答、回复网民提出的各种问题。2003年11月10日，中央电视台《新闻联播》在显著位置播发了《烟台：“阳光政务”与百姓面对面》的典型报道[①]。该报道不仅在《新闻联播》提要中预报，并且列入“开创改革开放新局面”大型系列报道中播出，时间长达3分多钟，详细介绍了烟台市政府通过胶东在线网站“网上民声”栏目同市民进行互动式交流，在沟通和对话中听民声、解民意、办实事，有效地提高了政府行政效能和服务效能的经验。“网上民声”栏目首次在全国公开亮相，并引起了广泛的影响。2003年12月12日，新华社以《烟台市建立政府市民网上对话制度》为题[①]，对胶东在线“网上民声”经验作了第一次报道，进一步扩大了“网上民声”的影响力。

截止2003年年底，开办仅有8个月的“网上民声”栏目，共收到网民的留言5998条，其中投诉类4753条、咨询类866条、建议类305条、反馈类74条。许多问

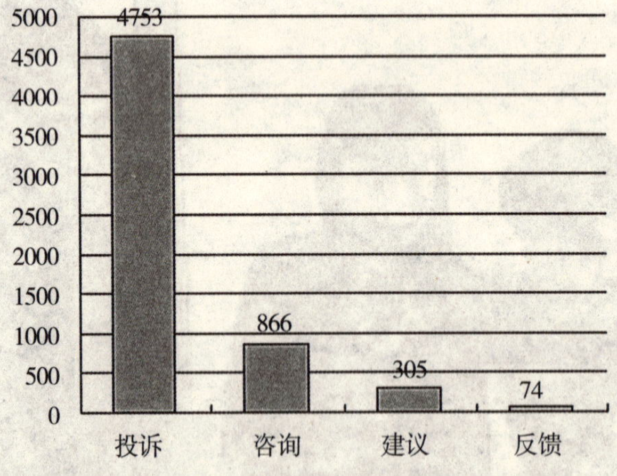

2003年5月—12月网上民声网民留言类型数据统计

①中央电视台：烟台市“阳光政务”与百姓面对面. 胶东在线：http://www.jiaodong.net/minsheng/system/2004/01/05/000960485.shtml，2003年11月11日

②新华社：烟台市建立政府市民网上对话制度. 胶东在线：http://www.jiaodong.net/minsheng/system/2003/12/14/000960497.shtml，2003年12月14日.

题通过这个平台得到有效解决，网民盛赞“网上民声”平台：“让我觉得政府就在眼前。”“网上民声”旗开得胜、初战告捷，逐渐走向正轨。

“网上民声”栏目开办之初，栏目内容和功能并没有像现在这样丰富和完善，甚至版面也比较粗糙。此后所有的变化和进步，都来自于胶东在线对这个栏目的精心打造和对品牌的执著追求。“打造精品，塑造品牌”是胶东在线一直坚持的办网理念。胶东在线深深懂得，对于日益增多的网络媒体而言，已经不具有报纸、电视等传统媒体所独有的相对垄断性，一个地方性网络媒体，如果不能做第一，那就意味着失败。虽然具有传统媒体背景，虽然是体制内的一个地方性网站，但胶东在线并不准备靠“输血”度日。因此，从“网上民声”栏目诞生的第一天开始，胶东在线就在思考如何将栏目内容规划得更好，如何将功能开发得更完善，提高网站的核心竞争力。

从2003年至2010年，“网上民声”历经数次大的改版和功能调整，力求栏目设置科学合理，功能设计友好易用，使“官民”交流更加通畅。“网上民声”栏目的变化，实际上是胶东在线对互联网媒体认识的逐步深入，对互联网技术特点和传播优势运用得越来越纯熟，对网络新闻传播规律把握得越来越准确的表现，是胶东在线不懈追求、积极履行媒体社会责任的真实写照。

“网上民声”最初设置的栏目分别为“对话部门”、“网友留言”和“对话报道”，其中“对话部门”是对参与对话的部门进行展示，“网友留言”主要分类展示“投诉”、“咨询”、“建议”和“反馈”留言，“对话报道”主要是对现场“对话会”的新闻报道。在功能上，也只能满足网民提交留言和部门回复解答。2003年12月，“网上民声”进行了第一次扩容改版，新增“问题查询”、“问题回复率统计”、“咨询投诉电话”、“办事指南”、“法律法规”、“便民服务”等6个栏目，功能进一步完善，栏目内容进一步丰富，尤其是加大了问题回复和解决的力度。

除了“网上民声”自己创办的内容，胶东在线还将电视台录制的“对话会”视频以及广播电台每期“环境与发展”热线栏目音频搬到栏目中，不仅丰富了栏目内容，也增加了内容的表现形式。经过半年多的运行，“网上民声”内容的表现形式已经涵盖了文字、图片、音频、视频等，真正实现了多媒体、全方位、立体化的报道。

2006年3月，“网上民声”增加了“嘉宾访谈”栏目，热点部门相继走进胶东在线直播间，与网民进行即时交流。“嘉宾访谈”采用图文、视频直播的形式，由部门领导和各科室负责人对网民提出的问题作现场解答，进一步延伸了“网上民声”的交流渠道。这种通过网络与网民面对面互动的形式，更加拉近了政府与百姓的距离，对提高部门形象产生了积极作用。截至2010年6月30日，“嘉宾访谈”栏目已经进行了120多期，70多个部门多次走进胶东在线直播间，与网民互动交流。关于“嘉宾访谈”的具体运作形式将于本章第五节进行详细阐述。

2006年8月，“网上民声”栏目再一次改版，除了对版面进行重新布局和美化外，重点对栏目功能作了重大改进，研发了“个人中心”和“满意度调查”功能。在此之前，网民不需要注册即可发表留言，留言完全是匿名化的，一定程度上容易使网民的留言缺乏严肃性；同时由于留言时没有使用账号登录，给网民再次查询自己的留言了解答复情况造成了不便。为了解决这一问题，在程序开发人员的努力下，增加了“个人中心”功能。此功能增加后，网民既可以不登录发表留言，也可以先注册自己的账号，再登录发表留言。使用“个人中心”功能发表留言后，如果需要对留言解答情况进行查询，只要登录“个人中心”，自己的留言状态便一目了然，十分方便。“满意度调查”是继“回复率统计”之后的又一个针对部门回复质量开发的数据分析功能。此功能可以让网民对部门针对自己问题的回复情况作出评价，系统会对每一个部门所得到的评价进行统计分析，对部门回复问题质量作出一个较为科学的评判，以此促使部门严肃、认真地对待每一位网民提出的问题。

2009年5月，“网上民声”在栏目开办6周年之际，再次推出新版。新版“网上民声”在内容上突出对信息的整合与加工，增加了“热点话题”、“市长关注”、“处结通报”、“图说民生”和“台报网互动”系列栏目。“热点话题”栏目以社区作为互动平台，充分利用社区的人气和互动特点，引导网友参与热点话题的讨论。“网上民声”栏目编辑每天会将网民反映的有代表性的问题进行编辑加工发到胶东社区“民声杂谈”版块，网友可以在社区中对该话题进行讨论。“市长关注”栏目由胶东在线与烟台市政府办公室合办，“网上民声”栏目工作人员会定期将网民反映的重要事项整理编辑后上报市政府。该栏目开通以来，“火车站周边交通拥堵”、“中萃玻璃厂搬迁”等多个问题得到了市长亲自批示和妥善解决。为了增强部门的责任意识，“网上民声”每个月会对一个月的运作情况进行总结，并编发“处结通报”稿件。“处结通报”主要涉及月度留言量、内参数量、部门回复率以及热点问题等，对部门回复率低、回复不及时情况进行公开，提高社会监督力度。此次改版，对功能也进行了适当调整，增加了“图片上传”功能，既增强了反映问题的真实性，也丰富了栏目的内容。建设“台报网互动”系列栏目是“网上民声”扩大受众范围，深化栏目影响力的又一举措。该栏目充分发挥胶东在线广电背景优势，在已有电台“民生热线”和“现场座谈”两个栏目的基础上，又联合烟台电视台、《广播电视报》，分别推出“民生调查”和“民生聚焦”栏目，由“网上民声”提供线索和素材，通过电视台播出和电视报刊发。

在“网上民声”发展过程中，还有一个栏目举足轻重，那就是“记者追踪”。该栏目是“网上民声”倾力打造的一个子栏目，旨在通过记者的介入，促进政府部门与当事方的沟通交流，提高疑难问题的解决力度。该栏目配备了专职记者，从2006年至今，共发布采访报道380余篇，帮助许多网民解决了疑难问题，得到了网民的交口称赞。许多网民为记者尽职负责、不辞劳苦的精神所感动。该栏目拉近了网民与网站之间的距离，让网民切实感受到了胶东在线的力量和温暖。胶东在线的形象和影响力也得到了很大提升。本书将在本章第四节对“记者追踪”栏目的运作进行详细解读。

在强化“网上民声”栏目内容规划、功能建设的同时，胶东在线把制定科学合理的“网上民声”运行制度和规范作为一项重要工作。“网上民声”的运行是复杂的系统工程，涉及政府部门、网民和媒体三个方面，需要用科学的管理制度对每一方进行有效规范，才能尽可能避免各种问题出现，如部门回复不及时、网民留言不认真以及“网上民声”工作人员把关不严等。从2003年到现在，“网上民声”栏目各项规章制度相继建立，运作规范逐步完善，形成了针对参与主体的各项规定和激励机制，保证了整个网络问政系统有效运转。目前，“网上民声”栏目运作制度主要有“转内参制度”、“三张单子制度”、“网民留言规范”等等。本书将在本章第三节对“网上民声”制度建设进行详细的介绍和分析。

政府部门和网民都是“网上民声”这个网络问政平台的主体。没有网民的留言、提问，这个平台就失去了意义，而没有政府部门的广泛参与，这个平台就缺乏普遍性和完整性，无法满足网民的多样性需求。因此，吸纳更多的部门到“网上民声”这个平台上来，是拓展“网上民声”平台覆盖范围的需要，更是网民的需要。在继2003年9月参与“网上民声”部门达到52个后，2004年2月，与网民对话的部门又增加了8个，达到60个。2005年3月，烟台市公路局、港航局、银监分局、火车站、烟台港集团、烟台国际机场、烟台网通（现在的烟台联通）、移动、电信等一批与市民出行和通信密切相关的窗口单位在“网上民声”开设民声专栏，参与对话的部门进一步增加，达到了70个。2007年5月，烟台17家银行机构也加入“网上民声”栏目，壮大了“网上民声”中政府部门和窗口单位的队伍，也拓宽了为民服务的平台。截至2010年6月，共有100个政府部门和窗口单位在“网上民声”平台上与网民交流，比“网上民声”刚刚创办时，整整增加了76个。这意味着，每天这100个部门都会通过“网上民声”平台关注网民提出的近200多条意见和建议，并作出答复。部门答复的效率也在不断提高。从回复率角度分析，近年来各部门综合回复率都在96%以上，比较稳定。2010年1月1日至2010年7月6日部门回复率数据显示，回复率达100%的有33个部门，占所有部门的33%。

年　份	2003—2006	2007	2008	2009	2010
回复率	98.20%	97.40%	99.20%	98.74%	96.47%

2003年至2010年7月6日“网上民声”参与部门综合回复率统计

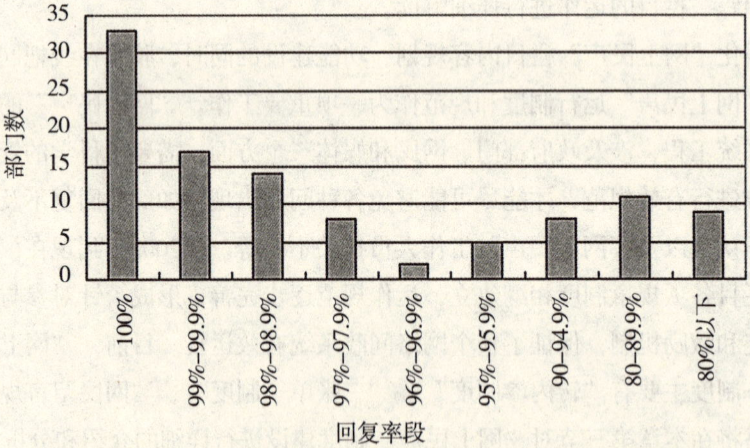

2010年1月1日至7月6日“网上民声”参与部门回复率情况分布

参与“网上民声”的单位中，有一部分是主动要求加入的。这些单位普遍认为，“网上民声”栏目不仅为网民解决了大量实际问题，而且为政府部门提供了了解社情民意的窗口，为他们有针对性地制定政策提供了生动鲜活的一手资料，对部门开展工作有很多帮助。这一方面反映了政府机关对互联网认识的提高，思

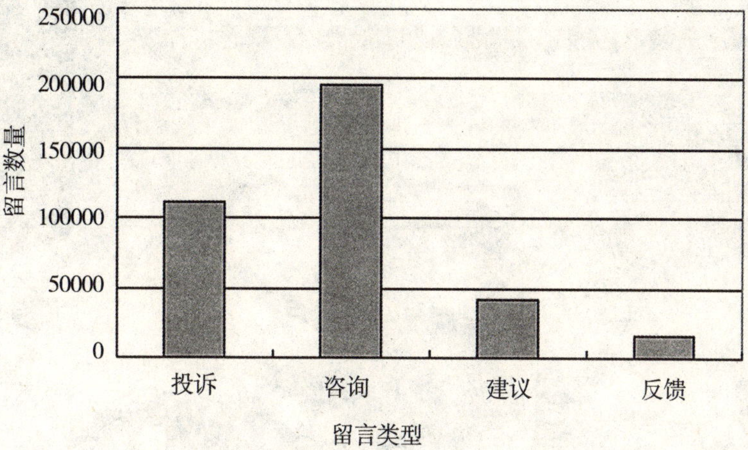

2003年至2010年6月网民留言类型数据分布

想观念进一步解放，同时也表明“网上民声”栏目的运作思路是正确的，无论对网民还是对政府部门，都具有非常显著的实用价值。

随着参与“网上民声”的部门越来越多，部门回复质量不断提高，网民参与“网上民声”留言的热情也高涨，对这个平台也越来越信任。许多第一次使用“网上民声”反映问题的网民都抱着一个试试看的态度，对是否能得到满意的解答并不抱太大希望，但是结果往往使他们吃惊：部门竟然很快回复了。从2003年至2010年6月份，“网上民声”共收到网民留言365000余条，其中投诉类留言111084条、咨询类留言195152条、建议类留言42159条、反馈类留言16701条，越

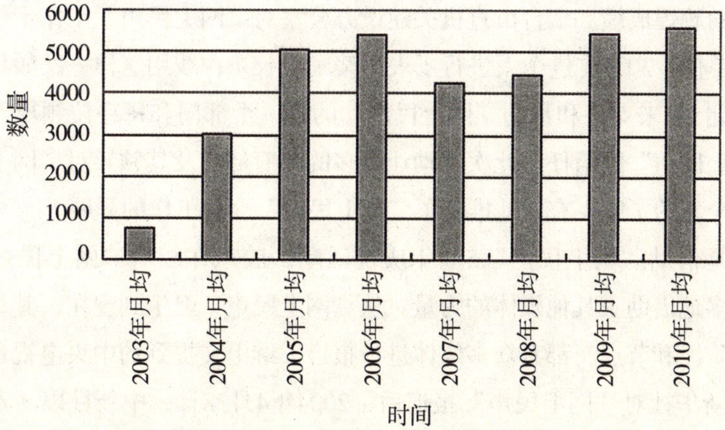

2003年至2010年6月历年月度平均留言量统计

“网上民声”5周年新版启动仪式。

来越多的网民参与到“网上民声”平台中来。

胶东在线历来重视新闻宣传，不遗余力地借助各种平台推广“网上民声”，宣传“网上民声”的理念和宗旨，目的就是让“网上民声”的作用得到淋漓尽致的发挥。2008年6月26日，“网上民声”开办5周年之际，胶东在线在烟台电视台演播大厅举办了“服务民生，共建和谐”庆祝活动，回顾5年来“网上民声”取得的辉煌成绩。烟台市直机关建设办公室对“网上民声”工作十佳单位和20个先进单位、30名先进个人进行了表彰奖励。胶东在线用这样一次颇具意义的总结，感谢5年来支持和帮助“网上民声”的每一个部门和每一位领导，感谢网民对“网上民声”的信任。此次活动让更多的政府部门及其领导对“网上民声”有了一个全新的了解，有效地推动了“网上民声”今后工作的开展。

不只是借助“网上民声”5周年庆祝活动，胶东在线对“网上民声”的宣传，还更多地借助了其他媒体的力量。从“网上民声”诞生到现在，其每一个发展的重要阶段和节点，都有众多媒体进行报道。继上文提到的中央电视台《新闻联播》和新华社对“网上民声”报道后，2004年4月28日，中新社以《不怕“衙门”脸难看烟台有条网上官民对话渠道》为题对“网上民声”经验作了报道。

2008年10月，“网上民声”被山东省委宣传部列为全省重要典型，在省直12家重要媒体进行集中宣传报道。2010年，“网上民声”荣获第19届中国新闻奖一等奖，又一次引起了众多媒体的关注。

除了各级媒体对“网上民声”大量报道外，各级宣传部门也分别对“网上民声”经验进行了大力推广。2007年9月12日，山东省委宣传部分别在《山东宣传信息》和《山东宣传工作》上以《畅通社情民意促进服务民生——胶东在线网站倾力搭建政府群众“连心桥”》为题，刊发推广“网上民声”经验。2007年10月，中宣部在重要内参《宣传信息清样》第28期上以《胶东在线网站倾力打造“网上民声”搭建政府群众“连心桥”》为题，向高层领导汇报“网上民声”的具体做法、效果和启示。山东省委常委、宣传部长李群在“宣传信息清样”上作出批示，要求在全省进一步总结推广这一经验。据笔者统计，7年来从中央到地方共计30余家媒体对“网上民声”作了100多次新闻报道，更多网民通过媒体宣传知道了“网上民声”。这是“网上民声”平台日均留言量达200条，其留言量在全国40多个网络问政平台中遥遥领先的重要原因之一。胶东在线这种“既务实，又务虚”的品牌建设策略，使“网上民声”高歌猛进，获得了持续发展的动力。

除了通过媒体宣传推广“网上民声”，胶东在线还着力争取上级领导的支持。2005年4月7日，山东省委宣传部副部长徐向红考察胶东在线，高度评价“网上民声”是反映舆情的重要窗口，是宣传工作的创新之举。2005年12月，原山东省委常委、宣传部长王敏作出批示，建议将胶东在线“网上民声”经验在全省进行推广。2007年4月27日，国务院新闻办网络新闻宣传局副局长魏正新、人民网副总裁官建文、中新网总裁孙永良等到胶东在线视察。魏正新指出：“网上民声”值得总结推广，让全国的网络媒体都来学习。2007年8月24日，山东省委宣传部副部长徐向红，省广播电视局副书记、副局长魏绍水一行视察胶东在线，再次对“网上民声”栏目作了高度评价。徐部长表示，将安排有关人员对“网上民声”栏目作进一步调研，并在全省总结和推广该“栏目”的经验做法。2007年11月12日，《网络传播》杂志对胶东在线总编辑邓兆安进行了专访，并以较大篇幅介绍了“网上民声”的发展经验。2009年1月24日，烟台市委书记、市人大常委会主任孙永春到胶东在线视察，并为“网上民声”栏目题词：通达民意，反映民声。历年来，共有30余位各级领导视察胶东在线，对“网上民声”进行表扬，作出批示。一个栏目能够获得这么多各级领导的关注、垂青和批示在烟台新闻史上

各地党政机关、媒体纷纷到胶东在线学习“网上民声”经验。

还是第一次，这充分说明了“网上民声”栏目顺应民意和时代潮流、符合党和人民利益的精神，也体现了胶东在线作为一个网络媒体具有的高度敏锐性和政治意识。

随着“网上民声”作用日渐增强，影响力日益扩大，国内许多网络媒体、党政机关也纷纷前来参观学习，并将“网上民声”经验带回去。2004年9月23日，湖南红网、东北网、网易、四川新闻网等国内知名新闻网络媒体和商业网站领导到胶东在线参观考察，详细了解了“网上民声”的工作程序、运作情况，纷纷表示要学习这一成功做法。2005年5月14日，内蒙古乌兰察布市委宣传部常务副部长王晓平一行26人专程到胶东在线考察学习“网上民声”经验。2006年4月17日，鞍山市委宣传部一行慕名到胶东在线参观学习，对“网上民声”各项工作流程进行了详细地了解。2008年7月11日，浙江在线网站党委书记、管委会主任项宁一一行来到胶东在线参观考察，重点了解“网上民声”栏目经验；2009年12月，国家广电总局培训中心副主任傅亦轩到胶东在线调研“网上民声”运作有关经验；除此之外，上海东方网、杭州网、河南大河网、东北新闻网也相继到胶东在线参观学习。据笔者不完全统计，“网上民声”栏目开办以来，共有150多家

2009年11月30日，国家广电总局新闻培训中心邀请胶东在线在全国广播总监培训班上介绍“网上民声”经验。

在众多网络媒体走进来的同时，胶东在线也在走出去，利用各种网络媒体会议宣传推广“网上民声”经验。2005年11月15日，在第五届“中国网络媒体论坛”上，胶东在线总编辑邓兆安向与会同仁介绍了“网上民声”经验，引起了中国网络媒体的强烈反响。北京千龙网、上海东方网等网络媒体负责人和中国传媒大学专家对“网上民声”给予高度赞赏。2007年9月10日，在全国地方重点新闻网站第五次联席会议上，胶东在线总编重点介绍了“网上民声”栏目的发展经验，引起了与会代表的极大关注。2007年12月14日，在第四届中国城市新闻网站联盟总裁（总编）年会上，胶东在线总编以“搭建市民和政府交流平台”为主题向与会的各新闻网站重点介绍了“网上民声”等栏目的成功经验，得到与会代表的高度评价。2008年9月18日，第七届地方网联研讨会在烟台召开，由胶东在线承办，来自全国各地25家地方重点网络媒体的总编参加了研讨会，学习、研讨了胶东在线“网上民声”经验。2010年9月，第七届中国新闻网站联盟年会在烟台召开，会议主题是“品牌建设与发展之道”，重点推介以胶东在线“网上民声”为代表的系列品牌建设经验。

2008年、2009年两年间，国内许多网络媒体在学习、借鉴“网上民声”经验后，纷纷开办类似栏目。浙江在线开办了“民生帮帮帮”，天津北方网开办了“政民零距离”，广州大洋网开办了“民意通”，杭州网开办了“网上议事厅”，武汉长江网开办了“民生新干线”……“网上民声”在全国生根发芽，开花结果。虽然“网上民声”只覆盖烟台地区，但是“网上民声”的精髓却遍布全国各地，成为“网上民声”具有顽强的生命力和重要价值的真实写照。

2009年10月，“网上民声”栏目荣获第19届中国新闻奖一等奖，获得“中国新闻名专栏”荣誉称号。这是烟台历史上第一个中国新闻奖一等奖，填补了山东省网络新闻奖最高奖的空白，也是中国城市新闻网站联盟61家会员单位中第一个获此殊荣的网站。对胶东在线而言，这是最高的奖赏和荣誉。在此之前，“网上民声”便获得了一系列荣誉，2007年荣获中国互联网品牌栏目；2008年4月获得第18届中国新闻奖网络作品复评优秀专栏；2008年5月获得山东省网络新闻奖网络新闻专栏类一等奖。

“网上民声”产生的巨大影响力、取得的骄人成绩也引起了理论界的关注。许多专家学者著文对“网上民声”进行分析。北京网络媒体协会会长闵大洪教授撰文《网上民声的成功启示录》，对“网上民声”成功的内在原因进行了分析；中国传媒大学传播系主任、教授邓炘炘以《网上民声的辐射力和示范力》为题，对“网上民声”的内在价值予以剖析；清华大学新闻与传播学院党委副书记周勇撰写了《网上民声开创协调社会的新模式》，从社会学角度解读“网上民声”的重要作用；《网络传播》杂志总编助理孙光海写了题为《网上民声：网上民生的妥善落地》，从保障民生的角度探讨“网上民声”的现实意义。从思索到实践，从实践到理论，“网上民声”所走的每一步都扎扎实实，掷地有声。

胶东在线开办之初，还是一个名不见经传的地方性小网站，硬是靠着一股韧劲，靠着一种智慧打造出了一个享誉全国的品牌栏目。胶东在线也正是依靠这个栏目，在网络媒体界、在主管部门和各级领导中确立了自己的地位，拥有了影响力。可见，精准的定位、超前的理念、为民服务的宗旨对于一个媒体，一个地方性网络媒体是何等重要。胶东在线用孜孜以求、永不懈怠的精神和行动证明了地方性网络媒体的作为空间广阔，前景无限美好。

四、“网上民声”的重要作用

“网上民声”栏目创办以来，得到社会各界的高度评价和烟台网民的普遍赞扬，被誉为党委政府和群众的“连心桥”、反映社情民意的“主窗口”、接受群众监督的“新渠道”。

1. 畅通了社情民意的表达渠道。随着信息技术的发展，充分利用互联网渠道，构筑民意表达平台、创新政务公开载体、及时了解舆情、促进科学决策，已经成为各级党委、政府的重要施政手段。“网上民声”以互联网为载体，搭建了一个开放、便捷、无障碍的交流空间，网民以最直接的方式最真实地反映问题、表达诉求、提出建议，使得党委政府和职能部门能在第一时间了解群众的所思、所想、所盼，能在第一时间了解群众最关心、最现实、最直接的实际问题，拉近了党委、政府与群众的距离，进一步提高了党委、政府决策的科学性和有效性。7年来，烟台市民通过“网上民声”给政府部门提出建议4.6万条，烟台长途汽车站周边的交通线路改造、芝罘区到牟平区的公交线路开通、机场新增呼和浩特航线、市地税局办税大厅合并等等，都是通过“网上民声”直接进入领导决策的。

2. 促进了机关作风转变。网上民声“件件有着落、事事有回音”的工作要求，烟台市政府各部门在工作中实行的“三张单子”管理制度，加大了相关科室的工作压力，促进了党政机关服务意识、责任意识和效率意识的转变。“网上民声”开放性的特点，也进一步增加了政务工作透明度，有效减少了群众的办事成本和部门行政成本，抑制了腐败问题的产生。不少部门反映，网上民声“逼”着部门决策“眼光”向下。市民反映的问题挂在网上，部门曝光在公众面前，千万双眼睛在盯着，丝毫马虎不得。它不仅是“一对一”的对话，在某种程度上是政府与广大群众的对话，真正收到了“一人监督、万人关注”的效果。

3. 解决了大量实际问题。“网上民声”创办以来，群众通过这里对各类日常生活问题进行咨询、投诉、提出意见和建议，解决了大量生活难题，真正得到了实惠。如烟台一市民连续9次上网发帖给劳动部门，请求帮助落实就业单位。劳动部门不厌其烦地帮助查询相关信息，终于协助其找到了合适的就业岗位。针对不少市民反映在海滨浴场遛狗带来环境污染和人身安全问题，市公安局在全市范围内组织开展了集中整治违规养犬专项行动。像网民关注比较集中的“三站周围交通拥堵”、“居民楼内存在液化气站”等问题，在反映给相关部门后也都得到了迅速解决。一位市民曾感叹地说，“网上民声”为他们提供了一个说话的地方，是一个真正为民服务的渠道，是体现国家民主的港湾，是网民的“贴身背心”。

4. 促进了社会和谐稳定。“网上民声”所反映的问题，都与市民工作、生活息息相关，事关社会稳定大局。传统的反映渠道由于受时间、空间限制，使一些敏感问题得不到及时有效的解答和解决，容易激化矛盾，增加社会不稳定因素。“网上民声”搭建的交流平台，能够使群众“少跑一趟路，少踏一个门槛，少走一道程序”，在最短时间内把他们关心、关注的问题反映到有关部门，在最短时间内得到回复和处理，真正起到了解疑释惑、排忧解难的作用。随着问题的解决，也进一步加深了群众对政府部门工作的理解，密切了党群、干群关系，从而使大量矛盾化解在基层、化解在萌芽状态，有效促进了社会和谐稳定。近年来，烟台信访总量持续下降，其中到市上访案件下降53.1%，集体上访案件下降10.1%，特别是一些热点部门和窗口行业信访案件均实现大幅下降。用市委领导的话说，烟台社会的和谐稳定，“网上民声”功不可没。

5．推动了电子政务建设。“网上民声”延伸了政府部门的工作思路和工作方式。政府部门利用“网上民声”构架起来的与群众沟通的桥梁，实现了部门信息公开，透明了办事程序，便捷了服务流程，促进了政府办公的电子化、自动化、网络化，提高了政府管理的现代化水平。中国互联网研究权威、北京网络媒体协会会长闵大洪说：“‘网上民声’这一平台担负起了烟台市电子政务的职责，为推动烟台市政府真正转变为一个‘服务型’政府发挥了重要的推动作用，有力地保障了人民群众的知情权、参与权、表达权和监督权。”

五、“网上民声”发展的几点启示

新闻人的责任感、使命感是“网上民声”不断发展的内在动力。作为媒体，胶东在线也面临着经营创收的压力，建设民生类栏目，短期内并不会为网站带来多大经济回报，甚至需要投入相当大的人力物力。再者，“网上民声”这个栏目在实际运作中遇到了许多难以想象的困难，有四五个单位以种种理由想退出，在这一压力下，胶东在线丝毫没有退缩。当时他们想，既然栏目办起来了，就绝不能半途而废，他们为此一方面积极与上级部门协调沟通，取得党委、政府的有力支持；另一方面，胶东在线自我加压，不断创新，努力完善民声服务平台，使这个栏目越来越受到部门和百姓的认可与欢迎。多年来，胶东在线深切体会到只有高度的社会责任感和强烈的事业心，时刻关注民生，心系群众，去挖掘、培植服务大众的栏目，才能产生强烈的社会共鸣，更好地服务于社会，栏目发展才会前景广阔。脱离大众需求，热衷迎合少数人的低级趣味，搞一些华而不实的内容，必然遭到淘汰。

建立健全机制是“网上民声”健康发展的重要保障。“网上民声”的规范有序运作，依赖于各项完善的规章制度的建立和实施。“网上民声”不同于社区、论坛，也不同于一般性的栏目，它的运作过程是一个较为复杂的系统工程，任何一个环节出现问题都有可能影响全局。因此，建立健全规章制度成为“网上民声”发展过程中的一个重要组成部分。“网上民声”各项规章制度的建立，一方面杜绝了管理中的漏洞，使各个环节都正常、有序地运行；另一方面提高了工作效率，无论是编辑审核工作还是各部门的回复、处理问题，都有一套规范的办法作指导，实现了“网上民声”的精细化管理，保证了“网上民声”的健康发展。

党委政府的重视是“网上民声”发展的坚强后盾。“网上民声”的创办和发展，得益于地方领导对互联网的开明和远见，也离不开党委、政府的大力支持。从一个思路到栏目开办，从28个部门到100个部门，“网上民声”的每一次进步都是在党委、政府的坚强领导和大力支持下实现的。“网上民声”开办7年来，得到各级领导的关怀。山东省委宣传部部长李群批示在全省推广“网上民声”经验；烟台市委书记孙永春四次批示，一次题词，对“网上民声”给予了高度关注。可以说，“网上民声”应时代所需、为时代所用，从而得到了党委政府的重视，由此也更加推动了“网上民声”的发展。

解决实际问题是“网上民声”深入发展的生命力所在。“网上民声”始终把整合各方力量，切实解决民生问题作为栏目的核心任务，由此得到了广大网民的热情支持与广泛参与。“网上民声”从创办之初每天留言30多条，到现在每天留言200多条，更多网民将问题的解决寄希望于“网上民声”这个平台。一个栏目有没有生命，能否办成一个经久不衰的品牌，关键在于受众是否欢迎。一个旨在为百姓办实事，能为百姓办实事的栏目，必然会有长久的生命力。

持之以恒打造“网上民声”品牌是其持续发展的活力。6年来，“网上民声”致力于品牌栏目的打造，从没有停歇过。胶东在线深知，一个栏目能否真正成为品牌，不仅在于创意，更在于内涵，在于不断地打磨锻造。制度完善使平台运转更加高效，栏目改版使内容更加丰富、功能更加实用，理论研讨使胶东在线更清楚了前行的方向……这一切努力，都使得“网上民声”焕发出无限的活力与生机。

第二节 网上民声运作模式各要素分析

作为网络问政平台，“网上民声”是一个集合了社会相关要素的有机整体，它的运作是一个系统工程，是提高政治民主、普及电子政务、强化媒体监督等功能的综合机制平台，需要社会上各个要素的参与。这些要素主要包括：网民、政府部门和窗口单位、网络媒体、协调主管部门、“网上民声”平台。在这个系统中，“网上民声”平台是其他各要素的联系纽带，或者说是一个核心节点。围绕这个节点，各要素之间会形成不同的关系圈，关系圈内部彼此之间会产生相互支持和制衡关系，从而维持“网上民声”平台的稳定。从这个意义上说，“网上民声”不是一个一般意义上的网络媒体产品，而是一个规范的社会公共事务管理平台。

一、网络媒体——胶东在线

客观地讲，“网上民声”平台是由胶东在线发起搭建的。这是胶东在线从一个媒体的角度观察社会认真思索后的创举。当然，网络问政平台并非必须由媒体来牵头筹划和组织。在这个过程中，胶东在线承担了更多的本应由政府主导的工作。但是，胶东在线的这一举措恰恰与媒体的协调社会功能相一致。

政治学家、传播学的先驱哈罗德-拉斯维尔认为传播有三个重要的社会功能：1. 环境监视，2. 使社会各个不同部门相关联以适应环境，以及3. 使社会遗产代代相传。[①]传播学理论也普遍认为媒体具有以下功能，一是传递信息，监测环境；二是引导舆论，协调社会；三是娱乐功能；四是传承文化和教育大众。“协调社会”功能在目前大众媒体上已经呈现得非常明显，许多媒体都有此类性质的栏目。“民生类”栏目是媒体协调社会功能的重要体现，很多电视台、电台、报社都开办了此类栏目。例如，江苏卫视城市频道开办的《南京零距离》以及山东卫视生活频道《生活帮》都属于民生类节目，旨在为市民百姓解决生活难题，具有明显的协调社会功能。因此，“协调社会功能”理论为媒体深入接触社

①［美］威尔伯·施拉姆，［美］威廉·伯特著. 李启，周立方译. 传播学概论. 北京：北京大学出版社，2007：18.

会，参与社会事务提供了理论基础，也是胶东在线创办“网上民声”栏目重要的理论依据。从目前“网上民声”的运作实践看，胶东在线所发挥的正是媒体“协调社会”的功能。例如，胶东在线通过“网上民声”平台将网民与政府部门联系起来，并形成一种长效沟通机制。在这种机制的作用下，增加了网民的问题得到解决、咨询得到答复、建议得到采纳的可能性，网络民意也为政府部门提供了大量舆情信息，为他们改进工作以及进行公共决策提供了有益的参考，双方通过有效地、真诚地互动还可以消除摩擦，改善关系。从更深层次考量，胶东在线所做的工作实际是对官民关系的协调、对权力和权利关系的协调，通过协调达到社会的相对平衡和稳定，这与其他媒体具有一致性。但是，胶东在线通过“网上民声”平台协调社会与其他媒体协调社会的方式和模式有所不同。关于这个问题将在解析“网上民声”平台要素时重点阐述。

在整个“网上民声”运作链条中，胶东在线作为媒体的角色出现，承担的是媒体的职责，更确切地说是网络媒体的职责。作为新闻媒体和协调中介，在其发挥协调社会的功能时，必须准确定位，谨慎小心。既要防止成为彻底的“网络民意代表”，对政府进行口诛笔伐，也要防止行使媒体监督职能时蜻蜓点水，隔靴搔痒。媒体作为现代社会的重要公器，成为公众、政府在利益博弈过程中的中枢神经，是一个非常敏感的领域，尤其是网络媒体承担了更多民意表达与民主实现的期待。在中国目前社会转型期过程中，媒体所处的境地非常微妙，一方面要为民说话，另一方面又要为党分忧。尽管从根本上来讲，人民利益和党的利益是一致的，但具体到现实层面又存在某些不可避免的冲突，有时更会由于某些部门、某些官员的官僚作风和不作为而造成冲突的扩大化。因此，媒体要在协调社会时保持清醒，对网络民意中的敏感问题认真鉴别，既要坚持原则又要灵活应变。如果掌握在手中的公器使用不当，则可能会对社会造成伤害。从“网上民声”平台中大量投诉类问题来看，有的问题对部门而言只要责任到位便可以解决，而有的问题则由于历史遗留或部门交叉等诸多原因造成，非一日之功可以解决。对于前一种情况，媒体的监督功能要到位，通过社会监督、媒体监督的力量促使部门履行职责；对后一种情况，媒体则要发挥“协调”和“疏导”的功能，在信息公开和对称的前提下，对当事双方进行协调，对网络民意进行引导，趋利避害，化解矛盾。当然，实际情况可能比以上两种更为复杂，这更需要网络媒体具备较强的辨别和判断能力。

胶东在线在这个问题上处理得较为恰当，能够坚持独立的立场，客观地负责任地“协调社会”。一是坚守媒体职业道德，不闻风炒作，不依靠揭黑幕、曝丑闻来吸引眼球；二是坚持民生为本，以人民的利益为重，引导网民合理表达意愿，重视问题的实际解决；三是坚持政治意识和党性原则，主动换位思考，从党和政府的角度考虑问题，采用艺术的手法协助政府部门解决敏感问题。这也是胶东在线能得到网民和政府双重认可的关键。

二、网民

网民是“网上民声”运作模式中的重要组成部分，是网络问责的主体，具有规模大、较集中、较隐蔽的特点。网民也是现实中公众的一部分，而且这个比重在逐步增大。在“网上民声”平台中，网民主要进行的是网络民意的表达，随着网民数量的增加，网民上网行为日渐成熟，网络民意和社会民意便会日趋接近。

在“网上民声”平台上，民意的表达具有不同的目的，因此也使参与“网上民声”的网民呈现出不同的类型。一是咨询问题，由于网民信息渠道不畅通等原因，他们对某些政策、办事程序等不了解，便可以通过“网上民声”平台向有关部门咨询，比方如何办理房产证，如何办理市民卡，开办食品企业有什么具体要求等等。这类问题不涉及社会矛盾和冲突，属于一般的业务范围，网民言论也比较平和，态度比较诚恳。但是如果有关部门不能给网民以满意的答复，则网民咨询问题的行为有可能转化成反映问题或投诉举报，我们把这类网民归纳为信息咨询型；二是解决问题，网民希望有关部门能履行职责，解决与自己利益攸关的各类问题，如供暖问题、子女上学问题、公交线路规划问题等等，网民在表述这类问题时，语言相对得体，情绪控制也比较得当，我们把这部分网民归纳为个人利益诉求型；三是反映问题，此种情况是网民出于对公共事务的关心，将自己所了解到的不良社会现象或社会问题反映给主管部门，以期得到及时处理。这类问题一般缺乏明确的责任主体，也一般不会影响到反映问题的网民的个人利益。网民这么做的原因，多是由于良知和社会责任感的驱使。他们在反映此类问题时，语言上一般也不会过于犀利。我们把这部分网民归为公共利益诉求型；四是投诉举报，投诉举报的问题主要有两种类型，一种是针对公务人员的服务态度和质量，即工作作风层面，一种是针对违法犯罪行为。对前者进行投诉的网民一般是事件当事人，后者情况比较复杂，有可能是网民自身权益受到侵害时，对侵害人进行投诉和检举；也有可能是网民是某起违法行为的知情者，对犯罪嫌疑人进行举报，他们在这类问题的表述中往往会含有极端情绪的表达，使用一些过激的语言，我们把这类网民归纳为权益诉求型；五是建言献策，网民针对社会上存在的问题和需要决策的公共事务提出自己的意见和建议，如对市区道路命名的建议，对机场选址的建议，对解决交通拥堵问题的建议等都属于这种情况，这部分网民具有强烈的参政意识和公民意识，他们在发表意见时也比较理性，注重言辞得体，我们把这部分网民归纳为参政议政型。

总之，通过分析可以看出，在“网上民声”平台上主要有五种类型的网民：信息咨询型、个人利益诉求型、公共利益诉求型、权益诉求型和参政议政型。当然，对于同一网民而言可能同时兼有多种类型。不同类型的网民在发表意见时，语言和情绪会有不同变化，这对于媒体和政府部门了解网络民意，把握网络民意形成规律，应对网络民意中的敏感问题有重要指导意义。

从“网上民声”的网民留言中也反映出网民在表达意愿、利益诉求和参政议政时存在不足。一是缺乏足够的严肃性，把网络问政平台视为普通的论坛或社区，部分留言语言内容粗俗，形式不规范；二是表达能力欠缺，不能将问题清楚明了地说明白，造成沟通障碍甚至行政资源浪费。这与我国市民社会发育不完全，公民缺乏有效的民主生活锻炼有很大关系。随着中国经济发展，政治体制改革进程的加快，民主政治会得到普遍认同，公民修养也会逐渐提高，公民的自我约束和规范能够有明显进步。到那时，网民在网络问政平台上会表现出新的姿态。

三、政府部门和窗口单位

政府部门是“网上民声”平台运行模式构成要素中的主体。广义的政府是指国家的立法机关、行政机关和司法机关等公共机关的总和，代表着社会公共权力。狭义的政府指国家政权机构中的行政机关，即一个国家政权体系中依法享有行政权力的组织体系。目前，“网上民声”平台中政府部门包括烟台市行政机关、司法机关和重点企业单位，如通信行业、银行领域等单位，我们统称之为政府部门和窗口单位。政府行为以公共利益服务为目标，其行为主要发生在公共领域，政府部门的一举一动关系到每一位公众的利益。因此，政府在行使行政职能，进行公共决策时，需要通过多种渠道满足公众的知情权、表达权和参与权。

政府向公众传递信息，公众与政府沟通需要媒介和渠道，这为媒体介入创造了可能。传统媒体更多的是满足了公众的知情权，尤其是电视媒体的普及与日益发展，使公众知情权得到进一步体现。但是，传统媒体所传播的信息经过了严格把关，许多公众有权知晓的信息有可能经过了重重过滤，造成了信息的不对称，使得公众知情权大打折扣。与之相对应的是，在互联网迅速发展的今天，公众的知情权、表达权、参与权都得到了空前提升。公众知情权的提升一方面是由于互联网传播容易形成群体压力，迫使有关部门作出正面回应，公布真相；另一方面互联网传播速度快、信息发布者不局限于媒体，信息渠道广泛，大量信息交织，尽管可能包含虚假和谬误，但真相总能被鉴别出来。旷日持久的华南虎事件便是典型案例。[①]关于表达权和参与权，互联网的优势更是不需赘述。因此，应互联网发展而出现的网络问政，可以使政府提高行政效能与落实网民知情权、表达权、参与权得到有机统一。

政府部门在网络问政平台上担负的职责与其作为政府机关所具有的职能既有一致性，也存在差异。实际上，网络问政平台只是政府发挥职能作用的渠道之一，网络问政应当属于政府行政工作的范畴之一，只不过是通过互联网而已。所不同的是，网络问政与依托传统媒体的问政方式有着非常明显的区别，具有全民参与的特征，更能体现人民的意志。这要求政府的执政观念、思想等随之转变，适应这种民主的氛围。具体而言，政府部门在“网上民声”平台上主要担负着以下职责：一是了解民意，用以改进工作；二是解决问题，体现服务职能；三是沟通协商，丰富公共决策参考意见。按照不同划分标准，参与“网上民声”的政府部门可以分为多种不同类型。一种标准是网民留言数量，该标准反映了政府部门的热度，即与市民关系程度。排除各种特殊情况，在一定时期内部门留言量越多，则表明该部门与市民日常生活关系程度越高，反之则关系程度越低。在“网上民声”参与政府部门中，2010年1月1日至7月8日网民留言数据显示（如下图所示），留言量超过1000条的部门为公安局、规划局、房管局、教育局、交通局、

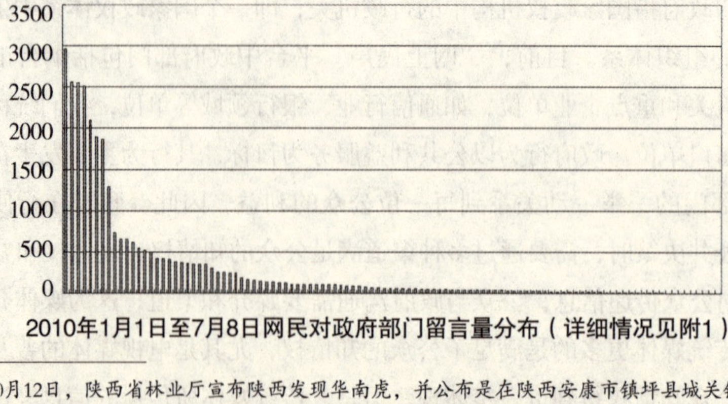

2010年1月1日至7月8日网民对政府部门留言量分布（详细情况见附1）

①2007年10月12日，陕西省林业厅宣布陕西发现华南虎，并公布是在陕西安康市镇坪县城关镇文采村，村民周正龙拍摄到了一张野生华南虎的照片。该照片引起了网友的普遍质疑，在网友和媒体的紧追不舍之下，最后这张照片被认定有假，周正龙以诈骗罪被判处两年6个月有期徒刑。

城管局、劳动和社会保障局及建设局，这些部门关系到市民生活方方面面，如社会治安、身份证办理、房产证办理、教育教学、公共交通、城建、劳动纠纷等等，属于典型的热点部门。留言量在100条以下的有62个部门，其中留言量10条以下的有15个部门，主要是银行、口岸办、侨办等部门，这些部门属于非热点部门（详细数据见附1）。另一种标准是网民留言类型，主要根据投诉类留言数量衡量，该标准反映了政府部门的敏感度，投诉类留言多的部门表明该部门敏感度较强，反之敏感度较低。根据2010年1月1日至7月8日留言数据分析，投诉类留言主要集中在教育局、公安局、城管局、交通局、建设局、规划局、房管局、工商局、环保局和劳动和社会保障局这些政府部门，这些部门同样也是热点部门，因此可以得出这样一个结论，以上公安局、教育局等10余个部门既属于热点部门，又属于敏感部门，是“网上民声”平台中的焦点部门，也是现实社会中的焦点部门。对这种类型的部门而言，更需要提高对网络问政的认识和掌控能力。

某些政府部门在与网民交流的过程中也表现出一些问题，对网民的诉求回应过于简单，甚至有应付了事的嫌疑。有的部门在回答网民咨询的问题时缺乏针对性，只是粘贴相关的政策条文予以应付；有的部门对网民反映的问题不正面回应，而是留一个电话让网民通过电话反映；也有的部门答非所问，作出的答复对网民没有实际意义；有的部门对网民提供的意见和建议非常冷淡，一句“感谢参与”往往把网民参政的热情就浇灭了。这些情况都会伤害网民参与问政的积极性，降低他们对政府部门和“网上民声”平台的信任程度。这反映了某些政府部门或者某些公务人员工作作风有待提高，不仅需要以一种积极的心态对待网民的投诉、咨询和建议，更需要培养一种耐心和真诚，给网民参与问政提供良好的交流环境。

四、协调主管部门——烟台市直机关建设办公室

烟台市直机关建设办公室是“网上民声”栏目的主办单位，在“网上民声”的创办和运作过程中发挥了重要作用，具体承担了组织协调和监督的职责：1. 发挥市直机关建设办公室职能，组织政府部门参与“网上民声”栏目。根据政府部门与市民关系密切程度，分期、分批将烟台市政府部门和窗口单位纳入“网上民声”平台。反复与部门解释沟通，让政府部门认识到参与“网上民声”栏目的重要性和意义，使绝大多数部门自觉自愿、积极地投入到“网上民声”回复工作中。制定网上嘉宾访谈的时间表，安排热点部门参与网上嘉宾访谈活动。2. 建

立了活动督查、考核制度，一周一调度、一月一小结、一季一通报，向答复问题不及时和解决问题质量不高、群众反映较多的部门下达书面督查通知。对各政府部门既考核部门“回复率”，又考核群众“满意率”，并将各部门、各窗口单位参加活动情况，纳入了机关效能考核和年度目标管理考核。3. 对“网上民声”栏目的运作情况进行监督、检查，确保“网上民声”的健康发展。对“网上民声”值班规范、编辑审核把关制度、回复监督、跟踪采访、考核监督、反馈报告等工作机制进行理顺完善。4. 积极对上沟通，将“网上民声”栏目取得的社会效益，获得的各项荣誉及时反馈有关领导，为“网上民声”各项工作顺利开展提供了强有力的支持。

五、网络问政平台——“网上民声”栏目

“网上民声”栏目是烟台市网络问政的具体表现形式和载体，主要承担以下职责。一是提供网络问政功能支持，实现政府部门和网民基于互联网的互动交流；二是提供网络问政有序运行的制度支持，实现政府部门和网民交流的规范化和长效化。不同的媒体都可以搭建适合媒体特点的问政平台，但是网络问政平台——“网上民声”有独特的一面，与建立在其他媒体上的问政栏目相比主要体现在以下两个方面：一是“网上民声”平台具有系统的协调社会功能。在“网上民声”诞生之前，媒体协调社会功能就已经存在，也有很多相关栏目，但总体表现出随意性、随机性、个别性、偶然性和突发性等特点，并没有形成一个完整的体系和运行模式，尤其在协调社会的广度方面存在不足。“网上民声”则不同，它在参与协调社会时触角更加广泛，几乎将所有的政府机关都纳入到了问政平台中，保证了问政主体的完整性和问政内容的多样性；二是“网上民声”平台依靠制度化运作。“网上民声”问政平台拥有一套非常系统的制度对参与各方作出明确的规范，通过严格奖惩和激励措施促使部门认真参与，积极作为。参与“网上民声”的部门按照统一的要求和程序，对网民的问题进行解答和回复，有的部门还根据实际情况，建立了一套符合本部门实际的运行规范，提高“网上民声”平台运转效率，也提升了部门工作效率。这两点也集中体现了“网上民声”问政平台的先进性。

“网上民声”平台的运转是建立在各要素明确分工的基础之上的，在运转过程中各要素彼此交融，会形成多重关系，包括政府部门和网民，政府部门和胶东在线，网民和胶东在线之间的关系。在“网上民声”平台上，政府部门和网民之

间是问政与问责的关系，网民是政府部门问政的对象，政府部门是网民问责的对象，二者是平等的，不存在高低上下之分。问政需要尊重民意虚心纳谏，问责需要心平气和真诚沟通；政府部门和胶东在线是相互支持的关系，政府部门积极参与“网上民声”，使该栏目质量得到重要保证，胶东在线不断增强“网上民声”平台影响力，也有利于政府部门行政效能的提高。网民和胶东在线之间，既是传统意义上受众与传播者的关系，也是产品使用者和生产者之间的关系，而且网民还直接参与内容生产，后者对网民更为重要。胶东在线需要网民支持和参与，只有网民认为“网上民声”能够而且确实发挥了实际作用时，他们才会继续使用这个平台并参与内容的生产，而这依靠胶东在线对该平台的建设水平和管理能力。总之，这些关系与“网上民声”整个运行系统是部分与整体的关系，整体关系保持平衡的状态依赖于各部分关系的稳定。

附1　2010年1月1日至7月8日“网上民声”平台烟台市各部门留言数量统计

部门名称	留言数量	部门名称	留言数量
公安局	2964	银监分局	62
规划局	2564	林业局	62
房管局	2553	光大银行	60
教育局	2517	残联	57
交通局	2102	烟台邮政储蓄银行	51
城管局	1898	疾病控制中心	50
劳动和社会保障局	1866	司法局	49
建设局	1290	发展计划委	49
人事局	734	烟台出入境检验检疫局	47
环保局	657	烟台国际机场	43
工商局	654	烟台海关	42
国土资源局	616	新闻出版局	41
卫生局	552	团市委	41
广电局	515	烟台银行	41
住房公积金管理中心	500	国资委	38
民政局	423	老龄办	38
公交集团	416	农业局	37
公路局	411	烟台山医院	35
城镇职工医疗保险处	380	海洋与渔业局	34
计划生育委员会	370	招商银行	32
新奥燃气（管道天然气）公司	362	妇联	31

（续上表）

部门名称	留言数量	部门名称	留言数量
社会劳动保险事业处	356	行政审批中心	30
地税局	352	烟台港集团	29
物价局	351	恒丰银行	28
联通公司	303	经贸委	28
中级法院	259	体育局	24
500供热公司	259	气象局	23
国税局	249	烟台汽车总站	22
供电公司	242	总工会	21
文化局	182	黄渤海渔政局	18
法律援助中心	166	中信银行	16
质量技术监督局	153	外经贸局	16
移动通信公司	144	仲裁办	15
建设银行	135	港航局	15
农业银行	135	交通银行	14
房产交易中心	130	华夏银行	13
中国银行	128	畜牧局	11
工商银行	111	民生银行	11
药监局	111	兴业银行	9
消费者协会	110	烟草专卖	9
电信公司	110	审计局	8
检察院	110	科技局	5
旅游局	108	盐务局	5
海事局	104	人民防空办公室	5
信息产业局	104	外事办	3
毓璜顶医院	94	粮食局	3
水利局	88	动物卫生监督所	2
财贸办	86	烟台市农业机械管理局	2
邮政局	85	知识产权局	1
法制办	79	民营经济发展局	1
安全生产监督管理局	73	侨办	0
火车站	71	口岸办	0
农村信用社联社	63	农业发展银行	0
人民银行	63		

第三节　网上民声运作流程与制度建设

“网上民声”平台各要素具有内在的稳定性，但是外在的组织结构却是松散型的。这主要是由于参与“网上民声”的各个要素都是独立的个体或组织，在“网上民声”平台出现之前，他们之间缺乏天然的、法定的联系，每个组织都有自己的架构和目标。因此，这样一种松散型的组织结构要在一项工作中为完成共同的目标协调一致，就必须建立系统的流程化管理体系和完善的规章制度。

“网上民声”的运作实践也体现了这一要求。“网上民声”平台运作过程中，各环节和各要素都遵循既定的流程，在统一的要求和规范下相互配合，协调运行。流程化管理之下的“网上民声”有明确的目标、科学的流程、完善的制度，尽管参与者在形式上是松散的，但在流程中各司其职、各负其责、各守其章，形成了网络问政的新图景，真正发挥了互联网的优势和价值。可以说，流程化管理是“网上民声”作为制度化网络问政平台的重要标志。

本节重点分析“网上民声”平台运作的流程和制度建设，为读者呈现一个全面的、深刻的、真实的“网上民声”平台运行过程。

从表面上看，“网上民声”平台运作的环节并不多，也不复杂。这些环节主要有：1. 网民留言，包括投诉、咨询、建议等等；2. 编辑对网民的留言审核把关；3. 政府部门对网民的各类留言作出解答、办理后进行回复；4. 网民针对政府部门的处理情况进行反馈，这一环节理论上存在，但是实际过程中很少有网民参与；上述四个环节可以概括为“提问—审核—回复—反馈”。但是在实际运行过程中，“网上民声”平台运作流程还是比较复杂的，这主要表现在：1. 流程中的四个环节构成了“网上民声”整个运作过程的骨架，并未涵盖所有的细节，尤其是主管部门烟台市直机关建设办公室在整个过程中发挥的协调、监督作用没有体现出来；2. 流程中“部门回复”这个环节具有更丰富的内涵，部门在回复网民问题之前要经过部门内部一个相应流程；3. 胶东在线作为“网上民声”平台的维护者，担负着流程优化的职责，包括一系列技术的应用。

环节一：网民留言

网民留言是整个流程的开端，对“网上民声”有着重要意义。为了使网民留言尽可能规范，胶东在线在留言功能的开发和留言规范的制定方面都作了许多思考。

留言功能中的每一项操作，都能体现出“网上民声”重视细节的品质。

1. 留言方式

登录后留言或匿名留言。网民在“网上民声”平台中留言时，既可以登录“个人中心”后以注册的用户名发表留言，也可以不注册、不登录以完全匿名的形式发表留言。网民以任何方式留言都不会影响部门对该问题的回复效果，即使登录“个人中心”留言，也是匿名化的，不会暴露网民的任何信息。提供会员注册功能，一是体现“网上民声”的规范性和严肃性，促使网民能以认真的态度提交留言；二是方便网民对留言回复情况进行查询，只要登录“个人中心”便可以看到部门是否对问题进行了答复。当然，有的网民由于嫌麻烦等原因不愿意注册会员，也可以不必登录，匿名便能发表留言。

2. 填写标题和正文内容

“网上民声”对标题字数从技术上做了限制，必须在10~25个字之间，既不能少，也不能多，否则就无法提交整个留言。这样做的目的是希望网民能够准确归纳留言的主要内容，并通过标题反映出来。标题规范、准确既有利于提升“网上民声”的版面和内容，更有利于方便政府部门阅读，提高回复的效率和质量。当然，这种技术手段并不能完全达到上述目的，例如，有的网民图省事儿，会复制一些标点符号或相同的字符，以蒙混过关，反而影响了版面美观和阅读。对于此类现象，“网上民声”有相关留言规范予以规定。关于正文内容的填写没有字数限制，但提醒网民“请清楚、详细描述您的问题”。

3. 选择和填写留言的相关信息

网民填写好标题和正文后，还需要选择问题类型、是否公开、政府部门和所在区域，并填写查询密码。网民可以选择的留言类型包括投诉、咨询、建议和反馈等，程序会对网民选择的留言类型进行记录和统计，可以为舆情分析提供数据参考。网民还可以设置留言是否公开，如果网民选择不公开，则其他网民无法看到该信息，只有部门和留言者能看到。网民在使用该功能时，需要同时填写“查询密码”，用于查询留言和提交满意度时使用。（关于满意度功能将在“反馈”环节予以说明）。网民在提交留言前要指定部门和选择所在区域，部门指定准确有利于问题得到及时解决和答复。

4. 填写个人信息

“网上民声”要求网民填写个人姓名、电话和电子邮箱等联系信息，当然，这些信息不会对外公开。这样做基于以下原因：有一部分网民留言没有一次性将问题表述清楚，部门需要与之反复沟通才能确定其诉求点；也有一些留言需要部门落实和调查。这两种情况都需要部门与提交留言的网民取得联系，方能进行下一步工作。网民能够填写准确的联系方式，也有利于媒体介入采访。

为了方便网民使用“网上民声”平台，“网上民声”对留言等问题做了简要说明：

留言提交流程

提示：网上民声留言由专人审核，正常工作日内您提交的留言将在1小时内被审核。如果您提交的内容不符合网上民声审核原则，将会被删除。（参见审核标准）

注册：点击进入注册页面，提交信息后注册。此过程大约需要1分钟时间。

提问：进入留言页面，填写标题和内容，选择问题类型、是否公开和部门。

查看：登录后进入个人中心页面，查看自己的问题是否审核或解答。

反馈：对于您满意的解答，请点击“满意”选项，以表对解答部门的感谢。

留言查看方法

1. 注册用户

在网上民声首页登陆后点击“个人中心”进入自己的页面或点击“个人中心”再登陆。

进入个人中心后，可以查看自己提交的问题的各种情况。

2. 普通用户

提交问题后系统会自动生成一个留言查询码，该码用于查询您自己设置的保密留言或被审核人员转交部门的留言，请牢记。

如果您的问题没有设置保密或没有被转交部门，也可以在留言列表中查询到。

使用留言查询系统时，请选择与您提交问题时相符合的部门和时间范围，“关键字”为可选项，“姓名”、“编号”可任选一项。

其他常见问题

1．如何参与“满意度调查”

满意度调查是网民对部门回复质量作出的一种基本评价，具有相对性。网民只能对自己的留言的回复作出评价，评价时需要提交问题查询密码。

2．网民提交问题的四种状态

公开（正常状态）

保密（留言者设置）

转交部门（审核人员设置）

删除（审核人员设置）

3．问题提问页面部分功能说明

保密：如果留言者不想公开留言，可选“保密”选项，查看该问题时需要提交编号和查询密码。

查询密码：用于查看保密留言或被转交部门的留言以及参与满意度调查。

“网上民声”还针对网民留言制定了一些规范，条文如下：

留言审核标准

提示：网上民声是烟台市政府和热点部门通过胶东在线网络平台解决市民难事、烦事的一条渠道。该平台致力于化解矛盾解决问题，但并不保证一切问题都得到解决和答复；由于许多问题具有复杂性和多面性，它们的最终解决可能还需要通过其他渠道进行。为维护大多数网民的利益，请合理使用网上民声。

1．留言规范

标题：标题字数在10到25字之间，标题是问题内容的总结，须简明扼要。

正文：正文字数限定在2000字内，问题阐述清楚明了，将有助于得到明确的解答。

类型：请选择正确的留言类型，以方便其他网民查看和部门解答。

保密：如果您的留言不愿意被其他网民看到，请选择保密选项。

部门：请选择与问题密切相关的部门，这有利于您的提问得到最迅速的解答。

2．删除标准（具备下列条件之一者将被删除）

用语不文明，侮辱性、诬蔑性、歧视性语言明显。

在留言中恐吓、威胁、诽谤他人或部门。

对同一问题恶意连续、重复提交。

有意提交模糊语言、问题阐述不明确、不具体。

留言中恶意复制标点符号或其他字符。

烟台以外其他地区的问题。

部门内部矛盾、问题。

广告；违反国家法律法规的言论；国家秘密。

3. 关于转交部门

网民提交的留言在不确定是否属实、需要调查落实的情况下，为保护当事人或部门的合法权益，一律以保密形式转交给相关部门，用户只能在自己的“个人中心”中或利用问题查询码查看。

环节二：编辑审核把关

“网上民声”中的每一条留言都要经过编辑审核把关才能正式发布到平台上。目前，编辑每天要审核处理网民留言约200条，在审核过程中主要可以进行以下操作。

1. 对符合规范的留言予以审核通过，转交给有关部门。如果网民指定的部门不恰当，编辑会为其重新选择部门，使问题得到最快的回复。

2. 对留言中涉及到他人、企业、单位的投诉、举报等，未经证实、事实不明了的，编辑会进行“转内参”处理，该留言会以保密的形式转交给相关部门，不会在平台上公开，待问题得到落实或证实后再予以公开。

3. 对不符合规范的留言如使用侮辱性语言，明显的诽谤、恐吓和威胁等，编辑会予以删除，并在删除时说明删除原因。

4. 对具有普遍性的典型问题进行编辑整合，并放置于“网上民声”相关栏目中，提高栏目质量。

为了确保网民的留言能够及时通过审核，提交到相应部门，“网上民声”制定了相关审核制度，对审核时间、转内参标准等作了详细规定，具体如下：

胶东在线网站关于审核“网上民声”问题的规章制度

网络是一个开放性媒体，人人都可以在网上发表意见和浏览，具有很强的舆论性。许多不属实的言论如果在网上流传，会对当事人或部门造成不良影响。为保证“网上民声”栏目的健康发展，并真正成为解决市民百姓烦事、难事的平台，成为政府部门打造阳光政务的平台，必须规范“网上民声”留言的把关。为增强“网上民声”审核人员的责任感，特作如下规定：

一、指定专人审核“网上民声”留言。编辑每天早晨8：00开始，每隔15分钟审核一次网上问题，下午5：30下班前再审核一次。

二、严格把关，认真负责。负责审核“网上民声”留言的编辑，必须具有高度的政治责任感、敏锐的鉴别力和强烈的事业心，要抱着对部门、网民、网站三方负责的精神，仔细认真审查、处理每一条留言，拿不准的要及时请示主任，如随意处理留言，给部门和网站造成不良影响的，要给予当事人严肃处理。

三、对于一些近期比较敏感的问题和历史遗留、难以解决的问题以及涉及到反映部门具体个人问题的，都要通过内参的形式转交给部门。

四、对一些不负责任的网民，在提交问题中有恐吓、威胁、诽谤他人或部门嫌疑；对同一问题分部门或同部门连续提交；语言模糊，问题阐述不明确、不具体；留言中恶意复制标点符号或其他字符都要予以删除，以免给部门带来不良影响。

五、每月月初由专人负责将上月各部门回复情况（包括内参），通过邮件的形式发给市直机关建设办公室，便于他们了解情况。

六、“网上民声”审核原则：

1．有下列情况之一者可转为内参：

（1）网民提交的留言特别是问题类留言在不确定是否属实、需要调查的情况下，一律以不公开的形式转交部门，调查落实后再予以公开。

（2）职工反映本部门领导或政策、福利工资等方面的问题。

（3）对于部门已经答复过而网民又反复粘贴的同一个问题。

（4）用语不够文明，带有不良情绪，但有实质内容且达不到删除标准的留言。

2．有下列情况之一者予以删除：

（1）用语不文明，侮辱性语言明显，且无实质内容。

（2）在留言中恐吓、威胁、诽谤他人或部门。

（3）对同一问题分部门或同部门恶意连续提交。

（4）语言模糊，问题阐述不明确、不具体。

（5）留言中恶意复制标点符号或其他字符。

（6）泄露国家机密。

（7）不在烟台地区管辖范围内的其他省市问题。

（8）举报、反映个人问题没有留下举报人的联系方式。

（9）带有调侃和聊天语言，不是正儿八经咨询或反映问题。

（10）网民提交的网名有侮辱性的词语，譬如“大爷”、“官老爷”等。

环节三：部门办理回复

经过编辑审核后，留言会被转交到相关部门，进入整个流程的第三个环节，这也是“网上民声”运作流程中的核心环节。参与“网上民声”的各部门按照“接收—转达—批复—落实—回复”一整套运行体系对问题进行处理，并指定专人在特定时间上网答复网民的留言，对于能够立即答复的，工作人员会通过后台第一时间对网民的留言进行回复，对于比较复杂的问题，则进行分门别类的整理，转发给相关科室，由科室答复后再予以回复。7年来，这项工作已经成为各政府部门日常工作的重要组成部分。

关于留言回复时间，烟台市直机关建设办公室作了明确规定，要求各部门要在三日内答复网民的留言，最晚不能超过7个工作日。对一些情况复杂需要调查落实的事项，要首先在网上解释原因，待问题解决落实后再次与网民沟通。

烟台市委市政府要求市直机关建设办公室加强监督和调度，将各政府部门参与“网上民声”听取群众意见和答复情况纳入部门年度目标管理考核中。

“回复率”和“满意度”也是考评各部门参与“网上民声”质量的两个重要指标。“回复率”是一个阶段部门回复数与网民对该部门留言数的比值，能够反映部门回复是否及时。“满意度”是网民对部门的回复作出的评价，满意度等于网民评价为满意的回复数量与所有评价过的回复数量之比。

在实践中，许多部门还结合实际情况总结探索出了一系列办理回复的流程和管理办法，有效提高了部门参与“网上民声”的工作效率。以下是烟台市交通局、规划局、教育局等热点部门制定的相关管理办法。

◆烟台市交通局办理“网上民声”网民反映事项流程和措施◆

烟台市交通局将“网上民声”回复工作纳入到投诉应急处理系列工作中，在实践中建立了严格的办理程序和制度规范。

办理程序

1. 各单位在办理网络事项时，必须严格按照规定的时间和要求办理。每天上午9：30和下午3：00统一时间回复公众提出的咨询、建议和问题。

2. 尽量在第一时间回复公众的留言，不得超过四天时限要求，对个别不能按时回复的要说明理由，经同意后可延长至五个工作日。

3. 对于一些需要调查、落实后回复的问题，有关单位要提出拟办意见并填写《转办单》，转办责任部门或单位，责任部门或单位接到《转办单》后，要对公众提出的建议进行及时研究，对反映的问题要进行调查落实、处理，并将回复意见于两个工作日转回发单单位回复公众。

4. 问题涉及多个部门的，由主要职责部门牵头，会同其他部门联合研究，提出落实回复意见并及时回复公众。

5. 对于公众一段时间集中反映的，涉及交通全局性的，没有得到及时有效解决的问题，由烟台市交通投诉应急处理中心填写《网上民声热点、难点问题领导批办单》，报局领导研究解决。

6. 对于一些当天不能回复的问题，采取先预复，落实后再答复。同时建立AB角制度。具体办理人员不在，其他人员能够随时补上，随时处理公众意见。不能因为具体工作人员不在出现空档，延误办理时间。

7. 对于网上办理的事项落实回复后，按档案管理规定将有关材料立档归卷。

8. 烟台市交通投诉应急处理中心实行网上民声工作事项落实、回复统计报表制度，每月进行通报，并将有关情况报告局领导。

办理要求

1. 办理公众提出的咨询、问题和建议时，要认真负责及时落实，并有效地解决问题。对于咨询、投诉做到一站式服务，直接让公众在网上看到结果；对于批评意见应认真分析原因，查找存在的问题和不足，提出整改措施并及时整改；对于工作建议的留言要在充分研究论证的基础上，对于切实可行的建议提出实施计划并认真组织实施；对于时机不成熟或条件不具备的建议要耐心向网民说明理由，取得网民的理解；对于不属于交通职责的问题要立即回复说明。

2. 回复问题的态度要诚恳、礼貌、耐心，特别对于一些反复提出问题和语言不文明的网民要保持冷静，减少网上重复投诉。

3. 对于回复公众解决的问题不能久拖不办，失信于民。

4. 注意抓好公众反映比较集中突出的热点、难点问题，进行认真研究分析，制定可行的解决办法，不能推诿应付。

5. 要从维护和发展好公众根本利益的大局出发，把解决公众反映的问题作为出发点和落脚点。各有关单位对公众反映的每一个问题要严格按照制度，落实到第一责任部门协调解决，本着“有则改之、无则加勉”的精神，举一反三，认真查找工作中存在的不足，制定出切实可行的整改措施进行整改。对于当前没有条件解决的问题或公众提出的不甚合理的要求，要给予耐心细致的解释，在必要的情况下可通过电话联系或者面对面的方式进行解释。

◆烟台市规划局办理“网上民声”网民反映事项流程和措施◆

烟台市规划局对参与“网上民声”工作十分重视，把“网上民声”作为加强与人民群众密切联系的新纽带，接受社会监督的新途径。要求局属各单位、局机关各科室，特别是各单位的领导干部，必须引起高度重视，充分认识做好“网上民声”工作的重要性，切实把其当做一项重要工作摆上议事日程，认真加以研究，采取得力措施抓好落实。

办理程序

针对“网上民声”回复工作，烟台市规划局提出了“减少环节、优化程序、促进工作、提高效率”的原则，并对不同类型问题的回复解答作了具体要求。

1. 各单位工作人员要在每个工作日上午10：30和下午4：00前登录“网上民声”，浏览市民提出的咨询、意见和建议，并一一予以回复。咨询类的问题，一般应在当日内回复；建议、批评和举报、投诉类的问题，当日能答复的当日回复，当日无法答复的，应先回复一个具体的时限，在时限内抓紧组织落实，时限到时再予以明确答复，一般应在三个工作日内回复。

2. 对重要事项或认为有必要的问题，可填写《受理事项审批单》，并提出拟办意见，经本单位负责人签字后报市局分管领导或主要领导审批，待批复后及时上网回复。报市局领导审批的事项，应及时向市局政工科说明情况，回复的时限可延长至五个工作日。

3. 要做好“网上民声”资料的立卷归档工作。对本单位受理的所有问题，都要逐一填写《受理事项登记表》，连同《受理事项审批单》等材料一起，按档案管理规定立卷归档（《登记表》和《审批单》可在市局内部网—政工科—网上对话—共享表格文件夹中下载），并于当月最后一个工作日报市局政工科，由局政工科对每个单位上报的情况汇总后报市局领导审阅。

办理要求

烟台市规划局提出了“谁分管、谁负责、谁答复”的原则，“网上民声”中反映的问题由局属各单位、局机关科室直接予以回复。要在举一反三、认真研究分析的基础上，做到有询必复、有问必答，回复务求准确，更要合法、合理、合情，严禁敷衍塞责、推诿扯皮。

1. 对咨询类的问题，应熟练地把握相关政策规定，准确地予以答复；对建议类的问题，应充分研究论证，提出切实可行的实施计划并抓好落实，时机不成熟或条件不具备的，要充分说明理由；属于批评类的问题，应认真查找问题和不足，深入剖析原因，制定整改措施及时整改；属于举报、投诉类的问题，应及时进行查证，经查属实的，要依法作出严肃处理。

2. 要注意讲究工作方式方法，态度要诚恳，用语要文明，措词要温和，要表现出虚心接受批评和真挚表达谢意的态度，尽量取得市民的接受与认可，提高问题回复的满意率。

3. 要进一步落实责任制，切实加强“网上民声”工作的领导。局属各单位的“一把手”是第一责任人，要负总责。单位的分管领导要靠上去抓，认真履行好职责，及时协调、督办，随时上网浏览，对问题的答复进行严格审查和把关。

4. 各单位都要确定一名事业心和责任感强，熟悉业务，并具有一定文字表达能力的干部具体负责这项工作。同时，还要设立工作人员AB角，分管领导或工作人员离开时，其他人员也能够及时承担起工作职责，确保“网上民声”工作能够稳步推进，不出纰漏。

监督考核

1. 实行问题回复督办制度，市局政工科负责在每个工作日上网查看回复情况，对没有按规定时限办结问题回复的单位，及时进行督促催办，并记录在案。

2. 建立激励约束制度，每同一事项经两次催办或同一单位累计被三次催办的，在年度岗位目标责任制考核总得分中扣除1分。实行工作情况通报制度，市局政工科于每月统计一次各单位当月“网上民声”受理、落实和回复情况，报市局领导阅示，并向各科室和局属各单位进行书面通报。

3. 建立责任追究制度，对因解释政策规定不清楚、答复问题不认真、回复问题不及时，造成市民反感，或引起法律纠纷，或在社会上造成负面影响的，将追究相关领导和工作人员的责任，造成严重后果的，要视情况予以党纪政纪处分。

◆烟台市教育局办理“网上民声”网民反映事项流程和措施◆

办理程序及考核办法

1. 市教育局指定专人负责网上投诉与举报的受理、组织调查、协调处理，以及督促、检查和指导各单位网上咨询、投诉与举报处理工作，并认真做好登记、送阅、转办、督办、反馈、回复、统计和立卷归档工作。统计结果每季度通报一次，作为年底评先树优的重要依据。

2. 实行限时办结制。各县市区教育体育局、机关各科室、直属各单位（学校）要选派政治素养高、服务意识强、有责任心的同志负责网上答复工作。各单位对属于本单位职责范围内的网上咨询、投诉与举报事件要及时办结。属咨询性质的，原则上应立时办结；对一般投诉与举报，应于受理之日起三个工作日内办结；对内容较复杂的投诉与举报事件，不能在规定时限内办结并答复投诉举报人的，应当及时向投诉举报人作出解释。对于重大的投诉和举报，应由承办单位或责任人员拟定上网答复的内容，报分管领导审批同意后，及时上网公布。特别重大的投诉和举报，市教育局工作人员按重大事项办理程序送交领导批阅后按程序处理。

3. 有关工作人员必须保证每天上午10点和下午4点上网浏览，有条件的提倡节假日期间坚持上网答复。关于A、B角的问题，一并按照日常工作AB角制的要求，主办人员因出差或其他原因不能办理的，应由相应B角办理，确保工作不断档。工作人员应当按照要求做好保密工作，任何人不得随意泄露、更改登录名和登录口令。未经批准任何单位和个人不得调查网民留言的IP地址。各单位于每月5日前将办理情况报市教育局办公室。

4. 网上答复要认真、及时、准确、负责。市教育局对网上民声的办理情况，要经常进行督查，对超过规定期限仍未办结，各单位要说明理由。对因推诿扯皮、作风拖沓致使投诉人重复投诉，造成不良影响的，依照有关规定，给予承办单位和相关责任人通报批评。

环节四：反馈

反馈环节是“网上民声”整个流程的最后一个环节，网民留言得到回复后，可以针对部门的回复进行反馈。如果网民对部门的回复不满意，则可以就该问题继续与部门进行交流沟通，直至问题得到圆满解决；如果网民对部门回复比较满意则可以通过反馈表达对部门的感谢。网民还可以对部门回复作出“满意”或

“不满意”的评价，该评价将会影响部门的总体“满意度”。在每条网民留言下边，都有参与评论的功能，其他网民可以运用该项功能发表相关评论。

“网上民声”编辑每天会从网民留言中选择具有重要价值的内容，作为“热点话题”转入社区“网上民声”板块，引导网友参与讨论，这是网民反馈的一个重要渠道。该功能从2009年6月运行以来，共设置热点话题160余个，平均不到三天便会有一个新话题供网民讨论。以社区作为讨论平台，弥补了“网上民声”平台在网民互动讨论方面的不足，激发了网民的参与热情，针对重点、热点问题形成了比较丰富的网络民意，也出现了一些好的意见和建议。

除了以上“网上民声”运作流程的四个环节，编辑对“网上民声”每月运行情况进行总结也是其中一项重要工作。从2010年开始，“网上民声”更加重视问题的解决，因此将“处结率”作为一个重要指标纳入部门参与“网上民声”工作评价之中。编辑会对每个月“网上民声”运行情况进行总结，统计网民留言数量、部门回复率，汇总热点问题和解决情况，总结嘉宾访谈和追踪报道效果等。此项工作有效梳理了“网上民声”运行过程中产生的各种问题，也对部门回复工作起到了督促的作用。

流程化管理和制度化运作是“网上民声”运行模式的核心所在。它的意义在于：形成了网民与政府部门交流沟通的长效机制，使官民之间的平等对话成为一种习惯性行为；网上的互动交流尽最大程度消除了双方的沟通障碍，使真实的民意表达成为可能；各种敏感话题、怨恨情绪通过网络纷纷表达和释放，能够有效避免社会上潜在的暴力冲突事件发生；政府对网民反映的问题作出的回应被置于社会监督之下，办事效率自然提高；网民的留言和政府的回复都有制度约束，保证了双方交流沟通过程有条不紊、秩序井然，既发挥了监督作用，又避免了网络暴力发生。

附 2010年6月“网上民声”运行情况总结

2010年6月，“网上民声”栏目共收到有效网民留言5627条，已回复5470条。其中，内参留言392条，内参已回复354条，内参未回复38条，另外，网民参与各种留言讨论4353条。根据7月4日下午5点的统计，6月各部门平均回复率为97.2%。

根据数据分析，6月回复率比之前几个月没有显著的变化。但留言总数比上月有所增加，且各种跟帖及评论数量比上个月有了大幅度上升，增长了近72.53%，这与开展了“芝罘区教体局调整端午假期”相关议题的讨论有很大关系。热点部门中，公安局、环保局、人事局、房管局、文化局的回复率过低，尚达不到90%。

6月回复率在99%以上的部门有（共45个）：工商局、社会劳动保险事业处、公路局、新奥燃气、地税局、民政局、人口计生委、国税局、烟台移动、法律援助中心、供电公司、消费者协会、房产交易中心、火车站、电信公司、检察院、疾病控制中心、建设银行、安监局、烟台出入境检验检疫局、光大银行、海事局、农村信用社、工商银行、海关、妇联、残联、发改委、行政审批中心、烟台山医院、恒丰银行、老龄办、农业局、司法局、外经贸局、烟台港集团、人防办、审计局、畜牧局、民生银行、气象局、外事办、烟草专卖、劳动和社会保障局、规划局。

6月回复率在90%以下的部门有（共26个）：公安局、信息产业局、旅游局、邮政储蓄银行、海洋与渔业局、团市委、国际机场、农业银行、环保局、房管局、华夏银行、人事局、文化局、水利局、体育局、烟台银行、法制办、500供热公司、新闻出版局、国资委、财贸办、林业局、烟台汽车总站、黄渤海渔政局、经贸委、动物卫生监督所。

6月没有网民留言的部门有（共11个）：港航局、交通银行、科技局、口岸办、粮食局、农机局、农业发展银行、侨办、民营经济发展局、兴业银行、盐务局。

6月网民关注的热点问题有：

咨询类涉及以下方面：拆迁改造规划、修路、出租车相关政策、生育保险、房产证办理、经济适用房、有关高考、中考的问题、失业、青烟威荣城际铁路、市民卡办理等。

问题类涉及以下方面：对出租车收费和违章投诉、夜间烧烤烟雾大、噪音扰民、环境脏乱差，卫生受质疑、无证经营、公交车运力不足、司机态度差或车辆破旧等问题、无故停电或对用电不满、芝罘区教体局随意更改端午节放假时间、机顶盒、市民卡和阳光港城通合并的问题、学校作业多或管理出现问题、违章建筑、网吧的投诉、环境污染、物业服务、交警贴罚单等。

嘉宾访谈方面：按照原定计划，物价局于6月11日参加了“民声访谈”节目，共收到网民有效留言15条，现场解决问题7个。原定于5月25日举行的教育局访谈因教育局迁址、中高考等原因改在6月17日进行，相关领导、嘉宾在访谈现场就网民关心的中高考等相关话题进行解析，气氛良好，互动性强。18日，栏目组对网民问题的处理情况进行了反馈，共解决问题51个。原定于6月25日举行的公安局访谈因公安局的有关会议推迟到7月6日。

记者追踪：本月，“网上民声”共采集发布追踪报道19篇，其中有6个问题得到了有效解决（南迎祥路倒塌基台残砖清理，“风暴行动”停车咨询，新桥八一花园噪声扰民，胜利南路今日花园噪声扰民，火车站南广场国旗破损，主城区多住户出现停水断水），正在处理中的问题两个（魁玉路增加公交线路，通世新城被盗电梯安装）；引发网民热议的三个（夜间烧烤扰民还是便民，芝罘区教体局更改端午假期，通世新城电梯被盗）。本月隆重推出走访老城区系列，对毓璜顶、白石、所城里三个片区的旧城改造民意调查总结稿件受到片区住户的广泛好评。

系统内媒体合作：与电视报的合作状况良好，栏目组定期更新电视报“民生聚焦”内容；与电视台民生大道民生调查的合作在经过一段时间的停止后，再次进行联系，并将自下月起共同推出调查议题。栏目组借旧城改造和城市管理年活动接连推出了两个新调查，另外就网民所关心的“芝罘区教体局更改端午节放假时间”的问题，也推出了投票调查。

舆情汇报：栏目组仍定期给市政府信息科报送热点信息，并与相关人员保持沟通。

热点话题方面：关于“城市管理年”和“老城改造”的民意调查共收到网民留言千余条，给市委、市政府领导决策提供了大量民意参考。6月，栏目组继续安排记者对收到的部分意见进行追踪采访，深入了解情况，共采写民意调查追踪稿件三篇，包括《毓璜顶学区房的拆迁之痛》、《白石何时能“由村进城”？》、《拆迁引发所城里文物古迹之争》。此外，还接连推出了城市公用设施的设置与利用、管理是否到位、出租车跨区经营模式是利大还是弊更大的意见征集活动，吸引了广大网民的积极参与。

第四节 追踪报道的运作及案例

“网上民声”既是一个网络问政平台，又是一个具有民生性质的新闻栏目，对关系社稷民生的重要问题进行采访报道是其应有之义。“网上民声”平台每天有200余条网民的留言，其中投诉类达60多条，涉及市民衣食住行、城市环境等许多社会热点问题，具有较高的新闻价值，是一座丰富的新闻矿藏。

“网上民声”栏目设有专职的记者，负责该栏目相关采访，对网民反映的典型问题进行追踪报道。主要目的是进一步畅通网民与政府部门的沟通渠道，增强问题解决的力度，促进问题有效解决。

从追踪报道实际产生的作用来看，不仅帮助网民解决了很多疑难问题，还让网民对胶东在线有了全新的认识和了解，双方之间的关系更加密切，无形中扩大了“网上民声”以及胶东在线的影响力和权威性。另外，追踪报道所产生的大量独家新闻也丰富了“网上民声”的内容，使整个栏目内容更加翔实、丰满和厚重。

媒体介入，记者调查，对许多由于历史遗留、部门交叉等难以解决的疑难问题而言，具有奇特的作用。一方面，记者深入调查能够挖掘问题根结，容易把问题解释清楚，另一方面媒体监督对相关部门解决问题起到了推动作用，能够使问题在最短时间内得到解决。从2004年7月1日至2010年6月底，“网上民声”记者介入调查追踪的各类事件约有300多件，采写的新闻报道380篇。其中许多问题在记者的介入下得到快速解决，如烟台市芝罘区大海阳东街污水横溢问题、居民宽带频繁掉线问题、居民楼开办“老年公寓”问题等等。“网上民声”这种真心真意为市民办实事的做法，赢得了网民的认可和交口称赞。

一、“追踪报道”栏目发展背景和过程

“网上民声”开通之初，胶东在线就有了利用“网上民声”栏目中大量的有价值的新闻线索进行追踪报道的想法和思路。只不过，由于当时人力等条件的限制，这项工作尽管在进行，但并不深入，报道的数量也比较少。随着胶东在线的发展，“网上民声”成立了栏目组，组建了4人队伍，并设置了专门的记者，负

责追踪报道这项工作。有了专职记者后，“网上民声”在独家报道方面绘声绘色、卓有成效，“追踪报道”栏目开始驶入发展的快车道。

“网上民声”栏目开通后一年时间，网民提交了17000多条留言，许多问题引起有关部门的重视，得到及时解决，但也有些问题久拖不决，有些问题解决得不尽如人意，对此网民很有意见。胶东在线及时发现了这个问题，并开始考虑解决的办法。

2004年7月1日，“网上民声”栏目开通记者热线，表示将对网民在“网上民声”中反映的热点问题进行追踪报道，加大媒体的监督力度，充分发挥“网上民声”的作用。他们将根据网民提供的线索进行现场采访，充分听取市民和有关部门意见，对问题进行客观公正地报道，促使这些热点问题得到妥善解决。当年，“网上民声”栏目共发布记者追踪报道稿件12篇，涉及交通、房地产、城市环境等多个方面，使许多问题得到了解决，发挥了媒体监督的作用。

2005年、2006年两年间，由于人员不足等原因，“网上民声”追踪报道工作一度进展缓慢，两年来追踪报道稿件仅有31篇，平均每月不到一篇，其中2005年11篇，2006年20篇。

2007年，胶东在线加大了“网上民声”追踪报道的力度，安排相关人员兼做追踪报道工作，取得了一定的成效。全年共采写报道45篇，超过了过去三年追踪报道数量的总和。

2008年，“网上民声”栏目增加了一名工作人员，栏目编辑达到两名。两名编辑轮流负责网民留言的审核，其他时间则主要进行追踪报道。人力的增加，使追踪报道的力度进一步加强，2008年全年共发布追踪报道69篇，比2007年翻了一番还多。

2009年，“网上民声”追踪报道共计104篇，平均每个月接近9篇，平均每4天记者就会介入网民反映的一个新问题中去，追踪报道的频率大大提高。追踪报道的质量也在提高，2009年通过记者追踪报道为网民直接解决的问题达到了60多个，记者追踪报道有效率达到58%。出现以上变化的原因有两个，一是胶东在线更加重视“网上民声”追踪报道工作，重视网民问题的切实解决；二是经过5年多的积累，追踪报道工作形成了许多行之有效的方法和经验，参与追踪报道的记者也日渐成熟，工作效率逐步提高。

2010年，“网上民声”追踪报道成绩更加显著，仅上半年就发布稿件116篇，超过2009年一年的发稿量，平均每个月发布追踪报道稿件19篇。记者介入网民反映的问题100多个，许多困扰市民多年的问题在记者的介入下一举解决，追踪报道的威力进一步显现出来，“网上民声”平台的作用也更加突出，影响力随之提升。

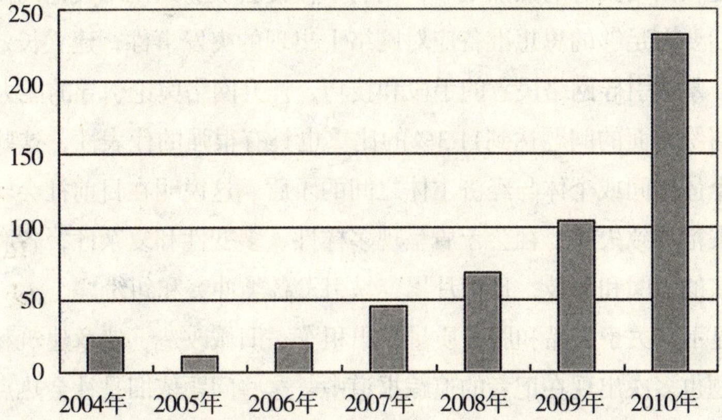

2004年7月至2010年6月“网上民声”年均发稿量变化趋势

二、追踪报道所涉及事件分析

笔者对2010年1月至6月116篇中约80篇与投诉有关的稿件进行了分析，追踪报道所涉及到的事件领域主要集中在环境卫生、公共决策、公共交通、民事纠纷和社会治安等方面，其中环境卫生方面的问题占28.8%，网民由于对部分公共决策不满而反映的问题约占12.5%，公共交通方面的问题占12.5%，民事纠纷方面的问题占11.3%，社会治安方面的问题占8.8%。以上5个方面的问题占到追踪报道总数的73.8%。另外，网民反映供水方面的问题也达到4个。

环境卫生与市民百姓息息相关，它既是一个城市面貌的反映，也关系到市民的生活质量。这方面出现问题自然会引起网民的不满。环境卫生也是一个涉及城管、环保等多个部门和责任主体的问题，更容易由于责任缺位造成问题久拖不决；公共交通关系市民出行，公交线路的规划、公交站点的设置以及城市道路质量等是网民热议的话题。尤其是公交线路规划和公交站点设置成为市民讨论的焦点，往往会形成众说纷纭的局面。科学规划公交线路和设置公交站点，合理安排运力成为市民对交通部门的首要期望；政府部门公共决策不合理、不科学，更容易引发网民诟病。现实中，很多政府部门往往靠“拍脑袋”作决策，提前不调查、不论证，导致决策失误的案例屡屡发生。因此，诸如“上坡设置减速带”、“更改学生端午假期”等众多缺乏民意支持的公共决策不被网民理解也就不足为奇了。

以上领域的问题都与市民日常生活密切相关，是社会矛盾、冲突的多发地带。通过分析也可以看出，这些问题主要涉及城管、公安、交通等热点部门。这些部门都处在网络民意的焦点之中，稍有不慎便会被卷入网络舆论的漩涡。这要求热点部门要有足够的思想准备应对网络上出现的突发事件，建立长效的预警和防范机制，掌握引导网络民意的手段和技巧，提升网络舆论引导的能力。

民事纠纷方面的问题达到11.3%的比重也具有很强的代表性，这些纠纷一般都是社会个体之间或个体与经济主体之间的矛盾。这说明在目前社会转型阶段，由于社会失范导致失序，社会矛盾呈现多样性、多变性和复杂性，各利益主体之间存在较多的隔阂和分歧，日积月累容易引发各类冲突和纠纷。

分析显示，关于产品和服务质量、出租车、旧城改造、违章建筑和行政执法等方面问题也多次出现在记者的追踪报道中。这些问题依旧是社会热点，而且与市民利益密切相关。如“黑心出租”漫天要价、产品质量不合格等问题，会直接导致消费者的经济受到损失。这也反映了市场经济中存在某些漏洞和不健全因素，导致部分经营者不遵守市场竞争规则，缺乏商业道德，扰乱市场秩序。而关于违章建筑这一城市顽疾的频频出现则暴露了部分市民和单位公德意识、法律意识匮乏，相关部门监管不力这一事实。行政执法中的种种不合理现象也是市民反映的问题，这是市民与政府在公共领域的博弈与较量，不仅要求政府部门在执法中要掌握好尺度和力度，更考验着他们管理社会的能力和智慧。

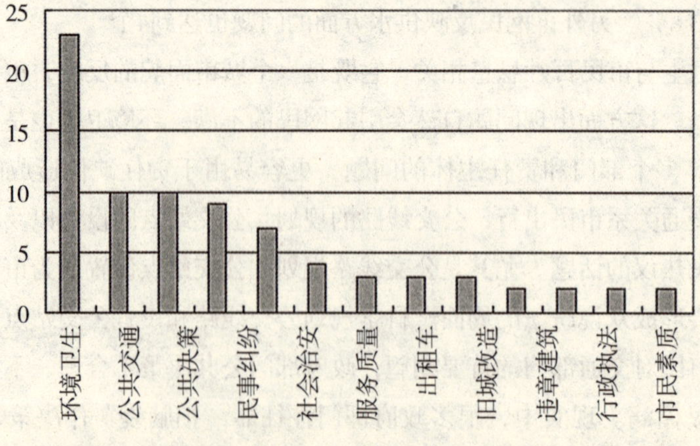

2010年1月至6月记者追踪报道的问题所涉及领域分布

三、记者追踪报道案例赏析

案例一：四小时，网民反映问题得到解决

1．事件概要：家住烟台市莱山区黄海城市花园的成先生向“网上民声”反映宽带故障四小时后，在民声记者的协调下，联通公司便派人上门为成先生解决问题。

2．事件结果：联通公司上门为网民解决宽带问题。

3．追踪经过：为了帮助市民解决问题，记者拨通联通公司监督服务电话，询问有关黄海城市花园宽带问题，该公司梅主任表示立即处理。几分钟后，联通公司宽带专家与记者取得联系，在征得反映问题市民的同意后，记者向联通公司提供了该市民的联系方式。

4．记者手记：宽带故障是普通百姓生活中经常遇到的问题，网民自己拨打通信服务商的客服电话一般情况下也会受理。但是经过民声记者的追踪帮忙，使得网民的问题在最短时间内得到了解决，小事情彰显大精神。

5．网友心声：成先生向记者打来感谢电话：“还是你们‘网上民声’厉害，我反映问题才四个小时，就有结果了，太谢谢了！”

案例二：大海阳东街污水横溢

1．事件概要：2009年春天，大海阳东街通往28号楼的一个门洞由于排水系统故障，日积月累变成了一个“臭门洞”。因为产权单位较多、影响居民户数较多，一直难以达成统一的修理方案。方案达成后，产权单位的修理资金又一直没有到位，在民声记者与大海阳居委会的共同努力下，大海阳东街“臭门洞”的排水改造工程终于动工，影响了四栋楼居民一年多的污水横流问题，得以解决。

2．事件结果：由市排水处垫资进行修复，整个改造工程全程更换污水管线70多米，新增排污井三个。

3．追踪经过：得到网民反映的信息后，记者先后与社区居委会、街道爱卫会等基层单位取得了联系，了解了近一年时间里未能解决的原因。逐一解决居民代表与产权单位的矛盾，促成事件的最终解决。

4．记者手记：大海阳“臭门洞”问题的最终解决，凸显了“网上民声”追踪报道栏目的重要意义。这个问题需要与社区居委会、居民代表、街道爱委会、排水处、三家产权单位等多方沟通达成一致意见方能解决。记者为了解决这个问题在一个月的时间里共七次走访了相关部门，并多次进行电话沟通，最终促成问题的解决。

5．网友心声：施工现场，众多居民笑逐颜开，“夏天马上就要到了，这下再也不用担心臭气熏天苍蝇蚊子乱飞了”。

排水处工作人员正在施工。

案例三：芝罘区教体局更改端午节假期

1．事件概要：端午节前一周，关于芝罘区教体局更改法定端午节假期安排致使学生和家长放假不一致的投诉在“网上民声”留言平台激增，一度达到单日60多条的抗议留言。记者对此事件进行了关注和追踪，最终使得芝罘区教体局公开面对公众。

2．事件结果：芝罘区教体局公开发表声明向广大家长和学生致歉，并解释了更改端午节假期的原因，承诺今后作决策要考虑民意。

3．追踪经过：记者整理留言并采访留言的网民后，又与芝罘区教体局取得联系，对方告之还在考虑。三天时间内胶东在线有关放假的讨论空前激烈，随后记者又进行了后续追踪。

4．记者手记：这一事件的追踪虽然没有使芝罘区教体局收回更改假期的决定，但是在“网上民声”记者的追踪报道下，该部门领导出来面对公众释疑，成为“民声追踪”的又一个成功范例。

5. 网友心声：感谢胶东在线这个平台让我们有了说话的空间，也只有胶东在线敢为我们说话了！

案例四：民意调查追踪之走访老城区系列（以毓璜顶为例）

1. 事件概要：胶东在线2010年3月30日推出“城市管理年”和“旧城改造”的民意调查，围绕十大议题向广大网民征集意见，吸引了广大网民积极参与，共收到问题千余个，反映的热点问题涉及交通、环卫、社区生活等诸多方面，针对这些问题，“网上民声”的记者进行了追踪报道。其中走访老城区系列稿件引发了老烟台市民的极大共鸣。

2. 事件结果：真实反映出学区房的拆迁之痛（政府拆不起还是百姓要求高？）。

3. 追踪经过：记者对毓璜顶片区的多个社区进行走访，深入小巷与居民交流，获得该片区居民渴望拆迁，但对学区房拆迁补偿的期望值过高等信息。

4. 记者手记：老城区里采集到的信息是琐碎的，将这些琐碎的信息放在一起进行综合归纳，才能找出这一片区进行旧城改造的症结所在——学区房。

5. 网友心声：胶东在线作的这个调查太深切了，不是政府不想拆，实在是学区房太害人，希望能在其他片区建好的学校，以打破毓璜顶“黄金学区”的地位。

案例五：通世新城电梯设施被盗

1. 事件概要：网民留言反映通世新城刚刚通知交楼的新房电梯被盗，记者对此事件进行了采访报道，并与开发商及售楼方就被盗电梯的详情进行沟通，促使其尽快安装新电梯，并引发了业主有关通世新城延期交房的议论。

2. 事件结果：新电梯安装妥当。

3. 追踪经过：记者首先赶赴通世新城被盗电梯的现场进行了实地拍摄，然后采访了该项目的售楼方，对方表示被盗的不是电梯厢体，而是电梯主板，造成交楼时电梯未能按时运行。

4. 记者手记：开发商的负面新闻采写一向颇具压力，事后也曾接到开发商的抗议电话。但是能为通世新城几十户业主及时解决燃眉之急，是“网上民声”记者义不容辞的责任。

5．网友心声：电梯究竟怎么被盗的不重要了，胶东在线敢为我们业主说话，就是好样的！

案例六：供电公司的停电公告看不懂怎么办？

1．事件概要：网民留言反映供电公司的停电公告全都使用专业术语，普通市民根本无法读懂并作好停电准备。记者追踪采访，促成这一事件的解决。

2．事件结果：供电公司仅用一周的时间就完成了新公告的调整工作。

3．追踪经过：记者联系供电公司，得知该公司正在开发一套地理信息系统用以解决该问题。在该系统开发完成之前，将采用较易操作的方法来协助网民解决看不懂停电公告的问题。

4．记者手记：水电是居民日常生活中最常用的生活资料，因为看不懂停电公告而被困在电梯里的市民不在少数。这一问题的迅速解决，不但使得网民更加认可“网上民声”的办事效率，也说明了该平台在社会中的作用越来越重要。

5．网友心声：网上反映的问题有效果了，这回能看懂了。

附　“网上民声”栏目记者职责和要求

1．对读者报料、网民留言，要严格把关，对事件、现场和当事人进行认真核实，确认无误后才能进行报道。

2．采访过程中，要尊重采访对象，认真做好现场采访和记录。不得向对方提出个人特殊要求；严禁以“曝光”等方式要挟、刁难他人；严禁以宣传报道作交换条件，达到个人目的。

3．采访结束后，必须及时、准确、高质量完成稿件撰写，重大题材、深度挖掘稿件最迟不得晚于第二天上午。如遇实际困难，应及时汇报。

4．凡涉及多方、容易产生争议的报道，记者必须对事件涉及的各方当事人进行深入细致地采访，如实反映各方的立场、观点。不得进行片面采访，更不能随意对事件妄加评论，或夸大事实，乱下结论。

5．必须具有奉献精神和正义感。“用事实说话”、“用良心说话”，做好客观公正的报道。

第五节　嘉宾访谈——新媒体思维创新

“网上民声”是网民与政府交流沟通的互动平台，其核心便是互动。拓展多种互动形式，提升交流的效果和质量，是“网上民声”发展的目标之一。作为以网络为载体的互动交流平台，具有广阔的拓展空间。正是基于这样一个目标和追求，从2006年开始，“网上民声”开设了嘉宾访谈栏目，将政府部门的工作人员请到网络访谈的直播间，与网民“近距离”面对面交流。

一、网络媒体的“多媒体”和“超媒体”属性

网络媒体是多媒体，也有人称之为“超媒体”，这应该是关于网络的两个概念或两个层次的理解。仅仅从内容和信息的表现形式上看，网络媒体便拥有了其他如报纸、广播和电视媒体所有的功能，可以对文字、图片、声音和影像进行传输。显而易见，多媒体的概念主要指网络媒体可以集合其他所有媒体的信息表现能力，能够对传播对象进行图文音画等多种形式展现。

而“超媒体”除了多媒体的层面外，则有更深的意味。互联网所独有的交互性技术特点使网络媒体的“多媒体”性发生了质变，超越了多种媒体表现形式的简单相加，而成为“交互性多媒体”，即“超媒体”。互联网的交互性主要体现在可检索、可发布、可参与三个方面。

可检索是指网民可以通过网络媒体提供的数据库平台进行各种信息、资料的查询、浏览，在这个过程中，网民是主动的，网民的选择目标和行为是内心心理驱动的结果。网民的主动检索行为对判断内容的受欢迎程度和价值有很强的说服力。例如，在对电视剧传播效果的评估中，网民通过网络媒体收看产生的数据比电视媒体播放时所统计的收视率更有意义。原因就在于网民的点播行为完全是出于内心的自愿，而电视观众则受到收视选择的限制；可发布是指网民可以在网络上发布信息，包括发布个人供需信息，针对各种议题参与讨论和评价等等。网络媒体的发展，新的互联网技术的应用以及Web2.0概念的普及，网民可以发布信息的平台和产品更加多样化，如各种社区、博客、播客、微博、SNS等，这些平台也是网络民意产生的发源地，激辩的舆论场所；可参与是指网民可以借助网络平

台直接参与到某些事务和议题的讨论之中，既有即时性的，如访谈直播过程中，网民可以参与互动交流，提问问题；也有非即时性的，如网络调查等。网络媒体由于具有了交互功能，为网民创造了非常巨大的、丰富的表达空间，彻底改变了传统媒体传播环境下受众只能被动接受的传受关系和局面。

二、“网上民声”嘉宾访谈开设的背景和发展过程

“多媒体”显然包括了视频这一信息表现形式，当视频和互动结合起来，会发生什么呢？答案是，一种全新的互动交流形式出现了。对“网上民声”而言，嘉宾访谈正是这样一种将“官民对话”从后台搬到前台的尝试和创新，是应网民和政府部门的实际需求而出现的。基于网络媒体的嘉宾访谈几乎没有加工和粉饰的痕迹，属于原生态的视频互动交流形式。

开设嘉宾访谈是“网上民声”平台拓展的需要。从2003年到2006年，“网上民声”平台在政府部门数量、网民留言量、社会影响力等方面都有了很大发展，获得了广泛认可。但是，这种通过网络平台一问一答的形式仍然存在诸多不足。一是网民的留言无法得到立即回复，需要等待编辑审核才能进入政府部门办理回复程序，而大多数政府部门每天都是定点上网浏览问题。在这种情况下，一般一个留言得到回复需要1—3个工作日。这造成了网民与政府部门的沟通缺乏即时性，容易导致问题被拖延，更容易因此产生误会和摩擦。二是网民和政府部门之间在形式上还没有实现真正的“面对面”，沟通过程中的距离感自然拉大，容易导致交流趋于生硬和僵化，缺少感情因素的润滑作用。三是网络本身的多媒体、超媒体性并没有得到充分体现，使“网上民声”栏目设置比较单薄，内容表现比较单一，不利于信息的传播。由于这几个问题日益突出，促使胶东在线思考如何使“网上民声”平台更加完善，更有利于网民和政府部门的交流沟通，促使更多问题得到解决。胶东在线从电台“民生热线”栏目得到了启发：电台可以组织嘉宾做客直播间同听众即时交流，集音视频于一身的网络媒体当然也可以做类似的栏目。于是，开设嘉宾访谈这一想法被确定下来。

开设嘉宾访谈是网民表达的需求。中国传统的等级观念中，官民之间是不平等的，有差距的，这种传统观念影响至今，仍未完全消除，成为中国民主进程中严重的思想障碍。对于某些官员甚至公务人员，让他们和普通的市民百姓以拉家常式的口吻交谈比登天还难，他们更习惯的是训斥、责问和表露出不屑一顾、极不耐烦的神情。这种现象，在当前很多政府机关当中屡见不鲜。这种高高在上的

官僚作风所折射的是部分官员对人们普遍向往的社会平等、人格尊严的极端漠视。古代衙门的“门难进，脸难看，事难办”在今天依然存在。这让一些想反映意见和建议的公众望而却步。在这种情况下，网民更希望的是表达渠道的多元化，表达形式的多样化，有一个能够使双方平等对话的平台。

烟台市住房公积金管理中心参加“网上民声”嘉宾访谈。

开设嘉宾访谈也是政府部门深化网络问政的需求。互联网传播语境中，人人都是平等的。传统的等级观念、官本位思想正遭受着互联网的剧烈冲击，官民之间的对立屏障也一点点融化。从被动到主动，从不情愿到自觉自愿，政府部门对待网络民意的态度正悄然改变。对政府部门而言，与其被动地应付，不如主动敞开心扉。四年来，烟台市许多政府部门走过了从畏惧网络民意到善待网络民意，再到有效利用网络民意这样一条路，在这个过程中他们收获了许多：与市民关系融洽了，工作作风改善了，部门形象提高了……在这种情形下，政府部门参与“网上民声”的热情也随之高涨，对网络问政平台的要求也更高了。另外，许多部门从提高行政效率和便民的角度出发，希望能有一个定期向社会集中解读相关政策法规、办事程序的平台。但是传统媒体如报纸版面有限，电台、电视台时段和时间有限，都不可能满足百余个部门大容量的专题性政策解读需求，这个任务，自然而然就落到了网络媒体的肩上。

在上述背景下，“网上民声”于2006年3月开始策划、制作了第一期嘉宾访谈节目，烟台市工商局8位相关科室负责人做客胶东在线直播间，与网民就“3·15”消费维权等话题互动交流，对网民如何避免消费陷阱等问题提供了指导。这期访谈选择的时机也非常好，恰逢“3·15”消费者维权日，访谈当天访问量达到了10000多，约有5000多名网友在线观看了访谈直播，有近百位网民在访谈过程中留言，工商局对其中20多个问题作了即时答复。这种网络嘉宾访谈形式一出现，便得到了网民的积极参与和部门的好评。

烟台市直机关建设办公室对“网上民声”嘉宾访谈的开展给予了有力支持，将其一并纳入政府部门互联网上听取群众意见这条交流渠道。从嘉宾访谈开办以来，烟台市直机关建设办公室每年年初确定参与网上嘉宾访谈的部门，并排出访谈计划。2010年，有24个热点部门参与网上嘉宾访谈活动。从2006年至2010年7月，共组织了100多场嘉宾访谈，热点部门多次走进直播间，解答网民提出的问题。

2007年，“网上民声”共开展嘉宾访谈节目20场，有20个热点政府部门和窗口单位的领导及相关人员参与，现场回答网民提问300条。嘉宾访谈的模式也有所创新，由以前单纯的依靠参与部门提供脚本向主持人和网民现场提问为主转变。

2008年，“网上民声”嘉宾访谈正式更名为“民声访谈”，于4月实现了视频与图文的同步直播，在形式上有了新的突破。全年共举办访谈节目25场，有24个热点政府部门和窗口单位的领导及相关人员参与，现场回答网民提问459条，为广大网民提供了政策解答和帮助，栏目组在每次节目结束后对网民现场提问的问题追踪落实，及时发布答复或问题处理意见，得到了网民的认可和称赞。

“民声访谈”在2009年共举办28场，有25个部门参加了访谈，现场回答网民问题599个。自嘉宾访谈节目开通至2009年12月月底，共有44个热点部门参加了96场嘉宾访谈，现场回答网民提问1659条。政府部门对网上嘉宾访谈活动非常重视，许多部门的一把手亲自参加访谈节目，体现出主要领导对网络民意的重视。

三、“网上民声”嘉宾访谈的组织和运作

网上嘉宾访谈活动是“网上民声”平台中网民与政府部门交流的重要方式，也是烟台市开展“听取群众意见”的重要组成部分。每年参与网上嘉宾访谈的政府部门由烟台市直机关建设办公室确定和组织。目前网上嘉宾访谈的频率是每个

月两场，部门通过视频直播的形式与网民交流，全年共有24个部门参与。参与网上嘉宾访谈的部门主要是与市民和企业关系密切的社会热点部门，具有较高的社会关注度。2010年参与网上嘉宾访谈的部门主要有烟台市卫生局、气象局、人力资源和社会保障局、妇女联合会、住房和城乡建设局、海洋与渔业局、质监局、国际机场、交通运输局、国土资源局、教育局、物价局、公安局、城管局、规划局、质监局、住房公积金管理中心、经济和信息化委员会、旅游局、文化广电新闻出版局、商务局、500供热公司、新奥燃气公司、民政局、食品药品监管局等24个部门。以上部门涉及环境卫生、社会治安、教育就业、医疗卫生、衣食住行等各个方面，有很强的代表性和针对性，因而这些部门参与的访谈也获得了许多网民的关注和参与。

每场嘉宾访谈都需要经过“网上民声”工作人员的精心准备，需要网站内部多个部门的协作。参与嘉宾访谈的内部相关人员包括：编辑、主持人、摄像、摄影、导播以及速录师。他们要围绕整个访谈做大量的工作。“网上民声”编辑是嘉宾访谈总体的组织者和协调者，负责各方面的统筹工作。

在嘉宾访谈之前的一周，“网上民声”编辑要与参加访谈的部门进行前期沟通，商讨访谈的主题和主要内容，确定访谈嘉宾，并就访谈过程中的细节和注意事项进行解释说明，确保访谈的视频效果。沟通工作落实完毕后，编辑要根据嘉宾访谈直播的模板设计制作下一期访谈页面，以备直播时使用。

访谈过程中，基本模式是主持人和网民提问，嘉宾回答，在沟通交流中为网民解疑答惑，解决各类问题。速录师会将交流内容第一时间录入到直播后台，由编辑审核把关，确认没有文字和表达上的错误后及时发布，这个过程一般会在一分钟内完成，保证了即时交流的效果。视频录制、播出方面的工作主要由摄像和导播负责。

访谈结束后，编辑会对访谈内容进行进一步编辑加工，整理成访谈实录发布；对访谈过程中来不及回答的问题进行整理提交给部门，待部门回答后再予以回复。

四、“网上民声”嘉宾访谈的作用与意义

网上嘉宾访谈的操作并不复杂，也没有多少神秘可言，甚至从专业角度衡量，其视频画面质量、访谈过程的控制和衔接以及访谈内容的精彩程度还有待提高。该现象在目前大多数网络媒体中普遍存在，这与网络媒体缺乏视频节目制作

的专业技术、人才和素养有直接关系，而且这个问题的解决需要一个过程。但是，并不能因此忽视甚至贬低网上嘉宾访谈之类视频节目存在的价值和意义，尤其是当它和“民生”结合起来的时候。

对于众多媒体来说，“视频直播”、“嘉宾访谈”已不是新鲜事，其操作流程和方法也非常成熟，尤其对于电视媒体而言更是轻车熟路。但是，嫁接在网络媒体上，运用了互动交流技术的“嘉宾访谈”，就已经不是只有“嘉宾说，受众听”的情景了。在“网上民声”嘉宾访谈中，嘉宾说什么，要看网民问什么，而且必须作出令网民满意的答复，这对政府部门的执政能力提出了更高要求，也使“网上民声”网络问政平台产生了新的功能和力量。

网上嘉宾访谈交流形式营造了一种非常强的现场感，促使政府部门正面回应网民提出的问题。在视频直播过程中，政府部门的工作人员处于镜头之下，面对的是群体的注视。群体注视会转化成强大的群体压力，群体规模越大，群体压力也就越强。在群体压力之下，作为被问责的一方会想方设法进行调适，让身心适应这种交流环境，而最有效的方法便是在交流过程中设身处地地为对方着想，耐心解答网民的咨询，真心帮助网民解决问题。

网上嘉宾访谈所发挥的作用，产生的影响具有长远性，并不会随着直播的结束而销声匿迹。所有的访谈视频、访谈实录、网民留言都可以在栏目中查询，这为那些没时间收看直播的网民提供了便利。每一期访谈节目产生的文字内容大概有两万多字，这么丰富的内容包含了许多有价值的信息。编辑会在访谈结束后第一时间对这些信息进行整合加工，将许多有价值的信息提炼出来。这么做既充分发挥了嘉宾访谈的作用，也提高了内容的可读性、可看性，有效节约了网民的时间。

从更广阔的角度看网上嘉宾访谈，它应该属于原创视频类节目。目前国内许多网络媒体都在致力于原创视频节目的开发和制作，这其中搜狐视频颇具代表性，其原创视频节目《大鹏嘚吧嘚》、《明星在线》等在网民中非常具有影响力。据了解，这几档节目在团队构架和节目制作上和专业电视台已经非常接近。这应该是网络媒体进军原创视频节目的一个方向和趋势。所以，网上嘉宾访谈的战略意义在于为胶东在线打造更高质量的原创视频节目作先行探索。

第六节　市长关注——高端视野中的网络民意

“市长关注”是一个网络民意直接对话市长的栏目，是“网上民声”开辟的网民与地方高层领导沟通交流的一个重要渠道。通过这个渠道，网民反映的重大意见和建议会直达市领导，并得到相关批示。这意味着在网络媒体的作用下，江湖与庙堂开始有了实质性互动，草根意见走进了高端视野。

一、“市长关注”栏目开办的背景

“市长关注”栏目是烟台市高层领导深入网络问政和胶东在线“网上民声”深化栏目建设的一个完美对接。

烟台市市长张江汀十分重视互联网反映出来的舆情信息，关注网络上群众的呼声和要求，并要求烟台市政府办公室定期汇集烟台市民百姓反映在互联网上的各种诉求。根据市长的要求，烟台市政府办公室每天从网上搜索有关烟台的网络

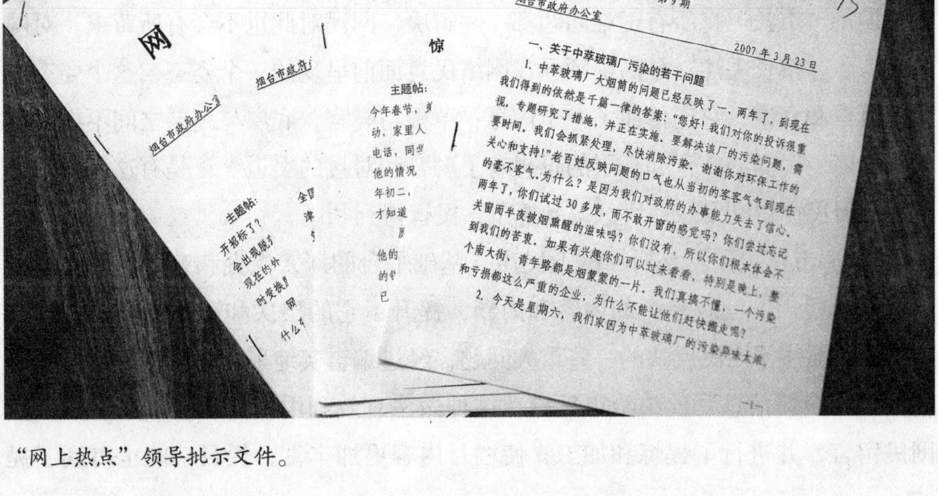

“网上热点”领导批示文件。

民意，编印成“网上热点”材料，直接向市长汇报。烟台市政府办公室还委托胶东在线，定期上报网上热点信息，“网上民声”成为烟台市政府“网上热点”的重要信息渠道。目前，“网上热点”编辑工作已经进行了两年多，平均每年编发50期。“网上热点”中网民反映的问题主要包括城市规划建设、道路质量、自来水、企业改制等问题。其中每一项具体问题都会得到市长的批示，并根据问题的性质，责成分管领导和部门予以解决。

与此同时，“网上民声”作为一个地方性网络问政平台，一直在致力于平台体系的构建。扩大网络问政的覆盖范围，增强问政的实际效果，提升问政的影响高度都属于整个构建目标。这将弥补单一层次的网络问政的不足，使“网上民声”运作得更加完善和系统。

而且，意在解决问题，倾听民意的沟通需要多种渠道，不同的媒体可以形成不同的交流方式和渠道，即使是针对某一类型的媒体，也可以通过创意策划探索出不同层次、不同样式的沟通形式。对网络问政平台而言，单一的交流形式并不能发挥网络媒体所有的传播优势，长此以往，难免使交流双方感到厌倦，产生审美疲劳，会大大降低问政的效果。

二、“市长关注”栏目的意义

1. “市长关注”栏目打通了网民与高层对话的通道，使网民反映出来的问题有可能进入高层领导的视野之中。而且许多问题在市长关注下得到妥善解决，能够增添网民对政府的信心和拥护；许多重大的公共决策在网络民意的影响下趋于规范和科学，能够提高网民参与议政、问政的热情和积极性。“市长关注”栏目不期待“市长”将所有疑难问题都一一解决，网民对此也不会有所苛求。对网民而言，“市长关注”是高层领导在网络民意面前呈现的一个姿态，这个姿态包含了尊重和真诚，它还传递了一个信号：草根与高官，底层与高层之间不再有绝对的屏障，民间的声音和高层的思想有了融合和对接的渠道。正是有这样一种渠道，使得民愤得到发散，民意得到尊重，民智得到利用。

2. “市长关注”是对“网上民声”基础平台的深入挖掘和有效利用，丰富了“网上民声”问政平台的内容和内涵，提升了它的层次和影响力。“市长关注”栏目抓住了网民反映的一些重大问题，经过编辑实地采访、调查、落实后，精编成“舆情信息”反映给市领导。这种做法有效利用了“网上民声”中大量网民留言，并进行了提炼和加工，使栏目内容更加丰富，栏目功能也得到了提升。“网上民声”的主旨是促进网民与政府部门交流沟通，积极化解矛盾和解决问题，这也是“网上民声”的内在品质和内涵。“市长关注”搭建了一条网民与“市长”的交流渠道，使许多重大问题能够得到高层领导的重视，有效促进了问题的解决，因而进一步丰富了“网上民声”的内涵。目前，“网上民声”搭建的交流渠道主要有三个层次，一是网民和政府部门在互动平台上一问一答的交流，即基础平台；二是记者介入调查、采访和报道，以此促进双方的交流沟通，即“追踪报道”；三是将重大问题反映给市领导，在市领导的干预下促进问题解决，即“市长关注”。这三个层次各有不同特点，没有高低优劣之分。基础平台覆盖范围广阔，“追踪报道”强化了舆论监督，“市长关注”提高了问题处结率。从网民参与度来看，这三个层次呈现依次降低的走势，但是从解决问题力度看，又呈现依次升高的趋势。从沟通交流的角度看，尽管“市长关注”栏目可参与度较低，但是由于其解决问题力度大，加之“市长”本身具有的高度，无形中提升了“网上民声”的层次和影响力。

3. 从解决网民反映问题的角度看，“市长关注”栏目借助高层行政资源和力量，能够对政府各个部门进行有效整合，适当弥补权力缺位带来的损失。现实生活中，许多问题和矛盾错综复杂，牵扯多方利益，需要多个部门协调配合才能解决，而且容易出现责任模糊不清的情况，相关部门不自觉地相互推诿，逃避责任，造成权力缺位，公共管理和服务不到位。这种情况的存在，是许多疑难问题长期存在，矛盾愈积愈深的主要原因。此类问题的彻底解决需要依靠行政体制改革不断深化。一方面，要转变政府职能，政府应全面、正确履行职能，做到不错位、不越位、不缺位；另一方面，要理顺清楚行政层级体系和权责关系，使各级政府、各个政府部门权责明确，目标清晰。但是在社会转型过程中，各种利益平衡难度大，各种矛盾和问题纠结，诸如体制等深层次的矛盾也非短期内能够解决。在面对一些具体的社会矛盾和问题时，一方面要靠健全制度、完善规范进行根本的防治，另一方面也要及时采取措施予以解决。作为一个地方的最高行政领导，市长在整合政府资源方面具有天然的优势。市长在其职权范围内，对一些疑难问题进行关注和批示，能够有效督促相关政府部门积极作为，发挥主观能动性，调动各方资源和力量解决问题。

三、由“市长关注”栏目引发的辩证思考

“市长关注”与一般意义上的官员触网有诸多相同之处，也有不同之处。相

同之处在于，烟台市领导同其他深入触网的官员一样，认识到网络民意在反映社会舆情，指导科学决策方面具有的重要作用，并以实际行动对网络民意作出回应。不同之处在于，大量的官员触网现象更多是官员的个人行为，具有偶然性和随意性，而在"市长关注"栏目中，烟台市领导对网络民意的重视上升为制度性安排，成为地方高层领导了解社情民意，与民沟通的固定渠道之一。在这种情况下，网络民意与高层领导之间的互动就具有了制度性保障。可以说，"市长关注"栏目运作思路为官员触网现象提供了可资借鉴的发展方向，对官员触网从偶然走向必然，从随意走向长效具有良好的启示意义。

要辩证看待"市长关注"栏目蕴涵的精神，对地方高层领导勇于接纳网络民意的作风应该褒扬，而对于某些问题只有高层领导介入才能得以解决的现实情况则应保持清醒的认识。媒体和公众不应该将更多问题的解决寄希望于"市长"的干预，尤其是媒体需要用长远目光和专业理性去引导民意，让更多的问题在基层得到解决。

一方面，"市长"作为一个地方的最高行政领导责任重大，各项工作千头万绪，不可能对大量的网络民意都一一批阅。因此，客观因素决定了高层领导一般情况下只能对那些涉及重要领域、关系重大的问题进行关注和批示，对于大量的普通网络民意，他们只能做到知晓或了解。现实中，公众的"青天"情结仍然存在，他们希望"市长"的一个个批示能解决所有问题，这是传统的人治思想的残留，与法治精神背道而驰。原因在于，当领导依靠权力而非程序、规则和制度包办一切的时候，难免会顾此失彼甚至导致破坏规则和秩序的严重后果。

另一方面，通过高层领导对网络民意的关注和批示解决问题应该有一个边界，不能迷失方向。这个边界就在于对依法行政和尊重民意之间尺度的把握。首先，尊重来自各种渠道的民意是各级领导、各级公务人员都应该具有的品格，这种品格在思想上体现为对民意的敬畏、对平等的追求以及对人文的关怀，是一种发自内心的对社会各个群体和阶层的尊重和关爱，在行动上则体现为主动了解社情民意，关注百姓疾苦，多从百姓的角度想问题、办事情、作决策。其次，政府应该依法行政，公共决策需要严格遵守相关程序和规则，"重大行政决策必须经过公众参与、专家咨询、风险评估、合法性审查和集体讨论决定等程序"。[1]解决问题也要责任清晰明确，属于哪一级部门应该解决的问题就应该由哪一级部门

①国务院研究部署进一步推进依法行政工作. 法制日报：http://news.sohu.com/20100624/n273033604.shtml，2010年6月.

去解决，属于谁的责任就应该由谁去承担，依法妥善处理、化解大量问题和行政纠纷。依法行政和尊重民意并不矛盾，依法行政不等于抛弃民意，而是要求行政管理主体充分了解民意，体谅民意；尊重民意也不等于打破原则，而是要求政府行为必须坚持法治精神，能够以人为本，融入人文关怀。

案例一：大学生欠2万元赌债，政府重拳整顿游戏厅

事件概要：烟台市政府在胶东在线提交的《网上热点》第7期《惊爆烟台大学校园周边黑幕》上作出批示，要求有关部门采取综合措施，对烟大等驻烟高校周边环境进行整治。随后，市文化局连同公安部门对此事进行调查处理，共收缴6家涉嫌赌博的游戏厅内的13台赌博机，并对全市大、中、小学校周边的文化经营单位展开为期一个月的全面治理整顿。

事件经过：2008年2月19日，胶东在线一位网友在胶东社区及“网上民声”栏目同时发表题为《惊爆烟台大学校园周边黑幕》的帖文。该网友在帖文中对其同胞弟弟因迷恋赌博机而荒废学业作了痛心疾首的陈述，并呼吁社会各界特别是相关部门对大学生赌博现象予以关注。

“大学生学业荒废并欠下2万元赌债”贴文中称，该网友20岁的弟弟现就读于烟台大学，大三，春节前说不回家过年了，学校有活动，家里人没有多想，大年初一，该网友在家接到了弟弟同学打给他的电话，了解了一点他的情况，才发现他说谎了。为了看弟弟在烟台到底在干什么，大年初二，网友便去了大学，找到了弟弟，经过深入交流，知道了事情的原因，也知道了他的大学生活是什么样的。

原来，这两年来，该网友的弟弟几乎不在学校，课也不上，家里给他的学费不但没交，还欠了近两万元的债，所有的钱都被他用来在大学周边的游戏厅里赌博输掉了，现在的他可以说已经人不人鬼不鬼。看到这一幕，该网友已不知道该说些什么了，通过弟弟的讲述了解到，像他这样的学生有很多，基本上都是因为在游戏厅赌博而造成的。赌博机的种类以轮盘机、麻将机、牌机为主，生意好的游戏厅每天营业额在2~5万元，顾客基本上是烟大学生。游戏厅的老板为了怕学生举报，对所有输完钱的学生都管饭，另外也给10元、20元的零花钱，以至于这些学生没有钱了，也天天在游戏厅帮老板拉人气。老板们为了竞争，凡是介绍同学过来玩的，老板也给一部分提成，如果学生的钱输完了，还提供借贷、抵押等服务，有很多学生的手机都在老板那押着，没有可押的东西，就去学校偷同学的手机。凡遇有检查，所有游戏厅白天都关门，晚上又是人头攒动，放赌博机的房间都有单独的门，只让熟客进入。像有些输完钱的学生，老板怕他们惹事，就让他们做一些打扫卫生的活，然后管他们吃饭。

该网友最后说："我已经下定决心，尽我所能让这些游戏厅关掉，不然还会有更多的大学生会变成我弟弟这样，在这里，我希望看到这个帖子的朋友给我提供点帮助，我应该向哪里反映？向谁反映？如果有烟台的朋友，请你们给我提供一些电话和地址，如果有关领导能看到的话，也希望您能站出来，救救这些孩子吧！"

该网友的留言引发了广大网友的广泛讨论，纷纷表示，发生这种事，个人有原因，学校的管理和学校周边环境的治理也有欠缺。同时，该帖文被胶东在线舆情信息员及时整理，作为"热点信息"上报到市政府。2008年2月22日，市政府办公室在第7期"网上热点"信息中编发了该帖文，引起了市领导的高度重视，分管领导要求，由文化局牵头，有关部门参加，采取综合措施，对烟大等驻烟高校周边环境进行整治。同时，也望各高校加强对学生的教育管理，防止类似情况发生。

2月25日，市文化局接到市领导的批示后，立即组织文化市场稽查队的稽查人员，对烟台大学周边游戏厅进行了暗访，由于经营者警惕性非常高，陌生人无法进入摆放赌博机的房间。按照领导批示及文化市场管理工作的法定职责分工"赌博与色情淫秽问题由公安机关查处，无证经营由工商行政管理部门查处"的规定，市文化局与公安局等部门就领导批示精神与暗访情况进行了沟通。市公安局责成莱山区公安分局对此事进行调查处理。

经查，莱山区芳华园及烟台大学周边共有8家游戏厅，其中6家涉嫌赌博，莱山区公安分局依法收缴赌博机13台。目前此案正在进一步审理中。文化部门将根据公安机关的处理结果，进行相应处理。

在办理此案的同时，市文化局制定并下发了《关于开展校园周边文化环境专项整治行动的通知》及《校园周边文化环境专项整治行动方案》，在全市开展校园周边文化环境整治行动，利用一个月的时间，对全市大、中、小学校周边的文化经营单位进行一次治理整顿。切实解决学校周边文化经营场所中存在的突出问题，严厉打击各类违法违规经营活动，健全和完善长效管理机制，有效净化校园周边文化环境，保护广大青少年的身心健康，为广大学生创造一个良好的学习、生活、休闲环境。

记者手记：从发现帖文、整理上报、领导批示到拿到有关部门的反馈，前后不过20天，在拍手称快的同时，记者也和广大网友一样陷入了深深的思考中。外部环境固然是大学生泥潭深陷的诱因，但自身的内因始终是关键，起着决定作用。作为成年人，大学生应该学会自我约束，要不断增强自制力和抵抗力，树立正确的人生观与价值观，要为自己的人生以及家人的付出，甚至全社会负责，不能因为大学给了更多自由的空间便放任自流，荒废学业，不然，将来如何面对社会上更多的诱惑？如何担负起国家建设的重责？

另外，这一事件也反映出学校的监管和家长的督导还不到位。应该为孩子提供一个什么样的成长与学习环境？当代的大学，在学业上解疑释惑的同时，是否应该更多地关注学生们的日常生活和思想观念？是否应该在学生的人生道路上给予更多的指引？这也是一个应该引起全社会广泛关注的问题。

案例二：五部门联合整治火车过渡站拥堵问题

事件概要：网民通过胶东在线“网上民声”和胶东社区反映的火车过渡站周边交通拥堵问题被作为“网上热点”报到市政府后，得到了市领导的高度重视。市政府办公室组织市公安局、建设局、交通局、城管局和芝罘区建设管理局的有关领导，采取察看现场、调查人车流量、分析论证的方式，对过渡站拥堵问题进行了专题研究，并于2007年11月12日联合拟定三大措施，力求解决该问题。

事件由来：网友质疑激起千层浪

“网上民声”栏目公安局等交流平台上多次接到网民投诉，称火车过渡站投入使用后，周围地段，特别是早晚上下班高峰期交通拥堵严重，希望有关部门拿出切实可行的措施，保证市民出行畅通。9月28日，网友“城市中的蚂蚁”在胶东社区实事评述板块发表题为《“火车过渡站”为什么堵你没商量？》的主题帖，说“晚上8：00，过渡站出口私家车和出租车将整条马路堵得严严实实，十几米的路竟然走了十多分钟！尤其是出租车，公然停在马路中间等客，使得过往车辆寸步难行”，并在帖中提出了对出租车用路障疏导、收取临时停车费等建议。该帖在广大网民中引起了强烈反响，大家纷纷表达对该问题的无奈和担忧，一时间，火车过渡站拥堵成为网上热议的话题。

网民的意见和建议被胶东在线舆情信息员作为“网上热点”上报到市政府并得到了市领导的高度重视，责成有关部门解决网民反映的热点问题。

现场回放：车辆排成长龙寸步难行

记者从网上了解到广大网民对火车过渡站拥堵的关注和舆论后，赶到网民所指地点了解情况。17：00~18：30，正是市民下班高峰期，17：56，由金华西始发的2583次列车到站，人车交织、流量激增，多辆出租车为等客停在马路中间，被迫停车的车辆排成长龙寸步难行，交通严重堵塞，一直持续了一个多小时，一辆出租车还与一辆摩托车刮擦，摩托车主摔倒在地。虽然有关部门增设了临时小型停车场、在路中心增设了护栏、加强了警力，但收效甚微。

原因查究：人车集中场地狭小无法缓冲

烟台火车站每天进出列车10对，客流量达1.6万人。火车过渡站启用后，芝罘屯路人流、车流激增，交通时常堵塞，尤其是6：00~7：30．17：00~18：30时段，过渡站进出口一带堵车严重。究其原因，一是人流、车流过于集中。6：30左右北京、济南始发的两列火车到站；18：00左右金华西始发的火车到站，此时正值交通高峰期。同时，芝罘屯路两侧还有胶东装饰材料等三个大市场及商业网点，人车很多。二是过渡站周边空间有限，站外没有广场，出了站门即是市区的交通干道芝罘屯路，缺少可供人群疏散的缓冲场所。另外，每班次火车进出站前，出租车和三轮车就会挤到站口揽客，小商小贩也蜂拥叫卖，加重了过渡站拥堵的程度。这不仅让过往市民抱怨不已，也影响了烟台市的对外形象。

部门行动：市区两级五部门联手出台三大举措

有关部门一直在寻求过渡站拥堵的解决方案，在接到市领导交办的《网上热点》后，该问题再次被提上重要议程，并进行了专题研究。市公安局、建设局、交通局、城管局及芝罘区建设管理局联合行动，提交出多个设想：关于在站前设立大型广场的设想，因周边没有空余场地而无法实施；关于在芝罘屯路架设过街天桥的设想，由于造价达数百万元，时间需要几个月，而“过渡站”只使用到2008年10月，建天桥得不偿失；关于将路中心隔离护栏向南移出1个车道的设想，经勘查，人、车双向流量相差不大而最终放弃。鉴于以上情况，经过察看现场、调查流量及分析论证，五部门于12日推出三大举措。

措施一，新辟适中距离的停车场。过渡站入站口南150米处、建设路西侧设有三站果品停车场。该停车场面积为6000平方米，利用率低。可由建设、交警部门，协调产权单位将其开辟为过渡站停车场，在路中心封闭护栏相应部位开通通道，由交警加强管理，动员和引导接送站车辆进场停车，以缓解过渡站周围泊车位紧张的现状。

措施二，加大对出租车车辆的管理力度。由交通运管部门负责，通过召开客运例会、车载电台宣传、发放学习材料等方式，加强对出租车驾驶员的教育管理，使其自觉遵守交通法规和营运规定，文明行车，规范服务，不在过渡站周围乱停乱放车辆，不在过渡站前通行道上停车待客。对不按规定随意停车揽客的，交警部门要予以查处，并将有关情况抄送交通运管部门，由交通运管部门再进行教育整顿。

措施三，加强过渡站周边的治安管理。交警部门要对过渡站前规划出的临时停车区域设置醒目标识，实行严格管理，不使接送站车辆占据通行道路。要进一步增加警力，严格执法，加强对过渡站前道路，尤其是高峰期的交通管理，制止车辆乱停乱放、行人乱穿乱行等违章行为。城管部门和站前派出所要加强对过渡站周围经营活动的管理，禁止在过渡站前摆摊设点，制止旅馆人员堵道拉客，维护过渡站周围的运营秩序。

有关部门还将在过渡站路段两侧设置温馨提示牌，提醒过往车辆和行人遵守交通法规，并在交通高峰时段发布路况信息，引导过往车辆尽量绕开芝罘屯路。同时，针对一些旅客到火车站下错车的问题，由交通运管部门责成公交车司机，在车到新老火车站时主动提示，搞好服务。

继续追踪：拥堵缓解，举措初显成效

过渡站周围的拥堵问题，事关群众通行的安全畅达，也影响到烟台的形象。三大措施实施后，效果如何？昨日，记者再次来到火车过渡站探访，发现治堵举措已初显成效。站前临时停车场设置了醒目标识，交警指挥着接送站车辆有序行进，车辆乱停放及出租车随意停车揽客现象得到改善，虽然车辆行进速度较慢，但寸步难行的局面已不存在，交通秩序井然，高峰期拥堵状况大大缓解。

记者手记：“治堵”仅仅依靠政府部门的措施是远远不够的，还要靠广大市民的共同努力，希望广大市民对火车站改造带来的暂时困难和问题予以理解。在交通高峰期，车辆请尽量绕行此路段，人人多一份责任心，共同为“治堵”做一点事情，添一分力量。

第五章

网络问政平台价值解读

从胶东在线“网上民声”运作实践来看，网络问政平台能够发挥“三大利器”的作用：让网民有说话的地方，担当民意伸张的显示器；发挥媒体舆论监督职能，担当舆论监督的压力器；有效解决网民反映的问题，担当解决问题的助推器。显然，从民意伸张到舆论监督，再到解决问题，网络问政平台具有明确的、清晰的、逻辑的内在价值取向。

第一节　民意伸张的显示器

民意伸张在中国具有非常强烈的需求。中国社会转型出现的种种问题，产生的种种矛盾，成为公众急需表达申诉的最直接理由；随着市场经济发展和市场竞争环境的改善，自我意识、公民意识和民主意识的提高也成为这种表达的内在驱动。毫无疑问，“网上民声”等系列网络问政平台为公众构建了一个个公共话语空间，不断满足着民众的表达需求。在这个公共话语空间里，民意的自由表达成为可能和常态化。作为制度化网络问政平台，网络民意在其中的表达得到了制度性保障，形成了人人都可以发言，每一个声音都有回响的良好局面。网络问政平台创造了良好的交流氛围，民意的表达不再断断续续，政府的回应也不再遮遮掩掩，双方袒露心胸更显真诚。由于交流渠道畅通，交流机制稳固，网络问政平台在互联网传播空间里集纳了大量的民意，它就像一个巨大的显示器，将民众的心声和愿望一一展现，将社会万象林林总总呈现在人们面前，社会百态、大事小情、柴米油盐就浓缩在这样一个公共话语空间之中。

一、网络媒体与“民意显示器”

民意作为人们的主观意识是客观存在的，它是社会存在和社会关系在人们头脑中的主观反映。民众基于生活体验和观察社会所产生的想法会经过感官反映出来，如讲话、写作都属于这个范畴。本书在第二章第一节对“民意”这一概念已作了解释，是指“公众针对社会问题或现象所表达的趋向一致性的有关的言论、观点和意愿的总和”。

在没有媒体的时代，民意已经存在。最原始最古老的民意表达和接收工具正是人本身，更确切地说是人的嘴巴和耳朵。传统的、普遍的民意表达形式是集会，通过召开会议给每一位与会者发言的机会，大家相互讨论、辩解，使各种意见得到充分释放。时至今日，召开会议仍然是研究问题、商讨决策的重要形式和平台。当然，在没有媒体的时代，民意并不像今天这样发达，没有被大规模地表现出来。仅仅依靠人们的嘴巴和集会，民意表达的机会少之又少，大规模的集会只有在遇到重要问题时才有可能举行。即使是广布民间的围绕某些议题和人物展开的非正式的杂谈和议论，也由于媒体的缺乏而传播和扩散无力，仅仅靠小范围的人际传播，民意并不能形成多大的传播效应。处在此种情境下的民意，很少有机会表现出民意应有的威力和影响力。

随着报纸、广播和电视等大众媒体的出现，这种情况开始改善，民意借助媒体的大众传播力量迅速聚集和扩散。传播学理论认为，媒体以一个社会观察者的身份存在，具有环境监测的功能。民意依靠媒体表达、展现和传播，这是媒体观察社会，环境监测功能的体现。从广义的角度看，报纸、广播和电视大量的民生类新闻栏目都可以称为“民意显示器”，因为它们都具有不同程度的聚集民意、反映民意、传播民意的能力，并形成影响力。公众也借助这些媒体拥有了更多的表达机会，利用媒体提供的表达空间实现了一定的言论自由和表达权。可以说，科技的进步催生了大众媒体，而大众媒体的发展又带动了社会进步和文明发展。但是，传统媒体在显示民意方面由于媒体的特点和传者本位观念影响而存在诸多不足。一是报纸、广播和电视在传播的灵活度、互动性以及空间方面容易受到种种制约，这方面内容在第四章第一节已经作了说明，在此不再赘述。二是传统媒体观察社会、发挥环境监测的功能主要依靠传播者实施。在传统媒体上，民意的表达和伸张主要依靠新闻报道来完成，但是传统的媒体新闻报道并没有给社会普通阶层的民意表达太多版面、时段和空间。长期以来，新闻报道都是围绕着领导人、社会精英、重大事件展开，媒体的报道中难见普通人的身影，更别说普通人说话的机会。而且，即使在大量媒体尤其是电视媒体纷纷重视民生新闻的今天，普通民众在传统大众媒体上表达的尴尬处境也并没有彻底改变。在传统媒体上，更多的民意只能被编辑记者代言，即使是电视现场画面，也大多会遭到后期编辑加工等处理。在这种情况下，民意的表达就失去了其本真的意义。

互联网媒体的出现，使大众媒体在民意表达上的缺憾得到极大改观。在反映民意方面，网络媒体较之其他媒体具有不可比拟的优势。2000年以来大量民意纷纷诉诸互联网就是最好的说明。这种优势表现在：一是民意的伸张有了低门槛、平民化的平台和空间；二是民意在互联网表达空间里能够迅速聚合、扩散和传播，不再受如传统媒体的时段、容量等限制；三是网络民意的巨大效应对传统媒体新闻报道产生了影响作用；四是民意在即时性互动中迅速形成舆论场，特别是针对热点议题更容易形成激辩的氛围；五是在匿名化表达环境下，排除少数虚假信息和民意泡沫，网络民意更显示出率真和自然。这五种优势吸引了大量民意聚集在互联网空间中。之前，许多普通民众遇到不平事大多是在私下以骂娘的形式发泄心中的不满，现在，却可以通过网络表达利益诉求；之前，许多热心民众欲对公共事务建言献策但因缺乏渠道只能默默不语，现在，大量颇为中肯和可行的意见和建议在网上纷纷涌现。透过互联网，透过网络民意，我们能够看到当代中国民众的表达欲望是何等强烈，尽管有很多杂音、杂质混迹其中，但网民的热情却弥足珍贵。

互联网媒体承担了“民意显示器”的功能并非偶然，是大众媒介发展规律、信息传播规律共同作用下的必然结果。

1. 麦克卢汉认为，媒介即信息，媒介是人身体的延伸。这种观点不无道理。报纸的诞生，使人们眼睛的功能得到延伸，足不出户可以获得更多信息；广播的诞生，使人们耳朵的功能得到延伸，能够听到更多、更远的声音；电视的诞生，使人们的视觉、听觉功能进一步提升，而且结合在一起；前三种媒体即传统媒体延伸的是人们的视觉功能和听觉功能，属于人们的信息接收系统，增强了人们接收信息的功能。然而，互联网的诞生，不仅仅使人们视觉、听觉功能得到了强化，还使人们嘴巴的功能得到延伸。这种情形正如某些人形象的描述：互联网时代人人都有一支“麦克风”。从媒介发展趋势可以看到，媒介的发展是建立在科技进步的基础之上的，新媒体形式的出现，无不是由于科技的突破。互联网正是计算机技术发展的重要结晶，而且它的出现把人体第三个最重要的具备信息传播功能器官——嘴巴解放了。所以说，建立在科技进步基础上的大众媒介发展规律昭示着互联网作为新媒体，将拥有强大的“民意显示器”功能。

2. 传播者和受众是传播学研究中的两个重要概念。毋庸置疑，无论是我们所看到的现实还是传播学理论所认为的，在传统媒体统治的时代，传播者和受众之间的“传受”关系界限表现得非常明确。拉斯韦尔认为，受众是大众传媒的传播对象，在传播过程中处于被动地位。这种观点影响了传播学理论界很长一个时期，时至今日仍然被很多人信奉。尽管这个观点过分强调了传播者的主导地位，忽略了受众的选择权利，但该理论所描述的现象却成为一种现实。在我国很长一段时期，尤其是互联网媒体出现之前，传播者是内容生产者的角色，受众是信息消费者角色，传播者生产什么受众就被动地接收什么。即使进入新世纪，很多媒体花费了相当多的精力，拿出了相当大的版面和时段用于报道民生类新闻，但这种现实中长期形成的传受关系并未被打破和颠覆。因为在传统媒体中，信息生产、发布的权利被牢牢控制在传播者手中。虽然媒体为了抢占市场和营利而宣扬从民众的角度选择新闻、报道新闻，但其私立的出发点最终会导致这种以民众视角新闻报道方式发生畸变。所以，绝大部分公众在传统媒体语境下是没有直接的表达权的，在社会生活中也就更难有话语权了。这是一种缺乏循环机制的信息传播过程，一方面以社会精英自居的媒体从业者受宣传本位制约和根据自己的判断制造内容源源不断向受众传输，另一方面是大量公众有许多关于社会生活、公共事务、个人利益的诉求需要表达，当媒体生产的内容与受众的表达需求不能吻合时，传受双方会形成强烈的冲突和对抗。当互联网出现后，公众表达的境遇忽然转变。互联网依靠技术和传播特点打破了横亘在传受双方之间的藩篱。受众可以不再听主持人喋喋不休的解说，不必看只有十几篇消息的报纸，在互联网上，他们可以自由地选择自己需要的信息，可以自由地表达自己想说的话。互联网的海量信息使网民选择的余地成倍增加，互联网的互动特点使网民可以随时发表意见和评论。传播者和受众在互联网媒体上地位趋于平等，从信息传播角度而言，在互联网上没有绝对的传者，也没有绝对的受众，受众随时可能成为信息的传播者，而网络媒体作为传统意义上的传播者在议题设置上也不断地受到网民的影响并作出适时调整。这种建立在新媒体之上的传受关系是互动的，充分交流和融合的。在这种传受关系中，网民已经摆脱了传统受众那种被动接受的境况，他们会寻找各种合适的机会和空间去表达自己、展示自己。他们会根据自己的需要创造表达平台和空间，从这个角度看，与其说论坛、社区、博客、微博、SNS甚至网络问政平台是网络技术进步的结果，是网络媒体创办的，不如说是网民创造的。因为没有网民前仆后继、夜以继日的参与，这些网络工具一天都存在不下去。所以可以毫不夸张地说，是网民成就了今天的互联网媒体。

互联网之所以担当了“民意显示器”的功能，还有一个重要原因：官方的支持和认可。互联网媒体从一个不入流的“小媒体”发展到人所共知、令人刮目相看的“第四媒体”，只经历了短短的10多年时间。1994年4月20日，NCFC工程通过美国Sprint公司连入互联网的64K国际专线开通，实现了与互联网的全功能连接。从此中国被国际上正式承认为真正拥有全功能互联网的国家。此后，中国的互联网媒体、网站开始纷纷建立，形成了商业门户网站、国家重点新闻网站和地方新闻网站这样一个网络媒体格局。但是，中国互联网媒体在发展初期并不顺利也不强势，由于早期大多数网站内容单一、功能简单，主要依靠简单的复制、粘贴，充斥了大量虚假、低俗、媚俗甚至色情信息，因而遭到专家学者、主流群体的诟病。网络媒体在很多人的印象中就像小报、小刊一样低端甚至粗野。笔者以为，产生这种状况的原因很多，但是最主要的一点是我们当时还没有对互联网的运用作好充分准备，表现在对互联网的特点、优势认识比较粗浅，对网络媒体的发展前景非常模糊，没有深刻把握网络媒体的发展规律导致许多战略性失误，对网络媒体的重视程度和投入都严重不足，相当一部分网络媒体从业者素质普遍不高。而且很长一段时间，许多网络媒体的纷纷创办都是盲目跟风的结果，并非经过深思熟虑的思考和规划。所以在这种情况下，互联网媒体很难得到官方的垂青和重视。业界普遍认为，2008年中国汶川地震中网络媒体的表现是中国互联网发展史上重要的一笔。在这次抗震救灾报道中，网络媒体在新闻报道方面更加成熟，充分发挥了网络媒体的优势，使新闻报道呈现丰富性、多样性、及时性和准确性的特点。国务院新闻办公室网络局副局长彭波在2008年新媒体高峰论坛上表示，“对于此次四川汶川地震的报道，标志着网络媒体正成为中国社会的主流媒体”。据笔者统计，也恰恰是从这一年开始，网络问政平台开始纷纷建立。这二者之间或许有某种必然的联系。虽然中国互联网发展早期网络媒体地位还未确立，但是网络民意却风起云涌。网民利用“自媒体”平台，尽情地发表言论。一时间，各个网站的社区、论坛热闹非凡，憋了太久了的中国民众终于得到了“发泄”的机会，各种各样的言论充斥互联网。这也成为官方和所谓的主流人群贬低互联网的重要依据。但是网络民意不可阻挡的势头客观上触动了官方的政治神经，网络民意的连锁效应令政府部门不敢小觑。根据笔者统计，国内现有的40余个网络问政平台，都是由当地网络媒体开办的，而且大多数得到了当地有关部门的直接支持。综上所述，网络问政平台的建立是官方在网络民意的影响下，对互联网认识日渐提高的结果，表明了官方对网络民意的重视，并希望用规范化的平台和制度予以管理，引导网络民意更加理性发展。这其中，也体现了官方对网络媒体的尊重和认可，才将这样一项关系重大的工作交给网络媒体承担。

二、“民意显示器”的作用与意义

互联网进入中国恰逢中国改革开放和社会转型过程，它的到来从一开始，便承担了民意表达的责任和落实民众期待更多表达权的愿景。由于互联网的开放性，曾有国外专家断言，互联网对于中国将是一场灾难。言外之意，中国政府将难以应对互联网上的大量民意和批评声音。但是，互联网在中国10余年的发展历程表明，中国并没有因互联网而产生不可控制的政治事件和大量矛盾冲突，相反，互联网在中国获得了飞速发展。作为世界上拥有网民最多的国家，中国不是被网络民意搅乱了而是更加民主和文明了，中国的网民也更加成熟和理性了。这在西方看来，简直是一个奇迹。其实，这与互联网所赋予网络媒体的“民意显示器”功能密不可分。

1. “民意显示器”有效落实了民众的表达权。表达权是我国公民的一项正当权利，主要体现在我国《宪法》规定的公民享有言论自由和出版自由。胡锦涛总书记在十七大报告中指出：“人民当家作主是社会主义民主政治的本质和核心。要健全民主制度，丰富民主形式，拓宽民主渠道，依法实行民主选举、民主决策、民主管理、民主监督，保障人民的知情权、参与权、表达权、监督权。”“表达权”第一次出现在党代会上。毋庸讳言，互联网普及之前，中国民众缺乏足够的、通畅的表达渠道。在现实生活中，民众表达的渠道和方式不外乎以下几种，一是各级人民代表大会制度，这是民意表达的间接渠道，民意主要由人民代表代为表达；二是通过媒体反映，借助报纸、电视等大众媒体表达意愿和诉求，但能有机会使用传统大众媒体渠道反映问题的民众是非常有限的，通过这个渠道行使表达权缺乏普遍性；三是民众合法地、有组织地进行游说、示威、请愿和游行活动，虽然法律保护公民正当的示威和游行权利，但是现实中很难达到民意表达期望的效果；四是通过常规的信访渠道、听证会、民意调查、公民投票等。其中信访渠道是普通民众使用最多的一种形式。这种形式包括信访部门的信访通道，市长信箱、市长热线等，民众可以用书信、电子邮件等形式进行投诉、建议和反映情况。信访在很长的历史时期都是民众行使表达权的主要渠道，具有严格的程序和层级设计，有比较完善的运行机制和规范，在表达意愿、揭露腐败等方面也发挥了重大的作用。但是很多信访案件由于各种原因存在处理不及时的现象。能拖则拖，能捂则捂是部分负责信访的工作人员的惯用手法，导致了大量矛盾和问题淤积，激发了民众的普遍不满情绪。互联网的诞生不仅有效避免了以上两种民意表达渠道的缺陷，而且将大众媒体和信访机制在民意表达方面的可取之处重新整合，创造了新的民意表达渠道——网络问政平台。一方面它利用大众媒体的大众传播功能，使大量民意聚集和扩散，民意在传播过程中是公开化的；另一方面，大多数网络问政平台都有合理的、恰到好处的监管机制，既不会造成网络民意的无序化，也不会使合理的网络民意被曲解或伤害。可以说，网络问政平台使民众的表达权得到了充分行使。

- 民意表达
  - 间接表达
    - 正式渠道：各级人民代表大会
    - 非正式渠道：政党组织、各种利益团体、大众传媒等
  - 直接表达
    - 正式渠道：信访、座谈会、听证会、民意调查、投票等
    - 非正式渠道：游说、示威、游行、请愿等

传统的民意表达途径①

2．“民意显示器”拉近了政府与民众的距离。网络问政平台省去了民意表达过程中许多繁琐复杂的中间环节和程序，为民众提供了最简便、最通畅、最有效的表达渠道。以胶东在线“网上民声”平台为例，网民的一则留言到达政府部门，只需要经过编辑审核这一个环节。只要编辑鼠标一点，95%以上的网民留言便可以呈现在互联网上，同时在各政府部门回复后台中出现。民意传递环节的减少，时间的缩短，无疑将大大拉近政府与民众之间的沟通距离。“民意显示器”还形成了压力作用，促使政府和官员主动了解社情民意。由于网络问政平台中的留言是公开的，无论是对部门的投诉、咨询还是建议都在公众视野范围之内，尤其是政府部门对问题的解决、回复情况网民随时可以看到。在这种压力作用下，政府和官员不得不以一种亲和的姿态面对网络民意。从改善民生、科学决策的角度考虑，政府也有深入了解民意的需求。只有把握社会的脉搏，才能找准问题的症结，只有站在平民的角度思考问题，才能与民休戚与共。依托互联网问政，成本低、易操作，具有很高的可行性。作为社会管理者，在网络问政平台上，细细阅读网民发出的每一则留言，更容易触摸到社会的神经，亲闻来自市井社会最最真实的声音，获得深入田间地头、工厂车间、居民社区那种身临其境的切身体验。网络问政平台的种种便利，使得政府和官员更愿意主动走近它，走近它就意味着与民意更近了一步，与民众更近了一步。

3．“民意显示器”拥有情绪疏导功能，发挥了“减压阀”作用。网络问政平台为民众提供了一个可以倾诉的场所。在现实生活中，人们可能会遇到各种各样的问题和疑惑，尤其是各种利益主体之间、个体与政府之间会存在某些冲突和矛盾。这些现象的存在，会对社会构成潜在的不稳定因素，如果得不到有效的缓和和释放，很容易导致现实的对抗和暴力。

大量事实表明，许多地方的社会矛盾到了非常严重的地步，民众和政府之间积怨较深，已经引发了许多恶性事件。2010年上半年，我国相继发生了多起

①张淑华．网络民意与公共决策——权利和权力的对话．上海：复旦大学出版社，2010：37．

"校园惨案"。2010年3月23日，福建省南平市辞职医生郑民生捅死小学生8人并捅伤5人；4月12日，广西北海市合浦县发生一起校园凶案，造成两死五伤；4月28日，广东省雷州市雷城第一小学再现凶案，病退教师陈康炳持刀闯入教学楼，当场砍伤16名师生；4月29日，无业人员徐玉元持刀闯入江苏省泰兴镇（即泰兴市区所在地）中心幼儿园，砍伤幼儿29名、教师2名以及保安1名；4月30日，在山东省潍坊市坊子区九龙街道尚庄村又发惨案，45岁的村民王永来强行闯入尚庄小学，用铁锤打伤5名学前班学生，然后点燃汽油自焚……这一桩桩悲剧让人心痛，凶手当然丧心病狂，理应受到道德的谴责和法律的制裁，但惨案背后我们还应有更深层次的思索——是什么导致了这些普通人变成杀人恶魔，而且将罪恶的双手伸向了毫无反抗能力的学生？一方面行凶者道德退化，心理不健全有可能导致极端行为；另一方面，校园安保措施不到位，责任意识不强也给凶手可乘之机。除了以上两个方面的原因，他们的行为有着深刻的社会根源。据了解，郑民生被辞退后一直没找到工作。杨家钦（具官方说是精神病患者）两年前在上海打过工，此后没有固定收入。陈康炳曾是小学教师，2006年2月办理病休至今。徐玉元2001年被单位辞退一直无业。王永来是农民。从这5名行凶者的身份看，他们都属于社会的底层：没有地位，没有体面收入，没有尊严，得不到尊重。可能在他们看来，社会放弃了他们，他们也就放弃了社会。这五名行凶者与受害人并无利害关系，用"报复社会"来解释他们的极端暴力行为更合乎道理。

血的教训告诉我们，对待民意这个问题，宜疏不宜堵，对待形形色色的社会矛盾，宜解不宜结，及时化解矛盾、疏散不满情绪对当前社会稳定和谐举足轻重。毋庸讳言，在当前社会转型期，由于社会失范、失序现象的存在，我国面临着许多深层次的社会矛盾和问题。利益调整不合理，收入分配不均，贫富差距过大，房价高升令普通百姓难以承受，教育资源分配不公，经济发展道德却滑坡……这一系列问题最终导致社会阶层分化严重对抗激烈，官民之间的矛盾日趋紧张。在这种情况下，引入情绪疏导机制就变得非常紧迫。利用互联网建立有效的情绪疏导机制如网络问政平台，可以发挥良好的"代偿功能"，将现实中的冲突和对抗，矛盾和不满引向虚拟的网络社会，既能满足民众的发泄需要，还可以消散他们心中的"怒火"。当然，有人担心如果互联网上充斥着大量反面言论，会造成不好的舆论影响，不利于党和政府的形象。这种可能固然存在，但虚拟世界中的"谩骂"总比现实世界中的暴力冲突危害要小得多，损失要小得多。而且，及时将民众的不满情绪公之于众，呈现在党和政府面前，可以起到"警钟长鸣”的作用，能够给紧张的社会关系和愤懑的舆论氛围“减压”，最终有利于各种隐蔽性社会矛盾的解决。

4．“民意显示器”为公共决策提供了有益参考。关于网络民意能否影响公共决策，专家学者和业界已经有过很多的探讨和争论。2006年4月3日，知名经济学家樊纲在《21世纪报道》论坛上就网民与改革的问题发表看法，称“网民不能以民意代表自居”，“政府不能仅以网上的舆论来左右自己的政策”。4月5日，网友cfd在人民网强国论坛上发表题为《不能让网上言论左右国家政策！》的帖子[①]，赞成樊纲的观点，并提出“（网络）这个新事物中包含着一些新的问题，一些人在网上攻击改革开放，乱发表意见，搞得决策者无所适从”。网友cfd对此谈了几点意见：（1）要搞清发表某种意见的网民的数量。因为许多人在网上写帖子，一张口就是“人民”，其实，他们并不代表谁。（2）“上报”制度需要改革。因为，如果按照现在的“上报”制度，这些少数人的意见很容易被当成一种“民意”而汇报给上面，使中央失去正确的判断。（3）要坚持改革开放不动摇。只有坚持改革开放不动摇，才不会迷失方向，才不会被少数人的网上言论所影响。（4）言论自由应该主要在报纸、杂志上实现。因为，网络是匿名的，在网上发表意见的人，毫无自律可言，许多人是根本不负责任的。因此，我们很难从网络的言论自由中得到很多有益的东西。

此帖引发了网友的热烈讨论，绝大部分都是批评反对之声。网友“人口是最宝贵的资源”说这是个“极无知和无力的意见”，也有网友坚持了客观冷静的态度，认为cfd的观点虽然遭到了大多数网民的反对，但是点明了一个事实。

激辩中，网友“醉里挑灯论剑”的意见很具有代表性，他提出：“到目前为止，中国还没有比互联网更能代表民意的平台，如果网络民意都不能代表广泛民意，那除此之外的任何个人、任何精英、任何团体、任何平台，其所代表的民意的广泛性更应受到质疑。如果网络言论不该、不应、不能左右或者是影响国家政策，那咱们的国家政策应该由什么来左右影响？”他还辩证地指出：“现在的网络民意有其自身缺陷，如果将来有更好的代替办法，自然可以代替。”

关于“网上言论能否左右国家政策”，无论是支持也好反对也罢，网络民意确实得到了政府部门甚至高官的关注却是个不争的事实。仅2006年两会，网民通过网络提出的问题就达几十万条！温家宝总理会见中外记者时再度公开肯定了这

---

①人民网强国论坛：http://bbs1.people.com.cn/postDetail.do?view=1&id=21666231&bid=2.

种“民意直达高层直通车”沟通方式。

从山东烟台这个地级城市来看，网络民意在推动政府公共决策方面也发挥了重要作用。从2003年至今，网民在“网上民声”栏目反映的意见和建议多达36万条，直接的建议类留言达到了42000余条，其中许多建议得到了政府部门的采纳。2007年3月，许多网民在“网上民声”中向环保局反映烟台某玻璃厂污染严重的问题，留言多达117个。网民留言被编辑整理成了“网上热点”直接提报给市政府领导。烟台市市长张江汀当天作出批示：网上反映的这个问题应当引起我们的高度重视，请责成有关部门迅速研究解决办法，排出时间表，向社会公布，取得市民的理解与支持。批示后，环保局迅速行动责令该厂作出整改措施，并加快新厂建设工作。2008年6月，该厂终于搬迁至新址。在“网上民声”平台上得到政府采纳的意见以及解决的问题还有很多，如白石村遗址保护、马路市场改造、市民卡办理等。

从“网上民声”这个地方性网络问政平台的实践中还可以看出，无论是网民反映的问题还是建议，其中很多对政府部门决策有重要的价值。不仅仅一些建议扩大了政府部门公共决策的参考范围，即使是同一类问题反映的人多了，也提醒着政府部门对这个问题需要引起关注和及时解决。在这个过程中，网民反映意见和建议的举动起到了一定的公共议程设置作用。

三、对“民意显示器”的更高期望

从目前来看，互联网对满足民众表达权方面确实发挥了前所未有的作用，但是也并不是所有的合理要求和建议都能得到及时解决与回应，网络问政平台还有很多可为的空间，其焦点在于如何提升网络民意的话语权上。话语权与表达权是两个概念，两者有本质的区别。笔者认为，话语权意味着话语影响力，或者说是信息传播主体的潜在影响力。表达权是话语权的基础，话语权比表达权有更高的旨意。通俗的理解，公众如果拥有了表达权，在公共领域就有了说话的权力，可以表达自己的观点和意愿，但并不一定能产生影响和实际作用。在当前中国社会中，话语权主要集中在官方和社会精英阶层，他们的话语影响力远远高于普通的平民阶层。因为他们握着更多的社会资源，对大众媒体的使用也非常便利。即便是在网络媒体的使用上，他们总能拥有比网民更多更显著的优势。从目前网络民意影响事件进程路径分析，它的影响力主要来自于网络民意的聚集效应，是基于网民的整体压力而产生的影响力。而且就浩如烟海的网络民意来说，能够产生实际影响力的民意也并不多见，并没有达到公众期待的目标。

因此，表达权的落实仅仅是网络民主的一个层面，而要真正实现从网络民主到现实民主的转变，网民还需要在话语权上努力。努力的方向有三点：

一是完善网络问政平台，提高平台“民意显示器”的地位和影响力。网民的话语权建立在网络媒体影响力的基础上，越有影响力的网络媒体，越能带给网民更高的话语权，网民在此表达的意愿更有分量，更能得到官方的重视。所以，网络媒体一方面要提高网络问政平台的功能，打造平台的公信力；另一方面也要着眼于整个网站构建影响力，建设品牌栏目和频道，做成全国或区域性强势媒体，克服互联网传播的种种不良现象，彰显其优势和特色。

二是政府部门要主动作为，利用互联网做好行政管理工作。对社会管理者而言，不仅要允许网民在互联网上表达，还要主动将属于社会公共领域的事项通过互联网组织调查调研，征集网民意见。民意调查尤其要注意程序的规范和结果分析的科学性，否则就可能会使调查流于形式，民意也得不到尊重。

三是网民自身要提高表达能力。网民要拥有话语权，公众在网络上的表达要形成影响力，关键还要看网民表达的素质、内容和质量。网络民意的表达首先要遵守文明上网的原则，不利用网络的虚拟性发表不负责任的虚假信息和言论，不制造无谓的民意泡沫。实事求是地说，网络上不乏见解独到、分析精辟、意见中肯的言论，但数量少规模小经常被掩盖在大量价值平平的网言网语中，难以形成影响力。网民需要提高表达能力和技巧，能够清楚、规范地说明白一件事情，一个道理，其中最重要的是遵守基本的语言规范。

总之，在网络传播语境中，网民从拥有表达权到话语权，还有一条很长的路要走。在网民、政府和网络媒体三方的努力下，这个目标必将有实现的可能。

第二节 舆论监督的压力器

网络媒体的发展，进一步拓宽了舆论监督的空间，使舆论监督在传统媒体已构建起的框架和模式的基础上又向前迈进了一大步。这意味着，公民作为舆论监督的主体，又多了一条行使监督权的渠道，而且这条渠道对他们更具有可操作性，使用更便捷，更有现实意义。在目前舆论监督的格局中，报纸、广播、电视和网络四大媒体各有特色和优势，他们互相补充，相得益彰，显著增强了舆论监督的效果，使公民的民主权利得到更好的发挥，有力推动了中国民主政治建设和发展。尤其是近年来网络媒体的表现令人瞩目可圈可点。本节将以传统媒体舆论监督的基本特点和形式作为参照，阐述网络媒体舆论监督的方式和功能，重点对网络问政平台在舆论监督方面的独特表现、作用和未来发展进行分析。

一、舆论监督的演变之路

舆论监督广义指公民通过一定的组织形式和传播媒介，充分发表意见、建议和呼声，通过社会舆论对权力组织及其工作人员的活动实行的检察和督促。表现为言论自由权、结社权、知情权、对政府机构或官员滥用权力等不当行为进行举报、检举和控告的权利。狭义指新闻舆论监督，即一般公民和包括新闻媒体在内的社会组织在公共领域的言论空间中通过公开指控、评论，提出改进建议等手段，对政府机构和政府官员滥用权力等不当行为的监督与制约。本节所阐述的“舆论监督”指的是“新闻舆论监督”，以中国共产党于1931年创刊《红色中华》为时间起点，在下文的论述中也一律采用“舆论监督”指代。

像所有事物一样，舆论监督在中国有其产生的根源，并且经历了一个长期的发展过程，期间也有反复和曲折。而且在不同阶段，舆论监督的内涵和开展状况也有所不同。从总体上看，近年来我国的舆论监督呈现出日益开放和多元化的趋势。

重视舆论监督是中国共产党的优良传统。从漫长的革命年代开始，中国共产党就开始通过新闻媒体开展批评与自我批评。1931年，中华苏维埃共和国临时中央政府机关报《红色中华》创刊。发刊词说：“第一，要组织苏区广大劳苦群众积极参加苏维埃政权，这不但要引导工农群众对自己的政权，尽了批评、监督、拥护的责任，还要能热烈地参加苏维埃政权的工作，……实现自己阶级利益与要求”；“第二，要指导各级苏维埃的实际工作，纠正各级苏维埃在工作中的缺点与错误……需要以自我批评的精神，检阅工作中的成绩与缺点，找出正确的办法，指示各级苏维埃有计划有日程地进行工作，以建立巩固而有能力的苏维埃政权。”①1945年《解放日报》和1946年新华社都发表社论，明确指出“自我批评”对于我党组织开展工作的重要性。“1948年刘少奇发表了《对华北记者团的谈话》，对党报如何做党和人民的桥梁、反映人民的呼声和意见、考察党的政策的执行状况并要求敢于为民代言等与新闻舆论监督相关的问题，都作了精辟的阐述。这是建国前党对新闻舆论监督认识的一个阶段性总结。”②《我国新闻舆论监督的现状研究》一文认为，解放前党报强调的较多的批评与自我批评，主要是针对党报自身和党的各级组织的建设而言的，而对包括在“群众监督”之中的以普通群众为主体的舆论监督还是不甚明确，没有能给予一个准确的定位。

建国之初，党中央于1950年4月作出了《关于在报刊上开展批评和自我批评的决定》，从政权建设和党的建设的高度，阐述了包括批评的重要意义。1954年，党中央又作出了《中共中央关于改进报纸工作的决议》，这是党的文件第一次将是否欢迎和保护“劳动人民自下而上的批评”，即群众监督，是否能“通过报纸广泛地吸收来自人们群众的意见”，是否能“正确地负责地处理人民来信”，作为报纸党性的衡量标准之一。《决定》和《决议》中关于群众监督的重要性以及报纸在实施群众监督中的重要性的阐述，为新中国群众监督工作的开展指明了方向。据统计，从1949年至1956年间，《人民日报》发表的批评报道和批评稿件超过4万篇，集中揭发和批评了一批重大的典型事件，如中共天津地委书记刘青山、行署专员张子善贪污案件，山西省交通局干部多起重大贪污案件等。这一时期的批评报道给刚刚解放的群众树立了信心，使党的威信和地位得到了巩固和提高。然而，1957年的“反右”斗争扩大化，1959年的庐山会议，特别是十年动乱，使党和国家的政治生活越来越偏离民主和法制的轨道，正常的群众监督丧失殆尽，破坏性“大批判”充斥于报纸杂志之中，正常的批评报道完全无影无踪了。这个时期，党和国家的政治、经济建设遭受了严重挫折。1976年“四人帮”被粉碎，我国新闻媒体冲破重重阻力，发表有关拨乱反正的宣传报道。1978

①张之华主编．中国新闻事业史文选．北京：中国人民大学出版社，394～395．

②邵恩荣．我国新闻舆论监督的现状研究．兰州：兰州大学，2005年9月。

年5月11日，《光明日报》头版发表了《实践是检验真理的唯一标准》，拉开了思想解放的序幕，为党的十一届三中全会的召开奠定了舆论基础。邓小平说："进行政治体制改革的目的，总的来讲是要消除官僚主义"①，"要看到我们的路是漫长的，还会遇到许多苦难，错误也是难免的。关键在于不断地总结经验，使我们党的生活民主化，使我们国家的政治生活民主化。这样就能听到更多的意见，特别是人民群众的意见。"②邓小平关于政治体制改革和国家政治生活民主化的思想，为舆论监督的正式提出奠定了思想和理论基础。1987年10月召开的中国共产党第十三次代表大会会议报告提出："重大问题让人们知道，重大问题经人民讨论"，"要通过各种现代化的新闻宣传工具，增加对政务和党务活动的报道，发挥舆论监督的作用，支持群众批评工作中的缺点错误，反对官僚主义，同各种不正之风作斗争"。这是党的文件中首次明确使用舆论监督这一概念。③表明了党对来自群众的监督在认识上有了新的飞跃，标志着中国共产党的新闻舆论监督观的正式形成。进入20世纪90年代，舆论监督继续得到党和政府的高度重视。1997年9月，江泽民在十五大政治报告中进一步论述了深入开展舆论监督、建立健全有效的监督机制以及舆论监督对象等问题。他指出"把党内监督、法律监督、群众监督结合起来。发挥舆论监督的作用。"④2007年10月15日，胡锦涛在党的十七大报告中指出："人民当家作主是社会主义民主政治的本质和核心。要健全民主制度，丰富民主形式，拓宽民主渠道，依法实行民主选举、民主决策、民主管理、民主监督，保障人民的知情权、参与权、表达权、监督权。"要"落实党内监督条例，加强民主监督，发挥好舆论监督作用，增强监督合力和实效。"2008年6月20日，胡锦涛视察人民日报社考察工作时作了重要讲话，对做好新闻舆论工作的重要性作了详细阐述，并提出要加强新兴媒体建设，形成舆论引导新格局。胡锦涛指出"要从社会舆论多层次的实际出发，把握媒体分众化、对象化的新趋势，以党报党刊、电台电视台为主，整合都市类媒体、网络媒体等多种宣传资源，努力构建定位明确、特色鲜明、功能互补、覆盖广泛的舆论引导新格局"。"互联网已成为思想文化信息的集散地和社会舆论的放大器，我们要充分认识以互联网为代表的新兴媒体的社会影响力"。胡锦涛的这番讲话，不仅

①邓小平文选．第三卷．176～177.

②邓小平文选．第三卷．259.

③田大宪．新闻舆论监督研究．2页.

④本节第一部分第三、四段内容较多参考、引用了邵恩荣《我国新闻舆论监督的现状研究》中的第一部分"历史的回顾——'从批评与自我批评走向新闻舆论监督'"的研究成果。

强调了新闻媒体在舆论监督、舆论引导中的重要地位和作用，还充分肯定了互联网媒体在汇集舆情信息，反映百姓呼声方面的独特作用。

从舆论监督的演变发展可以看出，中国共产党建党之初就重视依靠新闻媒体开展如批评和自我批评等各种形式的监督，以确保党的各项工作有序、有效地开展。尽管早期的舆论监督思想和理论并未形成，认识尚不深刻，但“批评和自我批评”式的监督为革命的胜利、人民民主政权的建立作出了贡献。随着党和政府在国家的政治经济建设实践的不断深入，党和政府愈来愈重视舆论监督，有关舆论监督的思考、认识和理论体系也更加完善和成熟，舆论监督的渠道、形式也丰富多样，为我国的社会主义市场经济体制改革和社会主义民主政治建设的稳步发展提供了重要保障。

二、网络媒体——舆论监督的新渠道

中国的网络舆论监督开端于2003年。这一年有两个重大事件在网络上被热烈讨论：一个是孙志刚收容惨死事件，一个是刘涌案。这两人成为当时网络舆论的焦点，而且事态的发展和最终结果都与网民的直接参与、推动有密切关系。

2003年3月20日，湖北青年孙志刚在广州被收容并遭殴打致死。事件发生后，《南方都市报》以《被收容者孙志刚之死》为题，客观、冷静地报道了孙志刚因为没有暂住证在广州被收容致死的黑幕。随后，互联网媒体积极介入，“网民们义愤填膺的呐喊直接冲击了当时的收容遣送制度，拉开了公众通过网络发表政见的序幕”。[1]在互联网快速传播的效应下，孙志刚事件引起社会广泛关注。6月20日，国务院发布《城市生活无着落的流浪乞讨人员救助管理办法》，同时废止《城市流浪乞讨人员收容遣送办法》。孙志刚事件中，互联网发挥了强大的媒体舆论监督作用，不仅促使有关部门侦破此案，而且引发了民众和法律界人士对收容遣送制度的质疑，并最终废止了这一制度。孙志刚事件之后，网络媒体的地位和影响力进一步提高。

刘涌案是另一个网络舆论监督的典型案例。2002年4月17日，辽宁省铁岭市中级人民法院对刘涌黑社会性质犯罪集团22名被告人公开宣判，刘涌以故意伤害罪被判死刑，剥夺政治权利终身。2003年8月15日，辽宁省高级人民法院终审判处刘涌死刑，缓期两年执行，剥夺政治权利终身。据称，刘涌案终审改判与国

①赵建凯. 网络十年路 互联网聚民意唱民声. http://www.itxinwen.com/view/new/html/2009-08/2009-08-11-666301.html，2009年8月11日

内14名一流法学家联名出具的一份《沈阳刘涌涉黑案专家论证意见书》有直接关系。一时网络舆论哗然。终审第二天，天涯论坛中网民关于刘涌案改判议论纷纷，表达了对终审判决的失望和愤怒，对辽宁高级法院的公正性提出质疑。在网络舆论的强大压力下，最高人民法院于2003年12月22日在辽宁省锦州市中级人民法院对刘涌组织、领导黑社会性质组织一案经再审后作出判决，判处刘涌死刑，并于当日执行。

网络舆论监督在这两个重要事件中得到了深刻体现。网络媒体不仅及时、大容量对事件进程进行报道，满足了公众的知情权，还为网民提供了一个发表意见和言论的空间，让更多人能够针对事件发表个人观点和评论，民意的表达有了通畅的渠道。围绕孙志刚事件和刘涌案，互联网形成了巨大的舆论场，凝聚了强大的监督力量，与公权力、司法机关甚至某些专家学者进行博弈抗衡，并最终取得了顺应民心的结果。

从2003年以来，随着互联网的普及，网民数量的剧增，网络舆论监督蔚然成风，在舆论监督领域发挥着愈来愈重要的作用，成为一个不可忽视的舆论监督新形式。有媒体认为2007年是“网络公共事件元年”，这一年发生了5个典型的网络公共事件，分别是“厦门PX项目事件”、“重庆最牛‘钉子户’事件”、“山西黑砖窑事件”、“济南红钻帝国事件”、“华南虎事件”。这五个事件从不同角度反映了网络舆论监督的力量。“厦门PX项目事件”是网络民意影响公共决策的一个典型。该项目是厦门市引进的总投资额达108亿元的腾龙芒烃（厦门）有限公司的一个化工项目，于2004年2月获国务院批准立项，计划于2007年夏天开工。厦门大学化学系教授、政协委员赵玉芬认为PX是高致癌物，对胎儿有极高的致畸率。而且PX厂距厦门市中心和鼓浪屿只有7公里，距离新开发的某居民区只有4公里，非常危险。2007年“两会”期间，赵玉芬联合了另外104名政协委员，向政府提交了一项提案，建议暂缓PX项目建设，重新选址勘查论证。此事经媒体披露后，网民利用社区、QQ群进行了热烈讨论。随着网络讨论的升温，网民不满足于单纯的线上讨论，号召市民们去厦门市政府“散步”，公开表达对该项目的不满。2007年6月1日，“散步”在警察监视下如期举行，没有过激行为发生。随后，厦门市政府发布公告，称“市政府已经决定暂缓建设PX项目。目前项目已经停工，正在进行区域规划环评……”2007年12月，厦门PX公众听证会召开，各种消息称PX项目将迁址。2009年1月12日，国家环保部在其官网披露，腾龙芳烃（漳州）有限公司80万吨/年对二甲苯工程及整体公用配套工程的环境影响评价意见，已在1月9日获该部常务会议原则通过。该项目是厦门PX项目迁址而来的，最新的总投资计划已从原先的108亿元升至137.8亿元。在这个事件中，网络舆论监督的模式非常清晰，先是媒体对事件披露，然后网民广泛参与积极表达意见，最终促使厦门市政府作出新的决策。

2008年、2009年两年，网络舆论监督典型事件更是络绎不绝，而且监督的矛头直指权力腐败、官员作风和违规执法等问题。如南京天价烟事件、贵州瓮安群体事件、央视新址火灾事件、杭州飚车撞人事件、成都公交车燃烧事件、云南晋宁看守所死亡事件，河南灵宝追捕王帅事件、湖北石首群体事件、湖北巴东邓玉娇事件、上海“钓鱼”执法事件……互联网的舆论监督作用进一步被放大，许多腐败和执法问题被深刻揭露。在网络舆论监督过程中，网民的想象力和创造力也得到淋漓尽致的体现，诸如“70码”、“楼脆脆”、“躲猫猫”、“临时性强奸”等词语生动形象地表达了网民对权力腐败和违规执法等社会丑恶现象的戏谑和憎恨。

三、网络舆论监督机制及特点分析

新闻媒体是广大人民群众进行舆论监督的重要渠道，报纸、广播、电视作为传统的舆论监督载体，无论是在历史上还是现在，都发挥了主力军作用。毋庸置疑，传统媒体在未来的舆论监督中仍将举足轻重。尤其是电视媒体新闻报道以形象生动、意蕴深刻、典型性强见长，舆论监督颇具广度和深度，其中流砥柱的作用非常显著。互联网媒体的出现，又为舆论监督增添了新生力量，显示出了与传统媒体承载之下的舆论监督不同的气象。

网络舆论监督让监督主体得到回归，更加平民化。根据上文所述舆论监督的定义，舆论监督应当包括监督主体、监督客体和监督载体三个方面。舆论监督的过程就是监督主体通过监督载体对监督客体实施监督的舆论循环机制。显而易见，在舆论监督中广大的人民群众应是舆论监督的主体，政府机关、权力组织、国家公务人员、企业法人以及公众人物是舆论监督的客体，媒体则是舆论监督的载体。在2003年以前，传统媒体一直是舆论监督的主要阵地。传统媒体开展舆论监督主要是通过记者采访、调查后撰写相关报道，经过大众媒体传播后达到影响公众产生舆论的目的。传统媒体舆论监督是一个“严谨有序”的过程，尽管许多监督报道线索都来自于人民群众的反映和举报，但是在媒体报道过程中群众的意见和呼声经过了重重把关，更多地体现了媒体和宣传部门的意图，所以学者展江认为，“舆论监督并不是一个严谨的概念，因为它实际上是媒体监督，所谓代表公众则是一种习惯，并非正式授权和约定。”所以，在以传统媒体为载体的舆论监督中，人民群众舆论监督主体的地位并未得到很好的体现。但是互联网的诞生和网络媒体的发展使这种情况得到了极大改观，逐渐形成了舆论监督新模式——网络舆论监督。在互联网社区、论坛、新闻跟帖等互动交流平台中，舆论监督的主体——人民群众的监督力量得到了空前释放，他们走到了舆论监督的前沿阵地，亲自对公共政策优劣、政府机关得失、公务人员行为品头论足，表达意见，形成了新时期舆论监督的新景观。网络舆论监督与传统意义上的舆论监督是双向互动的，这种双向互动的局面在传统媒体单一的舆论监督模式中很难出现。传统媒体的传播特点和机制决定了现实中的公众舆论很难直接呈现在传统媒体之上。因此，互联网承担了这一历史使命。网民以切身行动直接参与到舆论监督中，他们或者是在媒体（报纸、广播、电视、网络等各种媒体）对违法违规行为或不良现象报道后予以跟进，表达对事件或者当事人的看法，依靠规模庞大的网络民意对事态发展和社会产生影响，或者某些违法违规行为首先就被网民发现和揭露，在网络中形成影响力后再被媒体公开报道，两者相互推动，更加强化了舆论监督的效果。

网络舆论监督减少了监督的盲区，使许多原本隐蔽的问题显性化。网民是网络舆论监督的主体，网民规模、网民数量所占人口比重对网络舆论监督的广泛性有重要意义。当监督主体的规模庞大了，能够监督到的领域自然而然就扩大了。所以，只有当网民数量达到一定规模，才能对网络舆论监督产生实质性影响。根据CNNIC发布的《第26次中国互联网络发展状况统计报告》，2010年6月，我国总体网民规模达到4.2亿，突破了4亿关口。互联网普及率攀升至31.8%，较2009年底提高2.9个百分点。根据这一数据计算，我国人口中平均约3个人就有一位网民，约1/3的公民具有网民身份。这表明我国网络舆论监督的主体是广泛的，他们遍布人民群众之中，一旦发现违规违法现象，就有可能通过互联网公之于众。在这种舆论监督形式下，许多很隐蔽的问题就像穿上了“皇帝的新装”原形毕露了。最典型的案例莫过于南京天价烟事件，周久耕开会的照片中，一个“九五之尊”烟盒，一块腕上名表，没有逃过细心网民的眼睛，成为揭开一桩腐败案件的线索。以至于一个时期以来许多官员开会不敢抽好烟，更不敢戴好表，甚至手机也换成了普通品牌。用无孔不入形容网络舆论监督，虽有夸张之嫌，但其超强的渗透力确实令人刮目。目前，网络舆论监督的广泛性也只是相对而言，虽然我国网民数量多，所占人口比重也达到一定程度，但是城乡网民结构不平衡，使得网络舆论监督仍存在明显的盲区。根据CNNIC发布的《第26次中国互联网络发展状况统计报告》，截至2010年6月，我国农村网民规模达到11508万，占整体网民的27.4%；城镇网民规模达到30492万，占72.6%。由此可见，在我国网民中城镇网民占据了主体地位。这种城乡网民结构不平衡的局面，使得网络舆论监督主要集中在县级以上政府机关、公务人员身上。近年来发生的众多网络舆论监督事件也大都属于这种情况。网络舆论监督对乡镇等基层党委、政府的监督作用还未显现，这方面的典型案例也非常少见。值得期待的是，目前三网融合方案已经获得通过，并在部分农村地区开始试点推广，这将会对农村互联网的发展带来质的变化，未来农村网民规模有望加快增长。随着农村网民数量的增长，素质的提高、民主意识的增强，网络舆论监督基层乏力现象会得到改善。这也提醒乡镇等基层党委、政府，他们也将很快面临着网络舆论监督的考验。

网络舆论监督压力来自监督主体——网民。在过去很长一段时间，人们也普遍认为传统媒体是当今时代的主流媒体，因而无论是新闻报道还是舆论监督，都更多寄希望于报纸、广播和电视媒体。时至今日，仍然有很多人受此影响。这与网络媒体还未全面普及有很大关系。毋庸置疑，传统媒体具有较强的监督力度，在长期的舆论监督实践中打造了一大批名牌栏目。例如，中央电视台《焦点访谈》节目、中央人民广播电台《新闻纵横》节目、《中国青年报》“冰点”栏目等，《人民日报》、《光明日报》等也开设了有关舆论监督的专栏。《焦点访谈》很长一段时期成为舆论监督的代名词，反映了其在舆论监督领域的作用和影响力。显然，传统媒体开办的有关舆论监督栏目和新闻报道，在揭露假恶丑、弘扬真善美方面发挥了重要作用，许多问题经过媒体报道后便会产生强烈的反响，一大批违法违规、腐败案件在舆论监督的作用下被查处。传统媒体的监督力度主要来自以下两个方面：一是传统媒体主流地位，在人们的潜意识中被赋予了“第四权力”，这种权力承载着广大人民群众惩恶扬善的期待；二是传统媒体的宣传功能非常显著，是党的喉舌，主要体现党的意志。这使得传统媒体具有天然的权威性和影响力。而且许多舆论监督行为就是在党的授权下进行的。由此可见，传统媒体舆论监督的压力主要来自监督客体和监督载体。网络媒体却有不同表现，网络舆论监督的压力主要来自监督主体。毫无疑问，只有监督主体充分行使监督权，发挥舆论监督的主体功能，才能从源头上保证舆论监督顺畅自然、有始有终。任何缺乏监督主体参与的舆论监督，都不是真正意义上的舆论监督，都不是完整的舆论监督。只有广大人民群众参与了监督，才能形成舆论，才会具有强大的监督压力。在网络传播机制作用下，网络舆论监督的监督主体主要通过三个方面施加监督压力：网民的群体压力、网民的集体智慧、网民的锲而不舍。首先，网民这个群体既具有分散性又具有聚合性，当没有特定的议题时，他们之间并没有必然的联系，个体自由度较大。但是当网络上出现了某个议题，尤其涉及权力腐败、滥用职权、决策失误、官员作风等主题，他们便会迅速聚拢，形成群体围观和讨论，产生群体压力。这种虚拟世界的群体压力丝毫不逊色于现实世界的公众舆论压力，甚至由于其围观人数更多、传播速度更快、围观者在暗处而当事人或部门在明处，这种压力会更强大。其次，网民是一个拥有智慧的群体，他们当中蕴藏了丰富的能量。尤其是在网络传播机制作用下，网民之间是彼此联系的，个体网民所拥有的知识、智慧、机智、创意、计策等等相互融合会产生化学反应，具有1+1>2的效果。“华南虎事件”是最好的例证。为了证明相关方面造假行为，网民从摄影、生物、数学等多个方面进行论证，显示了网民的集体智慧和力量。再次，网民具有锲而不舍的精神，能为讨一个结果不达目的誓不罢休，不遗余力地奔走呼告。在网络世界中，网民很容易将自己置身于某些特定场景，产生与情景相符的情感。因此，面对腐败他们会义愤填膺，看到弱者他们又会怜悯同情。在情感的支配下，网民本能地参与到事件中去，并致力于获得一个圆满的结局。他们希望腐败得到惩治，弱者得到关怀。在这种心理作用下，网民愿意为一件事情付出锲而不舍的努力，即使中途有网民退出了，也还会有其他大量的网民加入进来。综上所述，来自网民的监督压力对监督客体产生了强大的震慑力，虽然大部分网民个体在网络上是微不足道的，甚至他们在现实中也不过是“小人物”，但是这些微不足道的“小人物”来到了互联网上后，就没有人知道他是“小人物”了，他们的一举一动往往能产生“蝴蝶效应”，引发不可预料的舆论监督风暴。互联网时代，各级党政机关、权力组织、公务人员、公众人物甚至每一个公民都处在网民监视之中，权力腐败、作风腐化、滥用权力、营私舞弊等行为更容易暴露，违法违规成本更高，风险更大。网络舆论监督产生的高压足以让每一位以身试法者三思。

四、网络问政平台——网络舆论监督探索

由于网络暴力等现象的存在，网络舆论监督也并非尽善尽美，其中不乏许多非理性行为，甚至有干预司法公正之嫌。无论是南京天价烟事件，还是邓玉娇事

件，每一起网络公共事件结束后都会有专家学者从法律的角度评判网络的功过。舆论监督虽然不具有法律效力，但能够产生很强的杀伤力。在一个法制社会，舆论监督亦应当在尊重法律的前提下进行。因此，对网络舆论监督进行规范和正确引导，建立网络舆论监督的有效制度和途径是确保网络舆论监督健康发展的重要举措。

网络媒体是网络舆论监督的载体，有责任和义务为网民提供更有效、更规范的舆论监督渠道，总的目标就是要使网络舆论监督既活泼又严肃。一方面让网民自由地行使监督权，敢于发言；另一方面又使得监督的过程秩序井然，体现其严肃性，尽量避免不必要的冲突和伤害。目前网络媒体所提供的主要监督渠道是社区、论坛、博客、即时通信工具、SNS等。这些互动平台在网络舆论监督中发挥了重要作用，在未来，他们仍然是不可或缺的监督途径和民意聚散地。只不过网络媒体要对网民使用这些互动平台时作出合理的、适当的引导，使网络使用规范和道德逐渐形成，使网民养成文明上网的好习惯。

建立网络舆论监督的制度化通道具有开创意义。社区、论坛等互动平台是互联网技术的衍生品，是伴随网络技术和网络应用思想的发展而出现的，是大众化的交互性交流工具。他们从诞生之初就打上了强烈的“自治”印记，从某种意义上说，这些平台原本就是网民的领地，只不过以网络媒体为基础罢了。许多网络媒体实践也表明，在对社区、论坛的管理上稍加严格，便会遭到网民的抵制和反对，甚至会造成大量网民流失。因此，在肯定社区、论坛等平台舆论监督积极作用的同时，建立制度化的舆论监督通道不失为一种较好的选择。在许多有关网络媒体舆论监督论述中，有人反复提到：希望在网络媒体中，能有常规的反映问题的渠道，网民和政府部门之间能建立一条相互反馈路径。其实，人们所希望的正是类似网络问政平台一类的栏目。关于网络问政平台的特点在第三章已作过分析，在此不再赘述。下文主要就网络问政平台在舆论监督方面具有的特点作简要说明。

网络问政平台在舆论监督方面具有严肃性。网络问政平台是一个专设的网民反映问题、表达意见和建议的场所，目的性非常明确。在网络问政平台上，咨询问题和反映问题是网民的主要表达行为。由于这些问题都与网民个人的切身利益相关，他们在表达上也就更正式、更严肃。胶东在线“网上民声”还针对投诉举报等敏感问题建立了内参制度，对网民反映的问题涉及到个人和单位的，在未经调查落实前，采用内参的形式转交部门，待调查落实后再予以公布，保护了公民的隐私权、名誉权等合法权益。因此，在网络问政平台上也就很难见到社区、论坛中大量的民意噪声和泡沫。舆论监督主体的严肃表达，提升了网络问政平台舆论监督的价值，令监督客体——政府部门、公务人员等对此类平台更加重视。

网络问政平台集纳了大量网络民意，使舆论监督相对集中，对政府部门产生更大的舆论压力。网络问政平台一般对所辖范围政府部门作了划分，网民反映的问题可以有针对性地提交到相关部门。每一个政府部门都在网络问政平台上有单独的区域，展示与部门相关的系列问题，形成了政府部门的舆论场价。特别是关于交通、教育、城管、公安等热点部门，每天都会收到网民反映的大量问题，这些部门的舆论氛围就更浓一些。舆论氛围浓厚了，政府部门就会倍加重视，监督的力度和效果也就自然提高了。烟台市交通局党委副书记杨培臻说："市民反映的问题挂在网上，千万双眼睛在看着，使我们的压力很大，同时也促使我们以最快的速度解决群众反映的问题。在网上还可以随时倾听来自群众的心声，使我们的工作能够有重点、有目标地向百姓所关注的问题上靠拢。胶东在线网站'网上民声'这种晴雨表作用，为部门工作提供了很好的依据和参考。"

网民通过网络问政平台实现了对政府部门的直接监督。网民反映的问题只要不存在违反法律法规和侮辱诽谤的内容，都会不折不扣地被审核通过直接到达部门。网民对政府部门监督的中间环节最大程度地简化了，网民和政府部门依托互联网可以直接对话，交流意见。此外，网络问政平台建立了交流反馈机制，为网民与政府部门之间的交流沟通提供了制度保障。这意味着网民反映的问题、提出的意见必须得到政府部门的正面回应。可以预测，当网络问政平台逐步发展和普及，舆论监督会产生更大的压力，舆论监督的效果会更明显。

总之，肯定互联网在舆论监督中的独特作用，并非厚此薄彼。无论是传统媒体还是新兴媒体，在舆论监督中各有所长，不可以将它们割裂开。传统媒体和新兴媒体彼此配合、扬长避短，方能为公众提供更宽广的舆论监督平台，将舆论监督推向新的高度。

第三节　解决问题的助推器

在现实生活中存在许多问题和矛盾，它们事关人民群众的切身利益和福祉。网络问政平台的一个重要价值，在于它能调动各种资源，发挥网络媒体的优势，使网民反映的问题得到解决。形象地说，网络问政平台就像一双有力的手，不仅将大量社会问题呈现到政府部门面前，而且努力推动政府部门积极作为，起到了解决问题助推器的作用。本节主要分析网络问政平台在推动问题解决方面所具有的实质、动力和作用。

一、现实社会公众诉求的境遇

目前，我国正处于改革的关键阶段，在社会转型、经济发展过程中，出现各种利益纠纷和社会矛盾在所难免。为了解决各种民生问题，保障公民的合法权益，维护社会稳定，我国政府建立了一系列问题反映、申诉机制和渠道，如信访、监察、纪检等等。这些渠道承担了大部分各类申诉的处理和反馈工作，有效解决了一批社会问题。但是，在目前公众表达诉求、利益伸张的过程中也存在许多羁绊，导致公众诉求无法有效地传递和解决，累积了大量社会矛盾。尽管很多地方政府部门在解决民众问题，维护社会稳定方面也做了许多工作，但很多措施与社会实际需求脱节，与公众的要求也相差甚远。从现实来看，公众诉求遇到的问题主要有以下几个方面。

1．公众诉求遭遇冷漠处理。《半月谈》读者来信室经常收到各地的读者来信，一位安徽读者来信反映："人民的权力应该为人民说话，可是，在现实生活中，权力总是跟老百姓的维权较劲儿，明明知道老百姓的要求是合理的，不是无动于衷，就是拖着不处理，让你到处跑，最后让你自生自灭。"信中反映的情况并不夸张，很多反映问题的人都可能有切身体会。本来，权力是为人民谋利益的，解决老百姓的利益诉求是执政者义不容辞的责任，以政府的权力维护百姓的权利是天经地义、顺理成章的。然而，就是这样一个最基本的道理，遭到了许多地方政府部门面对公众诉求时的冷落和漠视。一个不容忽视的问题是，许多政府部门存在机构臃肿、人浮于事的严重现象。一些政府公务人员不仅自身职业素质较低，而且具有强烈的官僚主义思想，社会管理和公共服务意识很差。因此，当他们面对平民百姓饱含着期待和信任的诉求时，不是认真了解情况而是打官腔，敷衍塞责，不是“急群众所急”而是推诿扯皮，能拖则拖，有的上访信件甚至从来就没有被打开过，以至于从此石沉大海，杳无音信。更有甚者，某些公务人员为了落个清静，对上访人员采取“闭门不见”的手段，能躲则躲。政府部门冷漠对待公众诉求现象，有悖于党和政府为人民服务的宗旨，辜负了人民群众的信任和寄托，会严重损害党和政府在人民群众中的威信和影响力，容易导致干群关系僵化，产生深层的矛盾和纠纷。

2. 公众诉求面临责任和权力缺位。一个湖北读者也向《半月谈》读者来信室反映：“我上访了20来年，接访的部门总是对我说，你的事情非常具体，解决的最好办法还是到本地解决。”一位甘肃读者说：“老百姓想解决自己的问题非常难。找政府，政府不管；找部门，部门说我们没有权力；找法院，法院不受理，找上面推到下面，闹得我们不知道找谁。”显然，部门职责交叉和关系不顺，是多年来政府运行中存在的突出矛盾和问题，它在很大程度上影响了政府协调运转，降低了行政效能。政府机构设置还不尽合理，部分职责交叉、权责脱节和效率不高的问题比较突出。在这种情况下，公众反映的许多问题很难找到责任主体，以至于问题一拖再拖，久拖不决，久而久之就淤积了大量疑难问题，对社会稳定构成了潜在威胁。

关于解决现行行政体制中责任和权力容易缺位的问题，烟台市芝罘区在“网上民声”运作实践中总结了一条原则：首接责任制。该制度规定，政府部门在接到网民反映的问题时，即使该问题不属于本部门的管理范围，也应当本着为民服务的原则由接到问题的部门联系有关部门落实解答和回复，而不能简单地将问题推到其他部门，在回复的最后可以说明实际解答、解决这个问题应该属于哪个部门，后续问题如何联系。该制度对网民具有很大的便利性，即使问题反映错了部门也不会遭到拒绝处理，可以有效地避免网民针对同一个问题反映给多个部门的现象。同时，该制度又体现了烟台市芝罘区政府部门“以人为本”的执政理念和开创精神，大大提升了政府的形象和公信力。

3. 公众诉求遭遇围追堵截和打击报复。公众的很多诉求特别是涉及投诉、举报一些重大的违法违规案件和一些重大的侵犯人民群众利益的行为时，诉求的过程往往异常艰辛甚至危险重重。《半月谈内部版》2005年6月曾刊登记者调查专稿：《失地农民抗争三年成被告》，对广西荔浦县荔城镇几位拿不到应得的征地补偿款农民的遭遇进行披露。这种舆论力量介入的结果，竟成了县国土局在征用其他村土地时“威慑”被征地农户的“案例”：城西队那几户人和政府作对，《半月谈》都登了又能怎么样？官司打赢了又怎么样？县政府根本就不同意给他们（征地补偿款）。甚至有些群众向纪检监察机关举报公职人员侵犯人民群众正当权益时，后者非但不履职、不查实、不处理，还把举报情况转给被举报者的单位和个人。更有甚者，一些群众维权事件经媒体曝光后，相关职能部门不仅不从自身查找问题，反而变本加厉对受害群众进行监控和跟踪。浙江温州的读者陈云华说：“我们夫妇举报（本村涉农职务犯罪）已经好几年了，上面非但压案不查处，反而多次将我们抓捕，超期羁押，并殴打我儿子使他重伤致残。”很多情况下，尤其是涉及非法拆迁、侵占土地、环境污染等问题，公众诉求不仅得不到伸张，反而被有关部门重重阻挠甚至以武力相威胁。相关部门帮助某些利益团体掩盖事实和真相，欺压百姓，是典型的官商勾结，这种“权力”的不正当使用直接导致诸如以权谋私、滥用权力、权力越位、权力寻租、权钱交易等违法乱纪行为盛行。

二、解决问题维护公众利益是政府义不容辞的责任

解决市民百姓在社会生活中所遇到的涉及公共领域、公共利益等各类民生问题，是服务型政府的一项重要工作内容。全心全意为人民服务是中国共产党的宗旨。无论是在革命战争年代，还是大力发展经济的和平年代，党始终把人民的利益放在第一位，从根本上讲，人民的利益就是党的利益。对各级政府而言，认真践行好党的宗旨就意味着要为公众提供良好的社会环境，让公共领域存在的问题得到及时解决。虽然媒体能够依靠自身的特殊身份，拥有一定的资源整合力和社会影响力，为公众解决一些实际问题，但这不是根本。媒体最重要的职责之一是依靠专业素养和媒介技术监测和协调社会，监督政府摆正自己的位置，用好手中的权力。因此，公共领域问题的解决最终还是要落实到各级政府部门，具体分析有以下几个因素。

1. 这是政府公共服务职能的具体要求。政府具有政治、经济、文化和社会公共服务等多种职能，其中社会公共服务职能与公众的日常生活关系最为密切。公共服务职能主要包括城乡公共设施建设，发展教育、科技、文化、卫生、体育等公共事业，为社会公众参与政治、经济、文化等社会生活提供保障。公共服务职能还具有广义和狭义之分，狭义的公共服务职能主要指满足公民具体的直接的需求，如衣食住行、生存、生活和发展等。在日常生活中与公众有关的问题主要

集中在衣食住行、生存发展等领域，如涉及交通、住房、治安、教育等问题一般都属于社会热点问题。解决这些与公众密切相关的社会问题，必然要求政府积极发挥公共服务职能。另一方面，伴随互联网的普遍应用，大量社会问题纷纷呈现在互联网上。笔者对历年来“网上民声”网民留言类型进行统计分析发现，每年网民留言中约有30%涉及投诉和反映问题，而且这些问题基本上都具有具体性、紧迫性，需要得到政府的及时关注和解决。

2．这是化解社会矛盾维护社会稳定的需要。社会矛盾作为一种客观存在，包括宏观和微观两个层面。我们正在进行的经济体制改革和政治体制改革就是在解决中国社会发展过程中出现的宏观层面的矛盾，进一步解放和发展社会生产力。改革的过程不可避免地会出现新的矛盾和问题，会伴随着一系列的阵痛。因此，处理好改革、发展与稳定之间的关系，是政府在中国社会转型过程中的重要责任。2003年，胡锦涛在党的十七大上提出“科学发展观”，要求“坚持以人为本，树立全面、协调、可持续的发展观，促进经济社会和人的全面发展”，是党在新时期“推进各项事业的改革和发展的一种方法论”，对正确处理改革、发展、稳定三者关系具有重要的指导意义。还有一个不可忽视的问题是，大量复杂的社会问题、尖锐的社会矛盾涌向了互联网。从现实社会到互联网媒体，各种矛盾在大众媒体上自发地传播，如果处理不当就有可能引发更大的问题。这就要求政府部门充分履行公共服务职能，利用先进技术手段及时捕捉社会中不断出现的矛盾和问题，洞察社会公众的情绪和要求，直面公众诉求，积极处理公众问题。

3．这是提升政府公众形象的需要。良好的公众形象是现代政府最大的无形资产。如果政府在公众心目中有良好的形象，则其制定公共政策、实施公共管理和公共服务等诸多政府行为就更容易得到公众的理解和支持，可以大大减少政府工作中各类阻碍，行政效率也就自然提高。“创新、务实、廉洁、高效”是衡量政府形象的基本标准，也揭示了政府形象提高的方向所在。从务实的角度来看，提升政府形象不仅要求政府重视和公众的双向传播与沟通，主动倾听民意了解公众对政府的期待，满足公众对政务信息的知情权，及时对政府出台的各类政策、决策作出解释，根据公众实际需求改进工作，也需要政府有务实的工作作风，要依靠实际行动“打动”公众，即依法解决公众各类实际问题和困难，让他们感受到政府的关怀和温暖。众多实践表明，政府如果能以积极的姿态为公众解决问题，即使由于各种原因无法使问题得到圆满解决，最终也能获得公众的谅解和舆论支持。

三、网络问政平台有效推动政府部门解决公众实际问题

网络问政平台一端连接网民，一端连接政府，为二者建立起一个长效的双向沟通渠道，起到了上传下达、沟通协调的作用。对公众而言，网络问政平台也是一个问责平台，他们将大量具体的问题直接发到这个平台中，期待政府部门承担责任解决落实。网络问政平台是政府公共服务职能在网络媒体上的深度嫁接，利用网络媒体的传播特点和技术优势改善了公众诉求的境遇，实现了政府公共服务的大面积覆盖和深化。网络问政平台之所以能推动政府部门解决公众实际问题，主要有两个方面的原因。

1. 网络问政平台能够较好地整合行政资源，将行政资源整合力转化为解决问题的推动力。网络问政平台实现了区域行政资源的整合，超越了时间、空间和部门分隔的限制将众多政府部门集中到一个统一的平台上，构建起了一个“一站式”的政府办公大厅。联合国经济社会理事会将电子政务定义为，政府通过信息通信技术手段的密集性和战略性，应用组织公共管理的方式，旨在提高效率、增强政府的透明度、改善财政约束、改进公共政策的质量和决策的科学性，建立良好的政府之间、政府与社会、社区以及政府与公民之间的关系，提高公共服务的质量，赢得广泛的社会参与度。网络问政平台与这一定义在目标上具有非常明确的一致性，二者都致力于政府与公民之间关系的重构。所以，网络问政平台具有电子政务性质，是广义电子政务的一个分支，属于政府—公民间电子政务。网络问政平台对行政资源的整合力来自两个方面。一是现代化的计算机、网络和通信技术手段为网络问政平台的构建提供了基础。计算机编程技术实现了以政府部门为核心的数据整合，每一个政府部门的名称、联系方式、职能、动态信息以及网民反映的问题都能分门别类、井然有序地组织排列。网民可以方便地使用网络问政平台中的各种功能，按照既定的规则和程序进行浏览和互动，现实中各种关系的纷繁、复杂状态被理顺和优化。互联网和现代化的通信技术将独立的计算机相互连接，彼此之间能够进行通信和访问，人们可以通过互联网自由地进行交流与沟通，政府与公众的交流就摆脱了时空的限制。这样，依靠计算机编程技术构建的网络问政系统以互联网为载体，就成为一个公共的网络问政平台。二是网络媒体已经成为公认的第四媒体，与传统媒体同样具有一定的影响力和公信力。建立在网络媒体之上的网络问政平台不仅是一个公共服务平台，也是一个信息传播平台，需要遵循大众传播规律。网络媒体具有一定的影响力和专业素养，成为承担网络问政平台建设和运作的最佳选择。以“网上民声”创办经验为例，政府部门

参与网络问政也经过了一番深思熟虑，网络媒体是否有影响力、是否有权威性、是否坚持党性原则都是政府考虑的重要问题。当时，如果胶东在线得不到主管部门的认可，“网上民声”这个栏目就很难创办起来。从全国范围看，绝大多数网络问政平台都是由当地比较知名的网络媒体负责搭建的，这也说明网络媒体的影响力非常重要。我们可以将这种局面形象地比喻成“网络媒体搭台，政府部门唱戏”。另外，网络媒体只有具备足够的影响力和专业素养，才能有广大的网民参与到网络问政中来，编辑人员才能运用专业知识和技能对平台进行管理和创新。

2. 网络问政平台把新闻舆论监督和群众监督结合到一起，将两种监督力量转化为解决问题的推动力。传播学理论认为，大众传播具有协调社会的功能。传统的大众媒体主要以信息传播为己任，通过信息传播、新闻宣传来影响社会、协调社会。媒体的信息传播功能具有服务性，能帮助人们解决一些实际问题。报纸、广播、电视乃至网络媒体会开办知识普及或专家咨询类栏目为受众解疑答惑，通过这种形式为受众解答问题，近年来，很多媒体开办了“民生”类新闻栏目，走近百姓、贴近生活、关注民生、反映问题是这类节目的主要特点。“民生”类栏目以社会上普通人、普通事为着眼点，通过记者的观察和报道，揭露矛盾和问题，引起有关部门的重视，达到舆论监督、教育社会、解决问题的目的。这类节目中，江苏广播电视总台城市频道开办的“南京零距离”最具代表性，被认为是中国“民生新闻”的开创者。网络媒体也有很多民生新闻栏目，其运作模式与传统媒体没有本质区别，都是利用新闻报道发挥舆论监督的作用，最终达到解决问题的目的。例如，“网上民声”网络问政平台中就设有“追踪报道”栏目，通过记者采访报道发挥舆论监督的作用，促使很多问题得到解决。新闻舆论监督也有局限性，无论是传统媒体还是网络媒体，“民生”类新闻栏目在解决公众实际问题方面的确发挥了很大作用，尤其是能够抓住重点，很多监督案例具有典型意义；但是其解决问题的过程仍然以新闻舆论监督的方式进行，针对具体问题的解决虽然也能够形成影响力却不能惠及更广泛的群体，因为记者所能够关注到的事件、节目制作团队和播出时间都是有限的。所以，单纯依靠新闻舆论监督推动公众问题的解决，从普遍性来说缺乏实质意义。而且网络媒体依靠单一的新闻舆论监督解决问题显得过于单薄，不能充分发挥网络媒体的交互和海量等优势，体现不出网络媒体的特色。网络媒体应该根据自身特点，为其他监督形式提供渠道和平台，例，群众监督。群众监督主要是指公民或社会组织对于权力机构及其工作人员的监督，有时也指一般群众对于领导干部的监督。严格地讲，群众监督与新闻舆论监督不是一个概念，群众监督可能通过媒体，也可能通过其他渠道。群众监督的主要特点在于它的广泛性。人民群众分布在社会基层，对百姓的冷暖疾苦和党员干部的工作作风最为了解。网络问政平台为群众监督的有效落实提供了最具操作性平台，使群众监督有了落脚点。这样，网络问政平台就将新闻舆论监督和群众监督有机地结合到了一起，做到了监督过程中既抓住重点又兼顾全面。在网络问政平台上，政府部门处在双重监督的压力之下，会自觉地用好手中的权力，为人民群众办事。

事实证明，凡是网络问政平台运作良好的地方，市民百姓的问题得到解决的机会就更多一些，社会中存在的问题和矛盾也就相对更少一些。以“网上民声”为例，2003年，即“网上民声”开通第一年，网民投诉类问题占总留言比重的79.2%，此后每年在30%左右，其中2006年最低，降至24.9%。

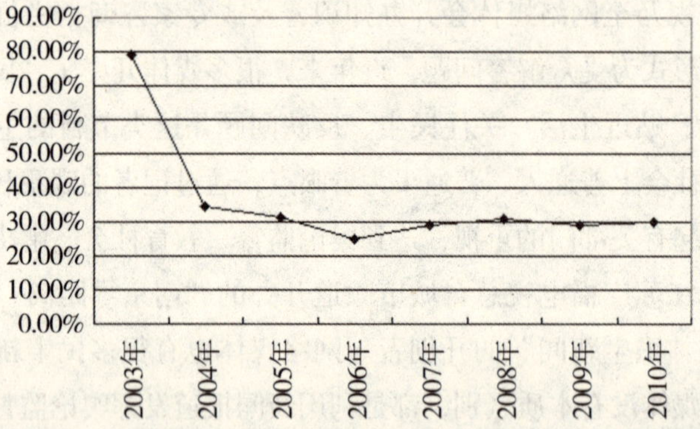

“网上民声”2003年至2010年每年网民反映问题数量占总留言量比重

这表明，“网上民声”初创时，积累已久的社会问题和矛盾突然涌向这个平台，随着各种各样问题得到妥善解决，每年网民反映的问题所占总留言量的比值（以下简称“比值”）趋于平稳。这里我们再引入一个“问题指数”概念。所谓“问题指数”，是指一个地方存在的社会矛盾和问题的程度，最低为0，最高为1。“问题指数”越高，表明社会问题越多，反之社会问题越少。根据之前已经论述的“网络民意能够反映社会舆情”这一观点，一个地方的“问题指数”应该与当地网络问政平台上网民反映问题的比重有必然的关联，它们之间是成正比的关系。因此，“网上民声”历年来问题类留言比值可以看作烟台历年的“问题指数”。2003年是“网上民声”刚刚开办第一年，如果排除这一特殊年份，根据统计显示，2004年至2010年烟台“问题指数”分别为：0.346、0.312、0.249、0.291、0.307、0.292和0.302。在网络问政平台运行良好的前提下，它所反映的社会“问题指数”如果呈下降趋势，则表明社会处于良性发展阶段。从以上7年的数据还可以看出，烟台“问题指数”表现出波动性下降，烟台社会总体稳定，和谐有序，并逐渐向好的态势发展。不可否认“网上民声”为此作出了很多贡献，消解了大量社会问题，为促进烟台和谐稳定发挥了重要作用。

由此也可以得出结论，网络问政平台作为网络媒体的一部分，具有环境监测功能。按照这一经验和推断，各地、各级政府可以搭建网络问政平台，用于监测当地社会环境状况，指导各项工作的开展。此外，一个地方的“问题指数”高低还能够反映政府是否积极作为，是否切实为百姓谋利益，是衡量政府工作绩效的一个重要标准。如果各地、各级政府部门能够建立网络问政平台，并且能够将网络问政平台反映出来的“问题指数”作为考核政府部门工作的一项指标，将会使网络问政平台在解决公众实际问题方面发挥更大的作用。

第六章

党和政府的执网能力建设

这是一个人人都掌握“麦克风”的时代。互联网的诞生和发展，带来了一场信息革命，使舆论生成机制、传播机制都发生了深刻变化。在互联网这种新的传播载体日益发展的今天，党面临的执政环境也发生了深刻变化。如何提高执网能力，是当今时代党和政府必须面对的一项新课题。

第一节　党和政府的执网能力分析

进入新世纪，互联网深刻影响着社会政治、经济和文化的发展与变迁。尤其是在中国当前社会，互联网政治成为中国社会民主政治生活中一道独特的景观。越来越多的公众上网，通过互联网言政议政；越来越多的领导干部触网，通过互联网了解民意，汇聚民智。互联网在中国政治领域已经形成了不可忽视的影响力，引发了从民间到高层的广泛关注。中央政治局曾以世界网络技术发展和中国网络文化建设的若干问题为主要内容，进行了专题学习。胡锦涛提出，各级领导干部要重视学习互联网知识，提高领导水平和驾驭能力，努力开创中国网络文化建设的新局面。党的十七届四中全会通过的《中共中央关于加强和改进新形势下党的建设若干重大问题的决定》中，也明确提出新形势下要增强新兴媒体运用的能力。种种迹象表明，执网能力建设已经成为党和政府在新时期加强党的建设，提高执政能力，巩固执政地位的一项重要内容，是党和政府在发展社会主义事业中面临的新课题和新挑战。本节将对“党和政府的执网能力”进行系统分析，回答执网能力的内涵和实质、这一概念提出的背景和意义等一系列问题。

一、执网能力的定义和内涵

在我国互联网政治生态环境中，党和政府的执网能力不是一个单独的、孤立的概念，它与网络问政、网络民意、网络政治、网络经济、网络文化等一系列新概念、新事物有着密切联系。在中国，互联网的迅速发展带来了网络媒体日益壮大、网民规模日趋增长、网络民意汹涌澎湃、网络问政渐入人心等一系列新变化。这些新的变化直接导致了党和政府的执政环境出现了新的情况。新情况的出现，必然要求党和政府予以重视，作出相应动作，采取相应对策，不仅要适应这种新的变化，还要发挥党的先锋模范作用，进而引领新的潮流。人们将互联网引发的一系列新情况对党加强执政能力提出的新要求概括为“执网能力”。因此，有人认为执网能力就是党的执政能力在互联网上的具体展现，核心是通过互联网了解民情、汇聚民智的能力和引导社会舆情的能力。这种说法看到了党的执政能力与互联网运用之间存在的普遍联系，尤其是指出了执网能力的核心，但是如果作为一个概念而言，则缺乏对“执网能力”的内涵作出一个比较明确的界定，是一种比较笼统的说法。如果将上述说法结合起来，笔者认为，执网能力是指党在其职责范围内依法掌控、管理和运用以互联网为代表的新媒体发展民主政治、市场经济和先进文化的能力，是党的执政能力在互联网领域的具体表现。这一概念涵盖了执网能力的内涵和外延，揭示了党的执网能力的本质所在。具体分析，党的执网能力可以从以下几个方面理解：

1. 执网能力就是利用互联网发展民主政治的能力。胡锦涛在党的十七大报告中指出，发展社会主义民主政治是中国共产党始终不渝的奋斗目标。在我国现实社会中，人民代表大会制度、多党合作和政治协商制度、民族区域自治制度和基层群众自治制度都是社会主义民主政治的具体内容，是实现民主政治的主要渠道和方式。另一方面，随着互联网的普及和网民规模的扩大，以网络为载体的虚拟社会日渐形成。在这个虚拟社会里，人们表现出一种极高的政治热情，积极参与到各种公共事务的讨论之中，并转化为现实的影响力。我们经常会看到，每当有热点、敏感事件发生，网民无不大举跟进争相议论发表见解，互联网上会迅速形成声势浩大的网络民意。中央党校教授沈宝祥认为，民众通过网络参政议政，实际上是行使民主权利。现实也证明，互联网拓宽了政治活动的空间，在满足民众监督权力、揭露腐败和表达意见的需求方面作用显著，成为民众行使民主权利的一条重要渠道。但是，民主权利的行使必须遵循一定的原则和要求，合理有序地进行。互联网衍生的政治空间是一个庞大的舆论场，利益主体多种多样，讨论议题复杂多变，交织着各种博弈和对抗。如果不能对其进行有效的治理，民主权利的行使就会变得紊乱和无序，就有可能伤害到民主权利本身。因此，利用互联网平台发展社会主义民主政治，首先要实现网络政治的民主化。每个人都能够在网络上自由表达只是网络政治民主化的最初级形态，并不能使民众的民主权利得到彻底落实。网络政治并不等于民主政治，只有建立在公平、合理、规范的制度之上的网络政治才能达到民主政治的要求。这也是对党提出的关于执网能力的具体要求之一，目的是在极为复杂的网络政治环境中纵横捭阖、游刃有余，能够以充足的自信应对各种各样的舆情，能够以开阔的视野引导纷繁复杂的舆论。香港大学教授王绍光在总结社会良治的八个能力中提出了吸纳能力和整合能力，指出：“社会中间有各种各样的势力，政府应该有能力把所有的社会势力引导到制度化的渠道里边来表达意见、参与政治，不要让它在制度外去表达意见，参与政治，因为那样就乱套了。……但前提是政府要有制度内的渠道，你没有这个渠道的话，它很可能就用制度外的方法来表达了，这叫吸纳能力。……整合是什么意思呢？社会各个团体的意见表达了，参与了，但他们的意见可能是很不一样的，甚至是互相矛盾的，所以，你要有一套机制，使他们互相矛盾、甚至尖锐冲突的要求，能够得到协调，加以整合，最后变成政府的公共政策。”王绍光教授的观点，对党和政府在网络政治领域如何提高执网能力提出了很具指导性和操作性的建议。

2．执网能力就是利用互联网发展市场经济的能力。发展经济是党的中心工作。改革开放之初，邓小平提出“发展才是硬道理”。党的十六大和十七大报告都指出：“把发展作为党执政兴国的第一要务。”“能不能解决好发展问题，直接关系人心向背、事业兴衰。……发展必须坚持以经济建设为中心……”[①]我国人口众多，经济文化相对落后，不同区域经济发展不平衡，国民经济能否健康、持续发展，是检验党的执政能力和执政水平的重要标准。进入新世纪，中国的改革开放离不开世界经济发展的宏观环境。今天，以互联网应用为突出标志的第二次信息革命已经席卷全球。从上世纪40年代计算机问世以来，第一次信息革命对人类产生了深远影响，人类开始迈向信息社会。据统计，在上世纪90年代，以信息技术为基础的产业已经占到发达国家国内生产总值的一半以上。如今，世界各国都在进行“信息高速公路”建设，其最基本的特征就是网络化、多媒体。“信息高速公路”的服务范围非常广阔，包括教育、卫生、娱乐、商业、金融等众多产业。在当今世界经济的竞争中，谁掌握信息并能够将其转化为经济优势，谁就将取得胜利。在互联网时代，信息以及信息技术成为核心生产力的构成要素，经济运行呈现出信息化和全球化趋势，世界经济全球一体化的态势进一步加快。在我国，互联网的应用和普及直接推动了网络经济的发展，催生了诸如电子商务等新的商业形态。以阿里巴巴为代表的电子商务网站，使越来越多的企业以较低成本通过互联网走向了全球，进入了国际贸易市场。总之，互联网是人类社会重要的信息基础设施，对经济社会发展具有战略意义。我们党要在新时期发展经济中有所作为，必须牢牢掌握经济发展的核心生产力，重视互联网产业和相关高新信息技术产业的发展。目前，“下一代互联网技术”成为欧、美、日各国角逐的重点，我国在该领域也走在了世界前列，取得了重大突破。2006年，“中国下一代互联网示范工程”建成并稳定运行全球第一个、规模最大的纯IPV6互联网主干

①《中国共产党第十六次全国代表大会报告》

网。此举将有力地推动我国下一代互联网的技术研究、重大应用和产业开发，为提高我国在国际上下一代互联网技术竞争中的地位抢占了先机。

3. 执网能力就是利用互联网发展先进文化的能力。文化是人类历史长河源远流长的产物，记载了人类文明的起源和发展。中华民族具有五千年的悠久历史，积累了丰富多彩、气韵深厚的灿烂文化。先进的、高尚的文化是一个民族的灵魂，是民族凝聚力的重要源泉。同时，文化是社会发展过程中的非法律、非制度性因素，具有规范、引导、调适和融合的作用，对于正处于社会转型期的中国来说，大力加强文化建设，弘扬先进文化，对构建和谐社会、促进经济发展更具有现实意义。从根本上说，社会主义先进文化是维护中华民族团结、国家统一的精神纽带，是发展社会主义市场经济，实现中华民族伟大复兴的精神支柱。中国共产党历来重视文化建设，不遗余力地推动社会主义文化发展繁荣。江泽民在“三个代表”重要思想中指出：“我们党要始终代表中国先进文化的前进方向。”胡锦涛在党的十七大报告中提出：“要坚持社会主义先进文化前进方向，兴起社会主义文化建设新高潮，激发全民族文化创造活力，提高国家文化软实力，使人民基本文化权益得到更好保障，使社会文化生活更加丰富多彩，使人民精神风貌更加昂扬向上。”当今时代是高速发展的信息社会，是互联网的时代，互联网已经成为创造文化、传播文化、记录文化的重要媒介和载体。人民群众是创造文化的主体，如今已经有越来越多的人活跃在互联网上。第26次中国互联网发展报告统计，截至2010年6月，我国网民数量已经达到4.2亿，使用博客的用户规模扩大到2.31亿。大量网民利用社区、博客、微博等社会化网络产品撰写文章、记录生活，成为中国网络文化的一道独特风景。一时间，互联网上涌现出了许多“网络作家”、“网络歌手”。互联网即时、快速、多媒体的特点给文化传播带来了深刻变革。互联网上聚集着各种思想、潮流和文化，各种各样的文化元素在互联网快速传播机制的作用下，渗透到了社会各个角落，快速地改变着人们对周围社会的认识，冲击着人们固有的思想和观念。互联网海量、易检索的特点为文化的记录、保存和查询提供了方便。互联网为文化的创造、传播、保存和传承提供诸多便利的同时，也存在一些不能忽视的现象。互联网上传播的内容并不都是健康的，其中充斥着很多色情、低俗、反动的信息，严重污染了互联网文化环境，给社会带来不良影响。对于党和政府来说，另一方面要发扬互联网在发展先进文化方面的独特优势，一方面又要摒弃互联网存在的不足，扬长避短加快社会主义先进文化的建设和发展。

二、执网能力提出的背景与意义

执网能力是一个新概念，执网能力建设是党和政府面临的一个新课题。执网能力概念是在中国社会转型大的时代背景下，针对中国共产党的执政能力建设，应互联网快速普及和发展而提出的，具有重要的战略性意义。执网能力作为党执政能力的重要组成部分，与中国共产党所处的时代背景关系密切。互联网在中国的开始和发展，恰恰处于中国改革开放攻坚阶段，二者共同构成了中国独特的网络生态环境。这个阶段也是各种新的规则有待确立和发挥作用，旧的规则尚未完全失效的阶段，各种矛盾聚集，民众利益诉求陡增，社会关系更加复杂，增大了社会管理的难度。中国社会转型的有关问题已经在第一章探讨过，在此不再赘述。以下从三个方面分析执网能力提出的背景。

改革开放以来，中国经济取得了巨大发展。经济发展带动了公民素质的提高，我国广大人民群众的公民意识、民主意识、权利意识普遍提高，更加注重个人利益的伸张。公民的这种需求恰逢互联网时代，以水到渠成的方式得到了前所未有的满足。中国拥有五千年的悠久历史，经历了漫长的封建社会。传统的封建社会具有森严的等级制度，人们尊卑观念强烈。新中国的成立，使中国直接从封建社会过渡到社会主义社会，但是各种封建思想仍然残存，左右着人们的思想观念，有着深刻的社会影响力。由于中西方发展的历史路径和进程不同，新中国建立后很长一段时期，中国的公民社会发育并不像英法等西方一些国家那样完善，公民普遍缺乏民主生活训练，公民意识和素养还有待提高。从1978年开始，中国实行改革开放政策，进行政治体制和经济体制改革，推行以公有制经济为主体，多种所有制经济共同发展的基本经济制度，大力发展社会主义市场经济。中国的改革开放不仅极大地解放了社会主义生产力，还解放了人们的思想观念。改革开放三十多年来，人们在市场经济中摸爬滚打，经受了市场大潮的洗礼，逐渐学习和掌握了大量的市场规则。市场经济属于规则经济、法律经济，只有掌握市场经济规则，具有强烈的法律意识，才能在讯息万变的市场中取胜。中国改革开放以来，市场经济的实践逼迫人们追求公平、自由、正义等新的社会秩序的建立，并自觉地养成公民意识。今天，我们能够看到，人们对于自由和权利的维护、争取意识比以往更加强烈；人们追求真相、真理的主动性、积极性也大大提高；人们的参与意识、监督意识、责任意识也开始萌发。如果没有互联网，人们的公民意识也会随着经济发展、社会进步而提升，并以其他方式和渠道表现出来，但不会那么淋漓尽致。例如17世纪的英国革命和18世纪的法国革命后，由于推翻了封建帝制，建立了资本主义制度，为商业自由发展和私人领域存在奠定了政治保障，公民社会在英、法两个国家都得到了快速发展，公民意识也得到了极大提高。但是，中国市场经济的快速发展恰好与互联网时代的到来相重叠，由此人们那种被积压已久的对有关公平、正义、自由精神的渴望能在互联网上淋漓尽致地呈现出来。

互联网诞生后，中国的网络媒体如雨后春笋纷纷建立。由于网络媒体和传统媒体的媒体特点、产生方式、发展过程、内容形成机制和传播机制都有明显差异，随着网络媒体的发展，党和政府所处的媒体环境已经发生了深刻变化。1994年我国接入互联网，1997年人民日报社主办的人民网开通。此后，各级网络媒体纷纷创办，传统媒体一统天下的局面逐渐被打破。任何国家的执政党都非常重视媒介，都会采取相关措施对媒介进行控制，以有利于巩固自己的统治地位，只不过有的政党以各种手段掩饰对媒体的控制。中国共产党则旗帜鲜明地指出，中国的媒体是党和人民的喉舌。显然，在中国，媒体是传递党和人民的声音，传达党的路线、方针、政策的重要平台。因此，党对传统媒体的创办、运作、新闻报道等都制订了相关规定，采取了相关措施，以保证媒体的喉舌功能。在我国，刊号、频率、波段等都是国家控制的媒介资源，不归任何个人或企业所有，这从根本上控制了传统媒体。各地宣传部门也对传统媒体的新闻报道严格控制，如新闻筛选、把关和审查等，受众在传统媒体上所看到的新闻内容其实已经经过了重重过滤，目的是以统一的声音营造统一的舆论氛围。据笔者了解，目前各地宣传部门对网络媒体新闻报道的控制依然采用针对传统媒体的一套办法，但是成效甚微。显而易见，党在管理传统媒体中所使用的新闻审查制度、严格的把关措施等对于网络媒体已经意义不大，尤其是对网民利用互联网发布信息的行为管理明显乏力。这意味着党和政府已经进入了一个新的媒体环境——传统媒体与网络媒体共生共存、交相辉映的阶段。这个新的媒体环境的形成和成熟分别以网络媒体出现为开端，以网络媒体被公认为第四媒体和主流媒体为重要标志。业内普遍认为经历了2008年汶川地震和北京奥运会的中国网络媒体更加成熟和稳健，堪称主流媒体。中国的网络媒体发展至今，形成了多重格局。按照级别划分，有中央、省和地市三级网络媒体，表明网站的级别和主要目标受众覆盖范围。按照体制划分，有商业网站和新闻网站之分，其中商业网站多是由风险投资等其他社会资金创办，从一开始就按照企业化运作方式运行，例如新浪、网易等网站。新闻网站多是由传统媒体创办的，一般有广电或报业背景，其中以报业背景创办的网站居多，发展也较快。目前这类网站的管理体制并不一致，有的建立了公司，完全按照企业化运作，有的按照企业化思路运作，但是没有脱离传统事业体制的束缚，有的仍然属于事业单位性质。但是随着全国文化体制改革进程的加快，有传统媒体背景的新闻网站进入市场形成良性发展指日可待。从目前来看，中央、省级新闻网站在资源、资金、人才、市场以及发展前景方面的优势超过地市级新闻网站，以新浪、网易、搜狐、腾讯为代表的商业门户网站在专业素养、管理理念、商业眼光等方面又比新闻网站见长，远远超过了新闻网站目前的发展水平。这里暗含着两个问题，一是大多数拥有传统媒体背景的新闻网站在其创办时并未有传统媒体创办时的隆重，也未得到官方甚至母体足够的重视，造成了新闻网站先天不足、后天乏力的困境，很多传统媒体背景的网站没有摆脱传统媒体发展思维的束缚，网站建设运营不符合网络媒体发展规律，导致一些网络媒体走了很多弯路，贻误发展时机；二是商业网站奉行商业主义思想，尽管他们都处于我国的新闻制度管理之下，但是如果商业网站和新闻网站发展失衡的局面长期存在，则不利于党的舆论引导。此外，网络媒体的内容生成机制、传播机制与传统媒体相比存在诸多差异。尤其是网络媒体的受众主动性更强，直接导致媒体的可控性差，管理和舆论引导难度自然加大。这些都是构成新媒体环境的重要因素。

中国共产党作为执政党，在不断地发展壮大。中国共产党不仅党员数量庞大，而且党员分布在众多行业和领域中，各种情况较为复杂。据中新网报道，截至2009年底，中国共产党党员总数为7799.5万名，工人693.7万名，农牧渔民2402万名，党政机关工作人员659.6万名，企事业单位管理人员、专业技术人员1772.5万名，学生226.9万名，离退休人员1452.5万名，其他职业人员592.3万名。腐败问题是影响党的健康发展的核心问题，坚决惩治和有效遏制腐败关系人心向背和党的生死存亡。随着市场经济走向深入，一部分党员干部经不住金钱的诱惑，凭借手中的权力攫取个人利益，严重危害社会，破坏了党在人民群众中的形象。党的十七大报告指出，“坚决查处违纪违法案件，对任何腐败分子，都必须依法严惩，决不姑息！”提高执政能力首先就应从加强对党的队伍的建设和管理入手。要管理好一个拥有近8000万党员的大党并非易事，必须依靠现代化的管理方法和手段，进行科学规范的管理。一方面，执网能力建设是党提高执政能力的重要举措；另一方面，互联网等新媒体可以成为加强党自身组织建设的现代化工具和平台。据香港《大公报》报道，中国国家副主席习近平于2010年1月，通过全国基层党建工作手机信息系统平台，向全国100万名基层党组织书记、大学生“村官”发出问候短信。针对反腐败，早在2008年10月，中纪委就开通了网络举报平台，“中央纪委信访室就利用网络举报提供的线索，直接查处了1名厅级干部、2名正处级干部的严重违法违纪问题，涉及金额2000万元。中纪委还从中筛选出很多重要的案件线索，转案件检查部门处理。”[①]这是中国共产党利用互联网等新媒体加强自身组织建设的一个缩影。

在上述背景下，执网能力概念的提出具有重要意义。首先，它意味着党和政府对新媒体的重视从一种不自觉状态上升到了高度的自觉状态。互联网进入中国早期，网络媒体发展缓慢，并未得到官方的足够重视。在传统媒体背景下建立起来的网络媒体在初期基本上是其母体的网络版，内容缺乏特色，没有体现出网络媒体的特点和优势。随着互联网的发展，网民数量的增多，网络民意影响力的提高，党和政府开始重视互联网，重视网络媒体，重视网络民意的力量。这个过程，是一个不自觉到自觉的过程。其次，它体现了党和政府对新事物的认识和把握能力，证明了党的先进性。新世纪以来，中国从上至下网络媒体纷纷建立，尤其是互联网寒冬过后，一大批新闻网站创办。在短短的十年间，网络媒体以旺盛的生命力扎根中国各地，并茁壮成长。目前，全国具有新闻资质的重点新闻网站200多家，从中央到地方，各地几乎都有本地的新闻网站，而且许多省一级新闻网站得到了当地文化、宣传部门的大力支持，获得了资金上的扶持。相比几年以前，现在许多新闻网站在新闻内容、网站规模、营利能力、发展前景等方面已经大有改观，并逐步向专业化方向发展。第三，它对党提高执政能力提出了新的思路和方法。2009年9月18日中国共产党第十七届中央委员会第四次全体会议通过的《中共中央加强改进新形势下党建若干重大问题的决定》，从八个大的方面系统阐述了新形势下党的建设的重要性、紧迫性和理论方法，是新时期指导党的建设的重要文件。《决定》中关于“保持党同人民群众的血肉联系”和“加快推进惩治和预防腐败体系建设，深入开展反腐败斗争”等要求，都可以利用新媒体的特点和优势予以实施。

①杨清林：《港媒：新媒体已成为中共执政新手段》，中国新闻网，http://news.qq.com/a/20100107/001446.htm，2010年01月07日

第二节　党和政府执网能力建设策略

党和政府执网能力建设既是一项系统工程，也是一件具体工作，其核心是探索社会主义现代化建设过程中如何发挥新媒体的作用。这项工作需要得到各级党委和政府思想上的重视，需要根据当地实际情况，制定切实可行的制度和措施，才能逐渐走向深入取得丰硕成果。

一、提高网络舆情应对能力

舆情是“舆论情况”的简称，网络舆情是社会反映在网上的舆论情况。党和政府执网能力建设中的一项重要内容，是提高网络舆情的应对能力，这在网络民意膨胀的今天尤为重要。网络舆情具有针对性，每一个社会团体、组织、企业、公众人物等都有可能在网络空间中发布与自己相关的舆情信息。各个领域、各个方面的舆情的总和就构成了社会舆情，社会舆情反映在互联网上，就成为网络舆情。“网络舆情是社会舆情在互联网空间的映射，是社会舆情的直接反映。传统的社会舆情存在于民间，存在于大众的思想观念和日常的街头巷尾的议论之中，前者难以捕捉，后者稍纵即逝，舆情的获取只能通过社会明察暗访、民意调查等方式进行，获取效率低下，样本少而且容易流于偏颇，耗费巨大。而随着互联网的发展，大众往往以信息化的方式发表各自看法，网络舆情可以采用网络自动抓取等技术手段方便获取，效率高而且信息保真（没有人为加工），覆盖面全。”[①] 网络舆情的应对能力主要包括三个方面，一是网络舆情研判分析能力，二是网络热点事件的处置能力，三是网络舆论的引导能力。

（一）网络舆情研判分析能力

网络舆情的研判分析是指利用一定的技术手段，对网络上的目标信息进行监测、统计和分析，目的是准确判断出当前与本部门相关的社会舆论热点，了解社会对本部门的评价和态度，以及时改进工作，解决问题，化解矛盾。对网络舆情的研判分析主要从以下指标入手：

---

①《什么是舆情，什么是网络舆情？》，中科天玑，http://www.golaxy.cn/Article_View.asp?id=23，2009年5月4日。

1. 舆情热点。舆情热点是网络舆情研判分析要考察的一个重要指标，反映了舆论的聚焦点。对一个具体的部门来说，要定期对与部门相关的热点事件进行梳理和统计，并根据相应标准作出热点排行，用于指导制定应对策略。例如对事件在网络上出现的频率，议论的深度等进行统计，频率越高，议论深度越深则越属于热点事件，越应该予以重视。

2. 舆情分布。舆情分布主要考察舆情在网上出现的场所和范围。目前，网络舆情主要分布于社区、论坛、博客、SNS、微博等具有WEB2.0性质的社会化网络平台中。但是不同的舆情产生和传播路径不同，因此网络舆情的分布与网络舆情本身的特点，产生时间、传播过程有密切关系。舆情分布数据对舆论引导有重要的指导价值，使部门在舆论引导过程中有明确的发力点。

3. 舆情性质。舆情有正反之分，即既有正面舆论，也存在反面舆论。要对舆情作出客观、准确的判断，还要对舆情进行定性。对一个部门而言，既要对某一特定的舆情信息进行定性分析，还要对与部门相关的总体舆情作出定性，把握舆论的走向。科学地分析该指标，有利于部门对自己有一个客观认识和评价，更加清楚自己工作中的成绩和不足。

（二）网络热点事件的处置能力

网络热点事件处置是指社会上发生了与部门相关的热点事件后，应该迅速采取必要的手段和措施，防止事态扩大和蔓延，妥善解决矛盾和纠纷。网络舆情热点一般分为突发事件和非突发事件两种，前者事件性较强，是基于某一特定事件引发的，后者主要为人们非常关注的某种社会现象，如腐败问题。

1. 突发事件。针对新媒体时代应对突发事件，人民网舆情监测室提出了突发事件中的“黄金四小时媒体”概念。“黄金四小时”体现了在处理突发事件时要具有强烈的时间意识，要在第一时间利用新媒体的传播优势、互动优势和聚合效应报道事实、公开真相。要利用新媒体的快与谣言赛跑，让谣言止于真相。及时地、迅速地报道事实，是对公众知情权的尊重，会最大程度地消除公众的疑虑，减少各种流言蜚语的扩散，为平息事态争取宝贵的时间和舆论空间。在面对突发事件时，一个基本的操作是利用互联网社区、论坛、微博、QQ群等平台，快速、简明地报道新闻事实，并随着事态发展实时报道相关进展，待问题最终解决水落石出后再报道背景和原因以及影响等。这样做的目的是让公众知道事情真相，相关部门在如何处理。此举有利于得到公众的理解和支持，有助于对突发事件的妥善处理。

2．非突发事件。在网络舆情中，还有很多属于非事件性舆情，是人们普遍关心的社会热点，例如腐败问题、教育问题、医疗问题、农业问题等。这些问题具有普遍性、广泛性特点，深入社会生活的各个角落，关系到人民群众的切身利益，因而得到了社会普遍的关注，成为社会舆论的焦点。在现实生活中，非突发性事件会伴随与之相关的事件出现而引发广泛议论，例如某贪官被查处会促使人们在一个时期内谈论与腐败有关的话题。所以对待此类网络舆情，一方面要从总体上予以把握，及时了解它们的变化趋势，防止矛盾激化，另一方面要未雨绸缪，根据舆情的变化走势，及时预见到可能发生的现实冲突，并制定应对措施。

（三）网络舆论引导能力

网络舆论引导是指根据网络舆情演变情况，通过设置议题、参与讨论等方式，对网络舆论进行合理、有度的引导，使舆论朝着正面方向发展。

1．“疏导”胜于“封堵”。网络舆论引导与传统媒体的舆论引导是有区别的。传统媒体的信息发布控制在传播者手中，媒体掌握着信息的发布权。这种情况下，对党和政府而言，舆论的引导相对简单。但是，在网络空间中，人人都手握“麦克风”，都有发言权。这给党和政府的舆论引导工作带来了新的挑战。网络媒体数量多，网民的信息发布渠道和获取渠道多元化，传统的舆论引导手段如“删”、“堵”等在互联网上逐渐失效，往往成为掩耳盗铃之举。可以断言，在互联网政治生态环境中，舆论引导一味地靠“封堵”是行不通的，只有主动出击，因势利导才能掌握主动权。

2．培植一批网络新闻媒体。从战略高度着眼，党和政府必须占领舆论引导的制高点，方能在舆论引导工作中占据有利地位。从这一思路出发，做大做强一大批中央、省和地方网络新闻媒体是关键。许多体制内的地方性网络新闻媒体面临的最大问题是缺乏发展资金和人才，而人才的引进不仅受制于资金势力，还受限于现行的人事制度。资金和人才问题导致很多网站踟蹰不前。而且，大部分地方性网络媒体由当地政府主导，担负着一部分政治功能，缺乏商业化运作实践和经验，没有足够的吸引力吸引社会资金投入，在自身营利困难的情况下，很多网站不得不依靠母体生存。如果全国各级新闻网站不能尽快发展和壮大，不能形成权威和影响力，就会给党和政府的网络舆论引导造成被动。因此，积极扶持一批党性原则强、政治立场坚定、内容健康、导向正确的网络新闻媒体，应该是各地党和政府的责任和目标。2010年5月，有消息称新华网、人民网等十家中央和省级新闻网站被选定为首批上市对象将登录A股。这表明国家在有意推动中国新媒体的发展，欲利用资本运作的方式做大做强新闻网站，提高中国新媒体在全球的影响力和地位。

延伸阅读：网络舆论“黑天鹅”

在发现澳大利亚黑天鹅以前，欧洲人一直都认为天鹅是白色的，因此“黑天鹅”被用来指代不可能存在的事物，但这个信念随着黑天鹅的被发现而瓦解。美国学者纳西姆·尼古拉斯·塔勒布在著作中说，“黑天鹅”寓意为不可预测的重大稀有事件，金融市场是“黑天鹅”频繁光顾的领域，只是人们不知道它什么时候出现。同样，各种灾难、事故就像“黑天鹅”一样，经常在人们还未意识到，没有任何防范的时候悄然降临。种种人们原以为的不可能变成了可能。灾难、事故等涉及公共领域的重大事件来临之际，往往是众声喧哗、舆论弥漫的时刻。这就是网络舆论的“黑天鹅”，在我们不知道哪一天它会出现的情况下，建立系统的舆论应急机制和措施，积极地防患于未然显得尤为重要。因此，对于网络舆论“黑天鹅”现象，未知比已知更有意义，防范比解决更有价值。

二、公务人员要转变对互联网的认识和观念

近年来，随着网络媒体在新闻报道、反映民意等方面作用凸显，社会对互联网的认识有所转变。特别是上至中央下至地方一批官员公开肯定互联网的作用，以实际行动利用互联网了解民意，汇聚民智，不仅鼓舞了网民，还带动了一大批公务人员触网。毋庸置疑，在各种因素的促使下，互联网已经开始得到官方的重视和认可。但是，也有一部分党员干部对互联网等新媒体比较麻木，他们从来就不上网，更不必说利用网络了解民情民意，有的领导甚至基于某些原因而采取种种手段对网络民意予以阻挠抵制。领导干部不上网主要有以下几种情况：

一是不懂网。不可否认，相当一部分领导干部缺乏对互联网的理性认识，没有看到互联网在信息传递、民意沟通方面的重要作用，他们甚至认为网络媒体不能登大雅之堂，与传统媒体相比缺乏权威性。总体而言，网络媒体与传统媒体相比，在新闻素养、审核把关等方面确实存在不足，但以发展的眼光看，这些差距正在逐渐缩小，同时，网络媒体还有传统媒体所不具备的种种优势，如传播速度、信息容量、互动交流等。部分领导干部持有上述观点的原因在于他们只看到一点，而没有全面地、辩证地、发展地看待互联网。

二是畏网惧网。还有一部分领导干部对互联网比较畏惧，不愿意看到互联网快速发展，不愿意被大量的网络民意所监视。其根本原因是，互联网时代社会透明度越来越高，公共领域越透明越阳光，就意味着暗箱操作的风险越来越高，意味着特权的失效。所以很多领导干部不适应这种执政环境的变化，他们甚至怀念过去那种没有网络的日子。

但是，在科学发展规律和历史潮流面前，任何不情愿或企图抗争之举，无疑是螳臂当车。解决上述两个问题，提高领导干部对互联网的认识水平，一方面要大力普及互联网知识，特别是互联网在发展民主政治、市场经济和社会主义先进文化方面的重要作用。例如可以邀请互联网方面的专家、学者举办讲座，介绍互联网的发展历史和规律，介绍互联网在舆论引导方面的技巧和方法。另一方面，各级党委、政府领导要带头上网、用网，特别是一把手要重视互联网，倡导公务人员利用互联网有效开展工作。在一级党委和政府中，一把手对互联网的态度，往往对其他领导干部产生重要的影响和示范作用。

三、深入了解各类网络媒体和互动交流平台

要用网，首先要懂网，重点是要了解各类网站的特点。与传统媒体相比，网络媒体更加复杂化。一是网络媒体类型多。从体制上划分，有商业门户网站和传统媒体网站之分；从行业角度划分，有房地产、汽车等众多行业网站；从功能细分角度划分，有博客类网站、论坛类网站、视频类网站等。二是网络媒体数量多。相对于传统媒体，网站建设的门槛要低得多，创办的资质、手续和技术等问题都比较容易解决。目前我国共有国家批准的各级重点新闻网站200多家。除此之外，全国各地还有一大批规模不大的小网站，以社区和行业网站为主。这类网站一般实行企业化运行，依靠广告和建站等服务营利。三是网站良莠不齐。一部分网站为了牟取不正当利益，利用热点事件恶意炒作，充当幕后推手，有的网站甚至传播色情、反动等违法信息，危害网络环境和网民身心健康。

目前，中央重点新闻网站主要有人民网、新华网、中国网络电视台、中国网、中国日报网、国际在线、中青网、中经网、中国台湾网等。省级重点新闻网站主要集中在城市网盟和地方网联两个联盟组织中，有北京千龙网、上海东方网、天津北方网、广东南方网等等。知名商业门户网站主要有新浪、网易、搜狐和腾讯等。国内比较知名的社区有天涯社区、凯迪网络等。

不同的网络互动交流平台具有不同特点，也应该为有关公务人员所了解。现

在互联网上比较盛行的社会化互动交流平台有社区（论坛）、博客、微博、IM工具（QQ、MSN等），在网络信息生成和传播方面具有各自的特点。

1. 社区（论坛）。社区（论坛）事先设置好了许多主题板块，为网民提供了一个设置话题、相互交流的平台，是互联网中存在时间比较长的一个网民交流工具。大多数社区对所有网民开放，但是需要注册才能发言。注册了某一社区的网民就拥有了该社区的一个账号，这个账号是他在社区中的身份标识。社区形成了一个公共的舆论空间和环境，每个注册用户既可以发表主题贴，也可以参与到其他主题的讨论之中，因此社区构建起了一个民意互动场所。值得注意的是，每个社区总会有一些“意见领袖”式的人物存在，他们的言论会对社区中的舆论走向产生重要影响。“意见领袖”并不一定是版主，有时候网民更愿意相信一个没有“名分”或“身份”的人。

2. 博客。博客即BLOG，又称为网络日志。博客是个人在互联网上公开的私人空间，可以在法律许可的范围内随心所欲地放置内容，包括自己撰写和引用他人的文章。对大多数博客作者来说，博客记录了个人的心情、感情、生活和观点，是个性化很强的内容，因而能够反映一个人的形象面貌和精神世界。对于公众人物来说，经营好博客能够起到与公众有效沟通和塑造形象的作用。因而，近年来有不少官员开通了博客，通过博客发表个人文章，拉近与网民之间的距离。比较有代表性的人物是江苏宿迁市委书记张新实，他于2006年在新浪开通博客，至今仍坚持撰写博文，博文多与城市建设、社会发展、经济发展有关。

3. 微博。微博，顾名思义即微型博客。微博具有两个特点，一是内容发布不需要长篇大论，一件事情、一个观点要在短短140个汉字内说明白。因而微博的内容发布更迅速、更便捷，也更受网民的青睐；二是微博在技术上是一个集成化和开放化的平台，不仅登录网站可以发布，利用手机、IM软件和外部API接口等也可以向微博发送消息。利用微博应对网络突发事件比较成功的案例是昆明螺蛳湾群体性事件。

2009年11月21日上午，昆明螺蛳湾市场因拆迁问题发生上千商户集体上街堵路事件。下午2时许，螺蛳湾片区周边治安和交通秩序逐渐恢复正常。

下午3时许，昆明警方就在云南网等网站召开网络新闻发布会，通报事件情况。同时，省政府新闻办开设国内首家政府微博——“微博云南”，发布新闻，于当晚9时35分发布了有关螺蛳湾事件的129个字的新闻（含标点）。

“微博云南”让政府发布的消息在微博客中传播开来，并且在QQ群、BBS论坛等网络载体中广为流传。

4. IM工具（QQ、MSN等）。IM工具即“即时通讯”工具，比较知名的有QQ和MSN。即时通讯工具具有传播迅速、扩散力强的特点，热点、敏感信息会通过QQ群迅速扩散，短时间内就会达到相当大的传播效果。其实，政府部门不仅可以有自己的博客、微博账号，也可以有自己的QQ或MSN账号并对外公布，作为官方的一个消息发布窗口。

四、建立网络新闻发言人制度

在我国，新闻发言人制度已经在各地逐步确立，许多党和政府部门都设立了新闻发言人角色。网络新闻发言人制度是新闻发言人制度的一个延伸，是新闻发言人通过互联网各种渠道发布新闻信息的一种制度，仍然属于新闻发言人制度的范畴。网络新闻发言人可以由传统的新闻发言人担任，也可以安排专门的熟悉互联网的人员担任。建立网络发言人制度的目的和作用很明确，一是保证党和政府发布在网络上的有关新闻信息的准确性和权威性，防止信息发布不及时给小道消息、各种谣传可乘之机；二是有效应对各种突发事件形成的网络舆情，及时引导网络舆论，消除误解，化解矛盾；三是塑造党和政府信息公开透明的形象，有利于拉近与民众的距离，密切党群、干群关系。笔者在百度搜索“网络新闻发言人”发现，郑州、贵阳、南京、四川等地已经建立了网络新闻发言人制度。其中南京市政府90余家部委局和区县设立了网络新闻发言人，并规定意见须24小时内答复。

2009年下半年率先探索网络发言人制度的省份

2009年6月，云南省昆明市规划局、城管局和宜良县公安局各自曾在当地的一些论坛中对网民的问题和质疑进行实名回帖。其中，宜良县公安局于6月10日，针对当地论坛中的一个“7年未破枪击案”的质疑帖的实名回复和致歉的做法，更是得到了云南省委宣传部的高度赞许。

随后在7月初，曾策划、组织网民调查“躲猫猫事件”的云南省委宣传部副部长伍皓就公开表示，云南省将发起各级政府部门建立“网络发言人制度”。隔日，“网络发言人制度”的词条便出现在互动百科中，互联网尽显其速度优势。

然而，云南省在号召建立各级政府部门“网络发言人制度”的工作中，目前尚未见到实质性进展。

而首开先河的是广东省。8月初，针对韶关工商局“涉嫌滥用职权”的网帖，广东省工商局负责对外信息的工作人员胡燕妮，以“广东工商局网络发言人”的名义予以回复。这一动作，被认为是我国政府职能部门“网络发言人制度”的首现。

8月中旬，四川省巴中市工商局出台《关于实行网络发言人制度的暂行规定》，并确定网络发言人1名，网络舆情引导人16名，正式展开“网络发言人”工作。

9月1日，贵州省贵阳市政府宣布启动网络新闻发言人工作。这位政府网络发言人为贵阳市政府副秘书长曹毅，主要工作是代表市政府对外发布网络新闻和政务信息，并就网民关心的相关问题进行答复。

9月3日，浙江省宁波市镇海区委办和区政府办联合下发通知，要求在镇海区建立网络发言人制度，并实行首问责任制。

第三节　烟台政府部门执网能力建设案例

一、烟台出入境检验检疫局利用互联网为进出口企业服务

烟台出入境检验检疫局是最早加入胶东在线“网上民声”的部门之一，从2003年7月至今已经有7年整。7年时间，烟台出入境检验检疫局共回答、解决网民提出的问题1400余个，为一大批进出口企业节约了资金，提高了利润，为促进烟台经济发展做出了重要贡献。

围绕“网上民声”平台日常回复、解答工作，烟台出入境检验检疫局建立了一套行之有效的工作机制和管理办法，实现了“网上民声”的程序化运作。

“网上民声”的回复、解答工作由该局监察室统筹协调，其他20余个部门负责相关内容的解答工作。主要流程为：

1. 监察室工作人员每天两次查看网民反映在“网上民声”中的问题和意见，并对留言进行分门别类的处理，咨询类问题通过内部办公系统发给有关部门。

2. 业务部门将处理结果反馈到监察室，由监察室审核后统一回复网民。

3. 投诉类留言交给该局纪检领导审阅，并进行调查落实，调查结果向局领导汇报，领导批示后再反馈给网民。

4. 普遍的意见或建议类留言由监察室直接回复网民。

5. 如果咨询内容涉及多个业务部门，则由主要业务部门提出意见，由监察室协调其他部门共同办理。

烟台出入境检验检疫局是一个重要的涉外执法单位，多数业务主要面向进出口企业，事关烟台经济发展。为了做好“网上民声”工作，该局不仅制订了专门的管理办法，并将“网上民声”回复工作纳入年度绩效管理考核中，加大了“网上民声”工作的力度，保证了各业务部门重视“网上民声”工作，积极利用互联网为市民、企业服务。具体管理办法如下：

1. 各单位各部门安排一名科级干部兼职“网上民声”回复工作的管理，每天定时浏览网民通过“网上民声”反映的问题。

2. 如果发现“网上民声”中涉及本部门应予以受理的业务咨询问题，应该

在该问题提出之日起二日内作出书面回复意见，并将回复意见送至监察室，未能按时办理的，每延迟一天扣除0.5分。

3．监察室接到业务咨询回复意见后，要在当日内回复网民。

为了体现“网上民声”工作的严肃性，对网民投诉、举报中涉及有关人员的事项，烟台出入境检验检疫局还设计制作了“网民投诉举报登记表”，对网民反映的内容进行详细记录、认真调查落实，既对网民负责，又防止某些不实言论对有关人员造成伤害。同时，该局还建立了“网上民声工作季度通报”制度，监察室每个季度都会对一个季度来“网上民声”回复工作作一个总结，对网民留言进行分门别类的统计整理，及时应对出现的新情况和新问题，对各业务部门的回复情况进行梳理分析，表扬先进，批评落后。

7年来，烟台出入境检验检疫局从领导到员工，从监管部门到业务部门，都对“网上民声”工作非常重视，认真、负责地回复网民每一项咨询、每一个问题。浏览“网上民声”中该局的回复内容可以发现，每一条回复都态度诚恳，对问题的解释条理清晰，丝毫没有出现推诿扯皮、敷衍塞责的现象。因此，烟台出入境检验检疫局在利用互联网为企业服务方面取得了较好的成绩。

1．发挥信息资源优势，耐心细致回答企业咨询。该局检务科在日常回复网民留言中发现，有关优惠性产地证是网民咨询较多的问题，主要包括优惠性产地证的种类、注册程序、申请流程、关税优惠幅度、具体产品的签证标准等，这一现象引起了该部门的高度重视。2008年金融危机席卷全球，给中国出口企业带来了严重影响。为了全面提升烟台出口产品在国际市场上的竞争力，进一步促进和扩大产品出口，烟台出入境检验检疫局通过“网上民声”加大优惠性原产地政策的宣传力度，尤其是有效发挥区域性优惠政策在服务地方经济发展方面的积极作用，帮助辖区企业享受到区域性优惠原产地政策带来的“实惠”，创新原产地签证工作机制，提升企业运用水平，实现辖区内原产地政策的无缝覆盖，使优惠政策深入人心，方便企业及时获取自贸区关税减免数据信息及最新政策。2010年前6个月，烟台出入境检验检疫局共签发优惠性原产地证书8 700份，价值3.2亿美元，为辖区企业赢得进口国减免关税1 600多万美元。

汇成电子是烟台一家出口企业，2007年该企业在“网上民声”中询问有关《亚太贸易协定》原产地规则等事宜。烟台出入境检验检疫局检务科不仅在网上做了详细说明，还第一时间与该公司取得联系，上门向该企业介绍《亚太贸易协定》的相关关税优惠政策，该公司在了解了政策后，当天就提交了亚太贸易协定优惠原产地证书签证申请。到目前，该公司已利用此优惠政策减免关税300多万美元。金融危机期间，该公司与韩国之间的出口业务并没有受到影响，不仅销量稳定，产品价格还稳中有升，企业的竞争力进一步增强。同样享受到“实惠”的还有烟台开发区诺特公司，2007年该公司销售额为7.2亿美元，2008年获得“亚太贸易协定”的优惠后，全年销售额一举突破了10亿美元，实现了企业的二次腾飞。

2. 深入了解网民诉求，积极建立健全管理规范。2007年6月，烟台出入境检验检疫局动检处在“网上民声”中看到网民咨询“怎样办理海水养殖鱼出口手续”事项，后来又连续接到市民的电话咨询。动检处在第一时间回复网民的咨询后，又做了深入的分析思考，认为这不仅仅是一个个别的现象，而且与海水养殖鱼类的出口有密切关系。随后，动检处组织有关人员进行了多方面调研，结果表明：沉寂了多年的出口养殖鱼贸易在韩国和日本有良好的市场和商机。但是国内因“多宝鱼事件”影响，海水养殖鱼处于低潮。网民的咨询反映了这个产业仍在寻求市场出路。据了解，烟台口岸出口养殖鱼类在最好年份占出口水产品的比例不足0.3%，出口创汇比重很低，但是对沿海养殖户和该产业而言具有重要意义。此时，国外市场对养殖鱼类的疫病和药物残留等有毒有害物质的控制非常严格，养殖户急需该方面相关政策信息。为此，动检处制订了一系列帮促措施：一是分批对出口养殖场技术管理人员进行培训，确保养殖场管理、技术人员掌握国家法律法规、国外要求和安全质量控制要点；二是派技术人员到养殖场帮助建立养殖管理体系，指导养殖人员安全用药、饲料管理和水域环境监控等控制要求和方法，实行全方位把关；三是对长岛、蓬莱、开发区、芝罘区和牟平区等主要出口养殖区域实施养殖全过程监控检测。烟台出入境检验检疫局为此专门申请了专项资金增加检测设备，开展了与养殖鱼相关的疫病和药物残留的检测项目，为烟台出口的鱼类质量安全提供了保障。由于措施到位，面对韩国、日本一直比较严格的检验检疫形势，烟台出口的养殖鱼没有发生一起质量异议，牢牢占据了韩、日市场。目前，烟台出入境检验检疫局辖区已经有出口水生物注册养殖场13家，中转场5家，出口活水生动物的数量平均年增长50%以上。

3. 重视网络举报信息，严厉查处非法走私行为。2004年2月，烟台出入境检验检疫局从“网上民声”中获得举报信息，某外贸公司上半年将以虚报进口植物产品的名义，通过香港往国内转移国外的电子垃圾。接到举报后，烟台局党组领导高度重视，立即成立了专门的工作组，严密监视进口到烟台港的所有植物产品。2004年4月28日，烟台出入境检验检疫局受理由烟台某进出口有限公司进口的泰国木薯淀粉报检，报检声明该批货物原产地为泰国，经香港中转到烟台，重量156吨，数量6 240袋，货值31980美元，6个40英尺集装箱，报检号为370300104003913。该批货物在海关通关后已经到“五一”长假。5月2日，该批货物的代理人联系检验检疫，烟台出入境检验检疫局工作人员刘玉龙与代理人到达外运集装箱站后开箱检验检疫。打开第一个集装箱后，刘玉龙发现货物堆到了集装箱顶部，凭借多年的工作经验，刘玉龙认为一个40英尺的集装箱装载26吨木薯淀粉不会如此满，便立刻登上集装箱顶部检查，发现里边有纸箱。纸箱被打开后，刘玉龙发现里边装满了废旧电脑、打印机和复印机，仅仅表层是木薯淀粉，其他六个集装箱也全部如此。刘玉龙认识到问题的严重性，立刻向局领导汇报。闻知此事，烟台出入境检验检疫局立即启动“山东检验检疫工矿产品重大问题紧急处理预案”。山东出入境检验检疫局第一时间派工作人员到现场了解情况并向总局报告。总局于5月4日派专人到现场查看，进一步调查取证，并将涉案的六个集装箱全部加封检验检疫封条和铅封。最终，这六个集装箱在烟台海关的监管下全部退运出境。如果这批废旧电子设备流入烟台市场，将给我国同行业造成300多万元的损失。此案的成功查处，避免了一起以瞒骗手段非法走私废旧电子洋垃圾事件的发生，保护了我国人民生命、财产的安全。

二、药监局根据网民举报信息端掉假药窝点

2009年2月23日，市民通过“网上民声”反映，在烟台市幸福华信家园社区一车库内存有大量药品，且户主行动诡异，怀疑为假药“窝点”。“网上民声”第一时间将这一线索转到市药监局，引起了药监局领导高度重视，他们迅速成立专案组深入调查。

24日上午，根据举报线索，药监执法人员初步锁定了涉案“窝点”，并在车库附近有利位置潜伏“蹲点”。不料整整一上午过去，也未发现任何蛛丝马迹。执法人员没有放弃，他们随后又通过“网上民声”将当天的检查情况予以回复，并希望市民继续提供有价值的线索。

2月26日，第二条信息又通过“网上民声”转到了药监执法人员手中。这条信息详细提供了运送药品的车辆及运送时间等信息。根据运送时间“早出晚归”的特点，执法人员商定，择机进行第二次潜伏。

3月3日清晨6时许，执法人员第二次“蹲点”布控，为防止当事人“狗急跳

墙”逃脱，执法人员一个在“窝点”门前假扮晨练者，其余二人分别守住两个路口，一张捕鹰大网悄然撒开，严阵以待。

很快，时针指向了7时45分，一女子匆匆打开电动门并迅速钻进“窝点”内，接着大门紧闭。执法人员隐约发现车库内有药品包装箱，并听到车库内传来撕扯胶带的声音。一切迹象表明，网民在“网上民声”举报的信息真实可靠。执法人员不动声色，悄悄将车库围住，等待时机采取行动。

8时05分，车库门缓缓升起，该女子正待出门，执法人员当即上前亮明身份，女子大惊失色，想要狡辩什么，但眼前堆放着成堆药品，说什么也为时已晚。

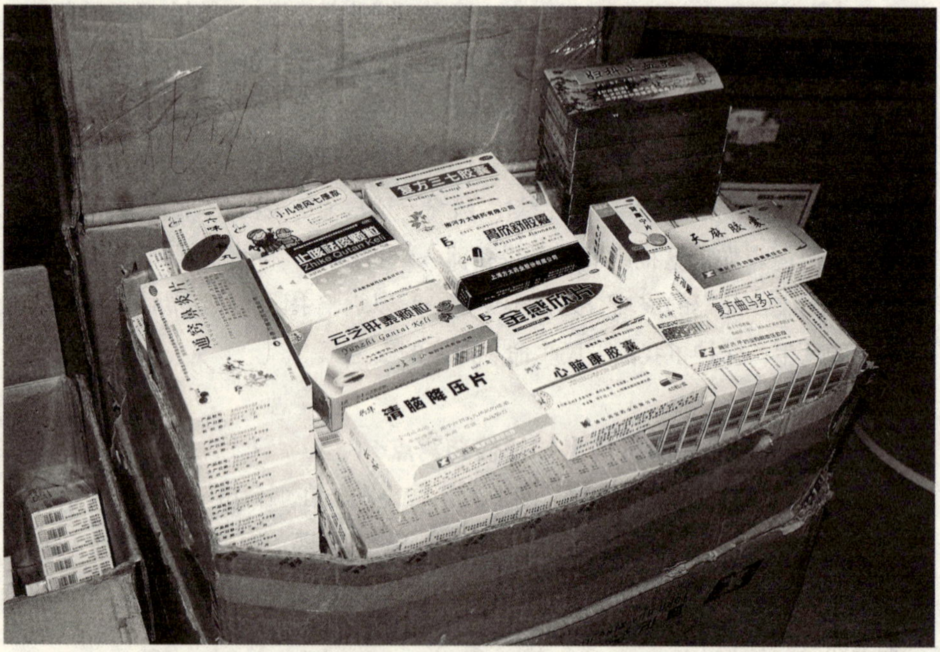

烟台市药监局根据网上民声举报线索查处价值8万元假药

执法人员现场初步清点，车库内存放有近百个品种、16 860盒药品，涉案货值近8万元。检查中，执法人员还发现了盖有10家生产企业印章的10本销售清单、标刻有“通化某药业有限责任公司”字样的公章一枚及已填好送货单待运送的部分药品。

因当事人提供不出合法的《药品经营许可证》，确定其行为为非法无证经营药品。

清点过程中，该女子的丈夫李某恰好从龙口赶回，在铁的证据面前，夫妇二人承认了无证经营药品的事实。

采访手记：药品事关人民群众生命健康安全，李某夫妇企图侥幸非法无证经营，是一种无视法律法规、漠视广大群众生命健康的严重违法行为。“法网恢恢，疏而不漏”，群众的眼睛是雪亮的，各项民意民言通过“网上民声”迅速反映到执法部门，在双方通力合作及坚定的执法打击面前，李某夫妇的“美梦”成了泡影，等待他们的将是法律的严惩和群众的唾弃。

第七章

网络媒体责任与使命

以第四媒体著称的网络媒体，正以新媒体蓬勃的朝气在迅速发展，成为中国主流媒体之一。可以断言，网络媒体在推动中国民主进程方面已经发挥了重要的作用，并为继续推动中国从传统社会向现代社会转变作出积极贡献。因此，由于互联网传播所特有的属性，网络媒体理应担当更加重大的历史使命，网络媒体及其从业者应该在构建民意平台，畅通交流渠道，构筑“互联网政治”新景观等领域有所作为。

第一节　网上民声，润物无声

“网上民声”尽管是一个地方性网络问政平台，但是在烟台这片热土上，唱响了倡导民生、促进和谐的篇章。7年来，胶东在线默默坚守着网络媒体的责任和使命，以一种坚忍不拔的毅力筑起了一个坚实有力的网络问政平台；7年来，“网上民声”以“服务民生，共建和谐”为宗旨，在自身经济条件仍然艰难的情况下，为网民开辟了一条表达意愿的大通道；7年来，“网上民声”踏踏实实，目标明确，以一种水滴石穿、润物无声的力量打动了千万网民。在2008年“网上民声”五周年之际，众多网民挥毫泼墨，抒发了对“网上民声”的挚爱之情，表达了他们对一个有着强烈的社会责任感的网络媒体的敬仰。这，既是对“网上民声”以往的努力与付出的肯定，也激励着“网上民声”向更高更远的目标迈进。

高京轶：网上民声，构建和谐社会的有力保障

建立一个高效有序的沟通渠道，对于一个政府而言是保证其决策基础和服务水平的重要环节。尤其是在中国这样人口众多的国家，一个城市的公务部门往往要服务于十万或百万计的公民，想要在如此巨大的人口范围内创造社会和谐，就要求我们必须走出一条有中国特色的执政之路。“网上民声”正是烟台市政府通过胶东在线大胆实践的一条全新道路。

如果要对网上民声的内容做一个简单的分类，我想把它分为两个层次：一是反映问题、寻求解决；二是提出建议、参与管理。前者是公民作为社会一份子寻求基本生存利益的权利，而后者则反映了在政治文明的社会中，人民群众对于参与社会建设的权力主张，相对前者而言是一种升华，也是文明程度的体现。能不

能及时解决民众所反应的问题，体现了政府部门的服务水平和效率；能不能认真对待民众所以提出的建议，则体现了政府部门的决策基础和水平。而这些都是政府执政水平的根本体现。

2003年6月7日，针对城市野广告的问题，我给城管局提出了通过电话语音自动提示系统干扰野广告张贴者业务电话，从而根本遏制其蔓延的建议。8月25日，城管局回复已采纳建议，并且斥资购置了相关设备，几个月来效果显著，市区内野广告大幅度下降，有上百个野广告业主主动到城管部门接受处罚。

2003年10月1日，针对城市公交系统的诸多问题，我根据德国公交系统的经验，给交通局撰写了1 500字的建议，分别提出了集约化经营、票务改革等建议。10月8日，交通局回复，已将建议呈报有关领导和部门，在进行相关决策时会充分考虑。在以后的公交公司的重组和改革中，我欣喜地看到了一些与我的建议相吻合的变化。

我的这两个例子，只是市民通过“网上民声”参与社会管理的缩影。其实，不论政府采纳建议与否，有这样的平台来传递群众智慧，是政府之福，能以开放和谦卑的心态来面对民声的政府，是市民之福。这种互动，正是和谐社会的根本体现，它满足了普通市民表达社会期望和参与社会建设的意愿，提供了直接参与决策的机会。众多个体或小众的智慧与信息的集合，增加了政府决策时“以人为本”的现实依据，从而保证其最大限度地体现大众的利益。

和谐从来都不是简单说说就可以实现的。胶东在线“网上民声”这个平台之所以越来越好，是因为它凝聚了政府、网站、网民的心血，在这个过程中，我们见证了一个基于诚信的社会氛围的形成。

单从技术上讲，我们可以称赞“网上民声”构建了一个直接沟通的渠道，这是史无前例的。但是，如果在这背后没有政府与市民的相互信任，再好的平台也只能是个摆设。政府部门上网直接面对市民，需要一种“全心全意为人民服务”的自信，这种自信是一种可以面对人民问责的勇气，是一种可以承担各种委屈的勇气，是一种可以做到有事即办的勇气，是一种可以虚心听取非专业意见的勇气。有了自信还不够，政府部门上网面对市民，还必须有人民的信任做为后盾，因为只有取信于民，人民才会把问题和心声说出来，也才会愿意为政府建言献策。这，就是和谐！

我始终认为，是高素质的人造就了文明社会，也是文明社会塑造了高素质的人。在这当中，完善的法制和长久以来养成的习惯，是决定性因素。胶东在线在

“网上民声”栏目的建设中，正是采用了这样的方法。通过统一制度来规范各政府部门处理民声的行为，在制度的影响下形成了良好的行政习惯。而这些就是政府部门充满自信和赢得市民信任的根本保证。正是在这样的有序管理之下，“网上民声”才有了今天辉煌的成绩。这也验证了胶东在线的决策者贯穿前后的管理艺术。

胡锦涛同志指出：我们所要建设的社会主义和谐社会，应该是民主法治、公平正义、诚信友爱、充满活力、安定有序、人与自然和谐相处的社会。在提出问题、解决问题、建言献策、参与管理的氛围内，“网上民声”正在用自己的方式贯彻民主法治、凸显公平正义、促进诚信友爱、充满现代活力、维护安定秩序。

在回首过去五年的时候，我们应当放眼下一个五年。在继续参与和谐社会建设的同时，我认为“网上民声”还可以为中国特色社会主义民主建设贡献自己的一份力量。

我们可以邀请各级人大代表和政协委员参与“网上民声”的建设，分别发挥其国家权力、立法、监督、联系群众和参政议政的作用。针对在“网上民声”中所提出的困难、问题与矛盾，在原有对信息回复率进行考核的基础上，通过代表委员来直接监督网下的处理过程与结果；针对广大人民群众反映较为集中的问题，形成议案提案进行专项处理。在“网上民声”中所提出的各种建议，也可以成为代表委员获取民意的信息来源，让百姓的建议成为新思路、新方法的灵感。相比普通民众而言，代表委员们可以充分发挥其权力职能和专业能力，对民众的建议进行深入的调查研究和可行性分析，最终提出议案提案。也可以邀请代表委员们在“网上民声”开辟专门的栏目，就自己的调研项目广泛征求群众意见。让人民成为代表委员的大脑，让代表委员成为人民的双手，这就是和谐的社会主义民主之路。

“网上民声”已经成为烟台市民和政府不可或缺的沟通渠道，也成为烟台市建设和谐社会的现实需求和强力保障。有理由相信，五年后再回首，有更多的信任、满意和掌声在等待我们。

杨明义：网览天下

我首次接触胶东在线“网上民声”这个栏目，纯属偶然。那是2006年7月份，我还是住在凤凰台我小女儿家里。一天，老伴单位的一位好友来我家，问我能不能在网上查一份烟台市有关职工福利文件的具体内容。

说实话，自己刚退休不久，学会上网的时间也不过两个月多一点，其水平极为有限。但好友的盛情难却，在女儿的指点下，我就来个笨鸟先飞，先从百度上搜索，忙活了半天也没结果。

后来有一天不知怎么捣鼓的，竟在无意中打开了烟台胶东在线“网上民声”栏目的网页。说来还真巧，我不仅从“网上民声”栏目中一位网友的提问中找到了答案，还被“网上民声”贴近百姓生活、丰富多彩的内容所吸引，于是我就牢牢记住了“网上民声”这四个字。

2006年9月16日，我抱着尝试的心理，第一次在“网上民声”中提出了“楚风六街以东，十四中以西有无改造规划？”的咨询问题。没想到过了不久，市规划局就给了明确的答复，真是让我喜出望外。

接着我又反映“烟台某工厂为什么不给退休工人办理一次性住房补贴”的问题，转发给房管局以后，回复得更快，政策也讲得很明白。

不到半年的时间里，我先后提了三十多个问题，几乎件件有回复。现在，我每次上网，不管有事没事，都喜欢到“网上民声”这个栏目来看看，“网上民声”竟然成了我生活中一道必不可缺的美餐。有时高兴了，我还会把我提的问题和回复，复制下来通过QQ和电子邮件一并发给外地的网友，让他们也分享一下我心中的喜悦之情。

最让我感动的是，2007年4月20日，我向城管局发布了问题编号为200195的留言，反映西山小区的路面铺设质量太差。没想到过了不久，城管局的一位同志两次把电话打到我家里，说最近铺路的民工正忙，问过几天再派人来给重铺行不行？把我感动得都不知说啥才好。

果然过了不到一个星期，九位民工师傅就来到了我住的小区开始整修路面，卸灰的卸灰，搬沙的搬沙，干得热火朝天。看到这情景，我当时就打开了电脑，在网上民声的栏目里写下了“城管局的工作值得称道”的回复，以表达我内心的感激之情。

在回复中我是这样写的：“在我这篇小文里，我只能用自己的语言表示衷心的感谢。我首先要感谢胶东在线开辟了这么个好栏目，让我们平民百姓能有向上反映问题的渠道。再次我要感谢城管局的领导，你们的管理有方，所以能带出这么好的干部队伍。三是我要感谢给我两次打电话的小伙子，是你诚挚的话语，让我看到了如今机关干部的良好精神风貌。最后我还要感谢前来施工的农民兄弟，尽管由于上一次施工队伍的不负责任，造成了这次返工，但你们还是辛苦了。你们为烟台这座美丽的海滨城市做出了贡献。”我这个小小的反馈，以后居然还登在“网上民声”的留言精选上。

后来我还得知，“网上民声”是2003年胶东在线网站和市直机关工委联合推出的。栏目的开办，不仅首开烟台市政府利用网络与市民对话的先河，就在全国网络媒体中也尚属首创。网览天下，情系百姓，网上民声，反映的是老百姓的声音，哪有不受老百姓欢迎的道理呢？

如今胶东在线网站被国家批准为重点新闻网站，这是国新办批准的第三家、北方首家地市级新闻网站。我看受此殊荣当之无愧，可喜可贺！

愿胶东在线网站越办越好，愿“网上民声”栏目在与百姓的沟通中，创出更加灿烂的辉煌！

姜连华：为民言声

忘记了是从什么时候知道胶东在线的，印象中是一位朋友提到的，她说我这个阅历这个性格该去做网络编辑什么的。我却觉得她在高抬我，所以只是一笑了之，因为知道自己几斤几两。不过好像就是那次，对胶东在线有了印象。

真正认识胶东在线是近两三年的事，因为老公是船员，有时要换证，而船员换证是很麻烦的一件事。不明白事找熟人打听吧，因为工作性质的缘故，常常是这个出远洋那个又回来，朋友多年凑不到一起的事常有。而如果麻烦岸上的办事员，一是人情太贵太累，二是次数一多，人家不烦，自己的脸倒红了。可是如果到海事局，现在的社会，对于老公这样长年漂在海上，不通世事的人来说更是一件头疼的事。

就这样折腾得我也愁了。不知如何帮他，他这个特殊的职业，一般人很难帮得上忙。

后来，在逛胶东在线时，突然发现有个“网上民声”，当时并不知道那是什么，是用来干什么的。可是我对“民声”这两个字很感兴趣，心想：反正也不收钱，进去逛逛呗！

于是转念间，来到了一块人间宝地。

进去一看，嗬！太妙了，烟台市众多部门都在这里集合着，而且是竖着耳朵的！真的会这样？不会是做表面形象工程吧？

尽管半信半疑，但我仍然把老公需要解决的问题发在海事局的版块中。刚发上去，就上去看，第一天什么也没有。于是想：又是骗人的。第二天早晨上去的时候，仍然没有任何消息，心里有点失望：再一次上当。可是当晚上下班再打开时，回复得清清楚楚明明白白的。我立刻开心地喊老公来看，他的脸也顿时乐成了花。

从那以后，我便成为胶东在线的常客。从这块自留地蹿到那块自留地，到处溜达着玩。

而且遇到什么和政府打交道的烦心事，就把它发在上面，很快就会有消息来。

记得年前在烟台晚报上看到一则消息，说的是某些专业教师缺乏。当时看着就觉得委屈，自己的专业一直不错，而且第一年号召社会人员考教师资格证时，立刻报名去考了出来，事后很多人都感叹那次考出来的不容易，因为录取率相当的低，尤其是对社会报考人员的要求更是严格。可是有了证，却没觉得有何用。因为教体局每年招老师时，从没有把我们这些人考虑在内。我觉得这很有失公平，最起码也应给我们一个参与竞争的机会吧？我立即在网上民声发了一封信，而且为了保证真实性，大胆地写上了自己的姓名与手机号码。

写完之后，好几天没有什么动静，我就把这件事忘了。

一天下班，刚回到家，手机响起来，抓起一看，陌生人的号码！接起来，里面传出四十岁左右的男中音，他首先问了我的姓名，然后说他是市教体局的，是为我在“网上民声”发的消息回复的。就这样，在电话中，他为我详细解释了相关的政策以及为何不能参加招聘的理由等。通完电话，我感到非常激动，没想到政府如此关心民声民意，这么一件小事，还要专门向我作出合理的解释，这事要是别人讲给我听，我说什么也不会相信。

就从那一天起，我相信了，相信了胶东在线不是一个摆设、一个门面，而是一个实实在在的为民言声的网络媒体！

于是，我在朋友同事中间大力宣传，并且告诉她们如果有什么难心事，我可以帮她们咨询。所以现在，她们只要有难心事就来找我，就这样我成了她们在网上的代言人。而能做这个代言人，当然最应感谢的就是五岁的胶东在线，因为它正在一步一个脚印踏踏实实地成长着！是它，给了我一个这样的机会，给了我一个让别人信任的机会。

第二节　见证网上民声

胶东在线“网上民声”7年来运作实践表明，以“网上民声”为代表的网络问政平台能够促使参与网络问政的党政机关利用互联网有针对性地开展工作。在长时间的网络问政过程中，党政机关的执网能力会得到充分的锻炼，无论是舆情分析应对能力还是舆论引导能力都显著提高。许多政府部门不仅重视网络民意，还主动将网络民意作为决策参考。

广大的各级党政机关工作人员是执网能力建设的主体，公务人员的能力素质、对互联网的态度和认识很大程度上影响着执网能力建设工作的开展。从“网上民声”长期运作实践可以看到，“网上民声”不仅为市民百姓解决了大量问题，密切了党群、干群关系，化解了众多社会矛盾，提升了政府形象，还在潜移默化中逐渐改变着一大批党政机关工作人员的工作作风，培育了他们执政为民的理念。尤其是各部门直接负责“网上民声”的工作人员，不仅在长期的历练中提高了业务素质和工作能力，还对新时期“全心全意为人民服务”有了新的理解，并以实际行动践行党的宗旨。窥一斑而知全豹，透过这些工作人员的事迹，我们可以推断，烟台党政机关工作人员的网络问政意识和执网能力正在逐渐提高。

徐远志：
一定要让网民满意

“梅花香自苦寒来”。胶东在线网站“网上民声”栏目已五岁了，一个地市级网站的栏目能荣获2007年度中国互联网站品牌栏目，能走上全国的舞台，来之不易。五年来，“网上民声”栏目不断发展壮大，参与部门由最初的28个增加到现在的94个，“网上民声”栏目已成为畅通民意、服务民声的重要渠道。作为一名负责网上问题回复的普通机关工作者，我也在参与“网上民声”的工作中收获了许多欢乐，和“网上民声”宗旨一样，能让网民满意就是我最大的心愿。

2003年“网上民声”栏目创办，药监局是参与部门之一。刚负责这项工作时，我心里高度紧张，这可是涉及部门形象的一项工作啊。早上一到办公室，我的第一件事就是打开胶东在线网站查询有没有药监局的问题，有时出差在外，就跑到网吧去上网，有了问题当场回复不了就及时向领导汇报协调科室解决。在回复率统计排行榜上见不到药监局的名字时就心急火燎，是不是有问题忘记回复了？直到把问题解决才得以安心干其他工作。“网上民声”已成为我工作生活中重要的一部分，一天不见，总感觉缺了点什么。五年来，我已回复网民问题3000多条，网站每月统计回复率总保持在100%。我深切感到，“网上民声”栏目已成为打击假冒伪劣药品、向公众宣传合理用药的重要平台。

2004年12月，有一网民投诉，反映开发区一带有人在兜售“祖传秘方”，疑是卖假药害人骗钱。药监局执法人员立即根据举报人提供的电话号码，以要买大宗药品为名，与假药贩子王某约好了见面地点。赚钱心切的王某在稽查车上边吹嘘自己的药方是“十代祖传”，边打开随身带的提包。王某声称在全市各地设了40多家代销点，在农村大集上卖得很火，并将稽查人员带到开发区一家分店。令人哭笑不得的是，这家所谓的分店门口竟挂着“废品收购”，里面住着几个拾荒者。见到来人，一女拾荒者拼命替王某吹嘘药效。稽查人员亮明身份后，王某双腿开始发抖。调查中，王某承认是用过期药片再兑上止痛药碾成的粉末。此案查处后，胶东在线、烟台晚报、今晨六点等媒体先后刊登文章，提醒市民注意用药安全，引起了强烈的反响。五年来，药监局先后从“网上民声”接到群众投诉药品质量案件30余起，发现了假药“黄金则丸”等多种药品，“网上民声”已成为保障市民用药安全的又一重要渠道。

2005年，以“诺尔智长美”为代表的普通药品大肆宣传增高疗效，网民对增高产品的咨询投诉占问题总数的三分之一还多。不少市民盲目听信广告宣传购买增高产品，花了冤枉钱。针对这一情况，我及时对增高产品进行综合分析，先后撰写了《切莫轻信增高产品，合理用药保健康》、《增高产品真能长个吗？药监部门：国家未批过单纯增高产品》、《药监部门再剖“增高”市场：消费者警惕“四大忽悠”》等文章，提醒市民国家药监局至今未批准过用于增高的药品或医疗器械，不法经营者多是将普通药品改头换面宣传增高疗效或是以保健品充当药品宣传疗效，或是渲染一些器械的作用，并提请市民不要滥用生长激素，不能轻易听信广告宣传使用药品。文章通过胶东在线等媒体刊登并被新浪网转载后，引起了强烈的反响，市民咨询增高产品的问题明显减少，对市民安全合理用药起到了很好的指导作用。

2006年，不少市民投诉在网上购买药品无效，上当受骗的问题。有一患者从网上看到“解放军医学科学生物研究院”出品的“协和降压胶囊”吹嘘可以避免高血压患者终生服药，就花了1 500多元邮购了两个疗程的药。吃来吃去总觉得和复方降压片是一个味道。后来，又在国家食药监局网上查询，它的批准文号却是吉林某药厂出的清脑降压片的文号。针对这一情况，我撰写了《军队医疗机构上网卖药？警惕网上购药陷阱》一文，提醒市民注意看似便捷周详的网上药品宣传，其实都是骗人的伎俩，药监部门从未批准过药品在网上做宣传。正规的网上药店要经过当地药监部门严格审批，所售药品严格限定为非处方药，在网上也只应提供药品目录和价格，不允许未经审批大张旗鼓地做广告宣传。此文刊登后，“网上民声”栏目再没出现购买“部队”药品上当的投诉。

2007年，不少市民反映家中的一些过期失效药品不知如何处理，担心随垃圾扔掉后被不法分子回收再流通，给市民用药安全造成潜在隐患，建议市药监局开展定期回收药品活动。我及时将这一情况向局领导做了汇报，经协调，烟台立健医药城在其总店及旗下门店开展了“半价回收过期失效药品”活动，并确定了过期药品长期换购日，市民对此举反响强烈，活动当天换购药品三千多个品种，货值三十多万元，赢得社会各界的普遍赞誉。

是“网上民声”，让我对药品监管工作有了更深刻的理解，是“网上民声”，让我对药品安全责任重大有了更深刻的体会。每当回复的问题得到网民的认可，撰写的文章对市民安全用药起到了指导作用时，一种工作自豪感就油然而生。今后无论我身处何方，从事何种工作，我都会始终将“网上民声”作为知心朋友，时刻关注他的成长，衷心祝愿“网上民声”一年一个台阶，再谱新乐章！

田南阳：烟台机场发展的好帮手

2005年4月，“网上民声”对话平台正式开通了国际机场的窗口。三年来，烟台国际机场通过对话平台，解答市民询问，听取市民对机场发展、航线布局、软硬件建设等方面的意见和建议，拉近了和市民之间的距离，也通过对话平台，客观全面地了解了市民出行的需求，促进了机场各方面的工作。

回顾市民关心的问题，最多的有三个方面，一个是业务咨询，其次是航线开通，还有一个就是机场的建设。

解答市民咨询，树立窗口形象

市民咨询业务范围非常广，有航班时刻、票价、行李托运、民航安检规定、地面交通甚至市内公交、长途车、列车时刻等，我们都一一进行详细解答。因为我们知道，登录“网上民声”对话平台了解情况的，很多是外地旅客甚至外籍旅客，我们的答复不仅代表机场的形象，也代表着烟台的形象。

一位朋友留言说，希望机场可以为他独自乘坐飞机从烟台—仁川—纽约的母亲提供行李托运、填写出境表、专人引领登机等帮助，并了解在仁川转机时是否有航空公司的人员引领办理手续，能否帮忙联系韩亚航空人员负责带领老人到纽约JFK航班的登机口。看到留言后，我们迅速联系机场和航空公司相关工作人员，了解情况，做出答复。因为是国际航班，旅客需要凭机票进入联检大厅办理各种手续，所以送行人员是不可以进入的。我们帮助他的母亲联系机场问讯处的“特殊旅客陪护站”，为她提供了“一站式”服务，专人帮助老人办妥一切乘机手续，并护送老人登机。同时我们咨询了韩亚航空公司，了解到，只要乘客情况符合他们公司的相关规定，他们就会无偿提供周到的“family service”，于是让这位朋友在烟台机场向航空公司提出了申请，韩亚航空公司也为他的母亲提供了周到的服务，让他的母亲享受到了一个平安、舒适的旅途。

还有很多旅客通过对话平台，查询列车、长途车时刻，虽然不是我们直接的业务范围，但我们没有一推了之，而是打电话给相关单位了解到具体情况，然后反馈到网上，让旅客可以在这里享受到“一站式”服务。因为很多旅客就是不了解烟台的具体情况才从网上对话平台咨询的，如果我们再推给其他单位，势必会增加旅客的麻烦。所以说，“网上民声”对话，不仅是部门与市民之间沟通的桥梁，也是世界了解烟台的窗口。

“没别的。就是觉得机场对留言的答复很地道，很当回事儿，也很有人情味儿。不愧为烟台的窗口。感谢！感谢！”这是2005年5月8日一位不知名的朋友在网上的留言，当时看了以后，我们很感动，也很受鼓舞，只要认真付出，是会得到市民的理解和支持的。从2005年起，连续三年，烟台国际机场在“万人评窗口”活动中都名列前茅，我想，这里一定也有“网上民声”的功劳！

听取市民意见，开通航班航线

对于机场，市民很关心出行是否便捷。所以，在网上交流平台中，很多市民就希望开通哪些城市的航班，发表了自己的看法，其中，有的观点非常符合机场发展的需求，对我们的市场论证起到了很好的作用。

国内方面，市民关注较多的天津、杭州航线，机场经过论证、联系航空公司，先后开通；关于呼和浩特航线，机场在反复论证后，认为这条航线目前还是以旅游客人居多，所以2007年暑期，我们联系航空公司、烟台和呼和浩特双方的旅行社，开通了这条旅游航线。“到烟台看海，去草原旅游”，航线的开通对烟台、呼和浩特两地的旅游产业起到了积极的推动作用。

烟台与韩国釜山航线开通之前，机场方面一直努力与相关方面接洽。在“网上民声”交流平台上，市民也一直关注这条航线何时能开，多次提出了类似的问题，“随着烟台与韩国的经贸日益密切，烟台应该争取开辟到韩国釜山的航线……”市民的需求和机场的努力不谋而合。2007年，釜山航线开通，客流一直稳定增长。

有市民在“网上民声”中提出：鸿富泰等电子企业要在烟台有更大发展，快捷的航空物流是关键因素之一，期待着烟台能够尽快开通快捷、畅通、经济的空中货运通道。机场对这样的信息都非常重视，结合我们日常走访大企业了解到的信息，感觉到发展航空货运不仅有经济效益，也有巨大的社会效益。通过努力，机场先是开通了“卡车航班”，然后扬子江快运开通了韩国仁川的货运航班，到目前，中国邮政货运航空和韩亚货运都有烟台—仁川的国际货运航班，特别是

2008年4月4日成功试航的韩亚货运波音767班机，更是烟台机场执行的首次大型货机，对加快烟台的航空物流发展，促进烟台电子产品的出口，都起到了积极的作用。

关注机场建设，改善服务水平

很多市民一直关注烟台机场的扩建，希望烟台机场建设成为功能更加完备、基础设施一流的现代化机场。如今，机场改扩建工程顺利进行，有市民又提出了扩建候机楼的建议，对机场发展的关爱之情跃然纸上：

"……前期获悉，我市机场跑道改建工程已启动，非常高兴。但高兴之余，感到莱山国际机场的候机楼已经落伍了，与烟台市的整体形象已经不符。建议有关部门考虑扩建机场候机楼。俗话说，没有梧桐树，引不来金凤凰。我市经济不断向前发展，空港流量会持续增长。另外，候机楼代表着城市的形象，现在看，机场应该比火车站对城市形象的影响还要大。以上建议，望考虑。"

对机场基础建设关心，对机场软件建设同样关注。在交流平台，市民对机场的外文翻译就提出了意见，我们认真核实，对不妥之处及时进行了整改，也有市民对机场的服务提出了自己的看法。下面是一位台商的留言：

"承办人您好：

我是一位来烟台看投资市场顺便旅游的台商，烟台不仅风光明媚气候宜人，而且人民善良充满朝气。最后一天我离开烟台时在机场内更让我看到了什么叫做真正的'为人民服务'。七月十八日下午在我准备搭机前往上海时，很遗憾地因为飞机机械故障造成航班延误甚至取消。在我急得像热锅上的蚂蚁时，贵机场服务台的董小姐（服务编号:2308）在百忙之中对我适时地伸出援手，除了安抚我不安的情绪（担心无法接续到回台湾的班机），还亲自带着我去划位柜台了解状况，当时在我眼里看到的她简直是个慈眉善目的菩萨！虽然最后仍未能及时飞回台湾，但是我觉得还是要告诉你们一声——烟台机场的服务人员真的很棒！很高兴这次能到贵市考察，希望我未来也能成为一个光荣的烟台市民。"

李顺：以网上民声为媒 谱写为民新篇章

“以人为本”是科学发展观的核心，也是我们做好当前工作的根本指导思想。要落实学好科学发展观，就必须坚持以“网上民声”为主阵地，把群众的呼声当作第一信号，把群众的需要当作第一选择，把群众的利益当作第一考虑，把群众的满意当作第一标准。

“网上民声”栏目是以网络媒体为平台，以新颖的方式吸引和汇集社情民意，及时反映群众的意见和要求，帮助群众解决实际问题，为群众办实事、办好事的重要渠道。“网上民声”充分发挥网络媒体快捷、开放、广泛、互动的独特优势广开言路，促进了政府部门更加迅捷高效地为民服务，是我们切实践行科学发展观的重要阵地。

2003年，胶东在线“网上民声”栏目创办，城管局成为首批参与互动交流的部门之一。于同年踏上工作岗位的我，有幸参与了该栏目城管局专栏的答复办理工作。

六年来，“网上民声”栏目逐步发展壮大，参与网上互动交流的部门由最初的28个增加到94个，几乎涵盖了全市所有的政府部门，从一个网站普通栏目成长为一个享誉国内的名牌栏目，中宣部、新华社、国务院新闻办、中央电视台都进行了突出介绍和重点报道，中共山东省常委、宣传部长李群专门指示，要求在全省推广；而我也伴随着“网上民声”栏目的成长而不断进步，从一名普通的信访工作人员成为一名信访业务骨干，历年被评为先进工作者，2008年被市机关工委授予“网上民声办理工作先进工作者”称号。

在“网上民声”问题答复办理工作中，我没有把收到的提问看成一条条简单的网民留言，而是把它看成与群众生活息息相关的信访问题，进行换位思考，始终把“善心待民、恒心助民、公心为民、诚心向民、凝心惠民”作为办理准则，倾听群众呼声，了解群众疾苦，尽最大努力为网民办实事、办好事。

善心待民，是我们做好“网上民声”办理工作的前提。作为一名“网上民声”办理工作者，心中要时刻想着群众、装着群众、惦记着群众的酸甜苦辣，把处理网民发布的每一条信息都作为服务群众的一次机会，把每一条信息的答复都作为排解民忧的一份成效。只有身怀善民之心，真正把群众的冷暖挂在心头，设身处地为群众着想，才能处理好网民反映的各类问题。

恒心助民，是我们做好“网上民声”办理工作的基本要求。有恒心，就是要有一种不怕苦、不怕累、不怕烦以及克制、忍耐、顾全大局的精神。网民问题的解决不可能一蹴而就、一劳永逸，旧的问题解决了，还会出现新的问题。要使网民满意，除了认真调查处理外，还要耐心地、不厌其烦地做好答复工作，既要解决具体问题，又要解开思想疙瘩，只有这样才能保证问题不反弹、不复发。

公心为民，是我们检验“网上民声”办理工作的重要标准。所谓公心，就是要坚持忠于职守、实事求是，依法行政、按章办事，全心全意为人民服务的工作理念。处理网民的每一条信息，对待网民的每一个诉求，都必须用法律政策的标尺量一量，用公平正义的天平称一称，使每一条答复都经得起法律的检验，都体现公平与正义。

诚心向民，是我们解决网民问题的关键所在。“精诚所至，金石为开。”对待网民采取敷衍塞责的态度，不但不能解决问题，反而容易激化矛盾，使简单的问题复杂化。因此，我们必须敢于直面问题，从见到网民信息的第一面起，认真分析他们反映的情况，真心真意地为百姓解难题。3月份，一位网民反映在四眼桥有一井盖塌陷，过往行人和车辆很不安全。我们冒雪立即协调市政养管处和排水处召开现场调研会。根据相关规定，塌陷处应由产权单位负责整改，但这条道路已建成多年，多方查找都未能落实产权单位。本着以人为本的理念，局领导作出了垫资处理的重要指示，排水处当天就更换了配套井盖，养管处也及时修复了塌陷路面。

凝心惠民，是我们解决网民问题的有效方法。作为“网上民声”办理工作者，我们每个人都必须做到：脑子想事、心里装事、眼睛看事，用心思考、用心工作、用心干事。对每一条网民信息，都要用心了解群众的心理状态，认真分析产生问题的原因，寻找解决问题的办法。只要凝心聚力，办法就多，措施就灵，效果就好；只要凝心聚力，网民问题就会得到解决，我们对事业的孜孜追求就会在干事创业中得以实现，我们的人生价值就会得到充分体现。

2月11日，我们接到了一位家住红旗里的网民提交的留言，反映其居住的42–1号单元楼因暖气沟存水导致蚊子成灾，希望帮助解决。群众利益无小事，我们立即会同为该单元楼供热的华阳热电有限公司赴现场察看。根据调查，该处确因地势低洼，雨水及积雪融化的雪水流入暖气地沟受热导致蚊虫滋生，受特殊地理位置影响，暖气沟流水相通且面积较大，喷洒灭蚊药效果不明显。经集思广益，华阳热电公司采取了将废旧机油倒入暖气沟，在水面形成油膜方法，同时对暖气窖井进行密封，防止蚊虫扰民。事后，我们对居民进行回访，居民再三表示感谢，并对我们想出来的好办法赞不绝口。这件事更让我们相信，只有团结一致、凝聚智慧才能为百姓排忧解难。

作为一名“网上民声”办理工作者，学习践行科学发展观，就要用科学发展观来做好工作，踏踏实实地做好答复，不断深化对“网上民声”办理工作规律性的认识。在工作的实践、认识、再实践、再认识的过程中去创造，在抓落实中去创新，在普普通通的工作岗位上努力践行以人为本、和谐发展的理念。

一个人的力量很渺小，一件小事微不足道。但是，如果我们所有人一起行动起来，以“网上民声”为媒，在这个大舞台上做好每一件小事，身体力行地践行科学发展观，那么，科学发展观这个时代的最强音就将响彻云霄，这个声音也将成为中国大地上最动听悦耳的交响乐、最和谐优美的进行曲，谱写出为民新篇章！

第三节　网络编辑，责任重于泰山

网络编辑是互联网时代的新兴职业，2006年首次被列入国家职业大典。然而，网络编辑在很多人的眼里并不是一个光鲜的职业，甚至很长一个时期众多网编们自己都认为，“复制+粘贴”就是工作的全部，枯燥、繁琐、乏味常常成为网络编辑对工作最多的抱怨。而另一个事实是，随着中国互联网的发展，网络媒体的迅速成长，越来越多的人开始从事网络编辑这一职业。“前程无忧”一份数据显示，2010年我国从事网站内容工作的人数达到了600万，其中大部分都属于网络编辑职位。该数据也表明，虽然目前我国网络编辑现有规模已经较大，但是互联网行业对网络编辑的需求仍在增加，尤其是缺乏“网络编辑人才”。

目前，我国大部分网络编辑或者说负责网站内容工作的人员都是非专业人士，或者是从传统媒体转行而来，或者是计算机、新闻、中文等专业，缺乏长期的、系统的、专业的网络传播、网络新闻等专业知识的积淀。这与我国高校教育与社会实际需求存在一定程度的脱节有必然联系。据笔者了解，我国还很少有高校专门开设网络新闻、网络传播等课程。在这种情况下，很多网络编辑的工作能力都是在工作中锻炼和培养出来的。对众多网络媒体而言，在普遍存在网络编辑职业素养不高的情况下，他们更希望网络编辑的责任意识更强一些，这与网络编辑的工作性质关系密切。

胶东在线“网上民声”栏目的工作人员，无论是编辑还是记者，都认真对待网民的每一条留言、每一次采访活动，以对工作高度的责任感和实际行动表达了他们对网络编辑、记者这份工作的热爱。事实上，正是由于胶东在线网站有许许多多责任心强的员工，才成就了一个地方网络媒体追逐中国新闻奖最高荣誉的梦想。

孙玲姿：勇担社会责任

2009年10月，胶东在线“网上民声”荣获第19届中国新闻奖一等奖（新闻名专栏），当看到沉甸甸的奖杯和红彤彤的证书时，我觉得六年的心血和汗水终于得到了丰厚的回报，但也感到肩上背负的社会责任更加重了。而我作为“网上民声”第一任责任编辑，深知成绩来之不易，“网上民声”创办的艰难历程仍然记忆犹新，历历在目。

俗话说“万事开头难”，作为享誉全国的品牌栏目“网上民声”更是毫不例外。2002年4月28日，网站开通伊始，曾任烟台电视台副台长、调任胶东在线网站总编辑的邓兆安作为一个媒体的负责人一直心系百姓，思考着如何发挥网络媒体优势，更好地为网民办点实事。当时烟台有两条与市民沟通交流的渠道：一条是定期开展的“面对面话环境 心连心促发展”活动，组织市民代表与政府部门在特定地点进行直接对话；另一条是在烟台人民广播电台开通的热线直播节目，倾听群众意见。两条渠道作用各异，但也有一些局限，主要是受时间、空间的限制，群众参与面小，大量问题不能及时有效地反映到政府部门。为此，邓总一直在琢磨如何将这两条渠道进行有效延伸，充分发挥互联网快捷、开放、广泛、互动的独特优势，在群众与政府部门之间构筑一个权威简捷、平等友善的交流新平台。经过慎重考虑，他决定在网上开通“网上民声”栏目。可是，如果单纯指着刚刚开通、在当时还没有多少影响力的胶东在线协调部门去解答、回复网民的问题，谈何容易，并且部门不可能听从一个媒体的指挥。为此，该想法因难以操作而一度搁浅。但是，世上无难事，只怕有心人。2003年2月份，邓总又想到能否与主管行风建设的市直机关建设办公室合作，由他们牵头组织协调部门，这样一直困扰网站如何搭建政府部门与市民沟通网上交流的问题就会迎刃而解。但实际操作并非我们想象的那样简单，当我和邓总拿着起草的方案，兴致勃勃地来到市直机关建设办公室向常务副书记李胜学和副书记李浩生汇报时，因涉及全市的政府部门，并且网络又是匿名的，网民的素质也参差不齐，担心会在社会上引起负面影响，为了慎重起见，两位领导没有马上答应我们的请求，说是再考虑考虑。其实，身为一个网络新闻媒体并没有义务去搭建这个平台，可以说只要围绕中心做好新闻宣传，建不建立这个平台对网站都不会有丝毫影响。但是，一种强烈的社会责任感和使命感迫使邓总不能就此“罢手”。回来后，我们俩又对原方案进行分析研究，为了打消市直机关建设办公室领导的疑虑，本着为部门只帮忙不添乱、趋利避害的原则，我们几易其稿，将方案重新进行了修改和完善，决定把反映个人问题和不便于公开的问题以内参的形式转交给部门，待答复后再上网，并且保证对所有网民反映的问题认真把关，确保真正有利于促进各部门工作，有利于促进解决百姓的实际困难。3月份，当我们再一次捧着新方案给李胜学书记时，李书记被邓总执著的精神感动，一种共同的责任感使双方达成一致，最终拍板决定与网站联手搭建政府部门与市民沟通交流的第三条渠道——“网上民声”。

“网上民声”栏目的方案通过后，由于人员少，这一重任又落到了我的肩上。当时，我还负责胶东在线的新闻宣传工作，为了使网民一上班就能看到最新的内容，我每天早上7：30到单位，负责审核所有稿件，在人手少、任务重的情况下，我不敢有丝毫的懈怠。为了使“网上民声”栏目顺利开通，我往往是在不影响稿子质量的情况下，利用夜间规划“网上民声”栏目的版面和内容。我记得，当时孩子还不到三岁，常常是在晚上把他哄睡后，着手准备“网上民声”开通前的各项工作，经常工作到夜间十一二点。经过一个多月的筹备，在毫无任何经验借鉴的情况下，在市直机关建设办公室的大力支持和指导下，2003年5月，国内首创的“网上民声”栏目在胶东在线刚刚成立一周年时正式开通。为了稳妥起见，第一批参与对话的部门只有28个，后来又逐渐增加到52个、60个以至现在的100个，并且延伸到各县市区的政府部门。

“网上民声”栏目开通后也并非一帆风顺，因为网上对话涉及的问题方方面面，有些问题十分敏感，这就要求我要熟悉各方面的政策、各部门的职能，本着对部门和网民双方高度负责的态度，站在公正的立场上，严格对网上问题逐条进行审核，在审核每条问题时精神都要高度集中，生怕一时疏忽将不便于公开的问题发到网上，给个人和部门造成不良影响。为了将百姓的问题及时转给部门，我甚至放弃了周六、周日休息时间。自己能控制的还好说，但是对一些自己掌控不了的问题，就感到非常棘手。例如：个别部门强调不具备上网条件，有的部门认为问题太多，回复不过来，有的认为此活动是“一阵风”和短期的，抱着侥幸的心态对网上问题只是应付，有时置之不理，几天不回复。而我作为一名责任编辑看在眼里、急在心上，担心网民会认为该栏目形同虚设或是在作秀，因而失去参与的信心，更担心栏目不能顺利办下去而半途夭折。此时，自己深知所担负的责任重大，于是，我一边与回复不及时的部门沟通联系，了解他们不回复的真正原因；另一方面，将情况反映给市直机关建设办公室。当我得知劳动局不具备上网条件而不能直接回复网民的问题时，便不厌其烦地每天将网民反映的问题通过传真发给他们，他们回复后再传过来，我负责打完字后再贴到网上，以最快的速度及时将答案反馈给网民，以取信于网民。

说句实在话，刚开始由于部门对此项工作认识不足，“网上民声”栏目遇到了很大的阻力，真有点进退两难、骑虎难下的感觉，心里边也开始打起了“退堂鼓”。对此，邓总对我进行开导和鼓励，让我重新树立起了信心。市直机关建设办公室在了解这一情况后，于2003年11月29日，和网站联合召开了“网上民声”座谈会，李胜学书记在会上对胶东在线开通“网上民声”栏目半年多来所取得的成就给予充分肯定，并转达了市委主要领导的指示精神，明确要求参与部门要把“网上民声”真正办成百姓愿意到此说真话、敢于到此说真话的永不谢幕的网上对话会，使其真正成为政府部门为百姓办好事、办实事、解难题的服务平台。

此次会议使“网上民声”栏目开始步入了正轨。尽管如此，我也没有丝毫的松懈，针对有些部门负责“网上民声”的具体工作人员以前没有上过网，对网络不是很熟悉，影响回复率，有的部门工作人员回复问题时存在“生、冷、硬”的现象，造成网民反感和不满等问题，我就亲自上门教给他们具体的操作方法以及回复问题的艺术，即使有的问题不能马上解决，但网民看到其态度诚恳、语言和蔼，也就能够予以理解。为了发挥该栏目的作用，打造成品牌栏目，我与邓兆安总编不懈地进行探索和完善。2003年7月初，我又对该栏目进行了首次改版，增加了对话平台反馈报道、对话会现场音视频点播、网上调查等栏目。当年底，又对该栏目进行了第二次全新扩容改版，增加了问题查询、问题回复率统计、咨询投诉电话、办事指南、法律法规、便民服务等6个栏目，栏目总数达16个。回复率统计的增加，使民声部门之间展开竞争，回复的及时与否一目了然，促使各部门回复率不断提高，便于市民及时了解和监督各部门问题回复情况。

当看到“网上民声”参与部门由消极变为积极、由被动变为主动地解答、回复“网上民声”问题；市民的问题得到及时解决、建议被广泛采纳，网民给民声留言表示感谢胶东在线搭建“网上连心桥”；各级领导对该栏目给予充分肯定，一次次作出重要批示和题词的时候，我们都感到是一种激励和鞭策，让我们深感再苦再累也心甘情愿，所有的努力、付出都是应该的、值得的、快乐的。

一路走来，我参与、见证了“网上民声”从诞生到健康发展的全过程，也深知该栏目获得全国大奖并非终点，而是站在一个新的起点上，面临新的挑战。作为全国知名的品牌栏目，其今后的健康发展任重而道远。但我坚信，有市委、市政府的精心呵护，有部门的强力配合，有网民的大力支持，有栏目组同仁们的奋发努力，“网上民声”栏目一定会办得越来越好，百姓更加离不开。

（孙玲姿：胶东在线编委、新闻部主任）

宋君：沉甸甸的重托

“为民言声，为民请命！”这是一位网民参加胶东在线网站五周年征文比赛时的一篇文章，读它的时候我的眼睛红了，字里行间所流露的感激之情跃然纸上，让我的心里充盈着说不出的感动。因为我知道，作为“网上民声”这个栏目的编辑，有了网友们的支持和信任，所有的辛苦付出都是值得的。

诞生于2003年的“网上民声”走过七年风雨，早已美名远扬，凡是受益于它的网民都对她赞赏有加。2006年1月，初到胶东在线工作的我接到的第二个采访任务，是去现场做一个民声问题的追踪采访，面对着群众的愤慨与无奈，以及相关单位的无礼与推脱，我第一次切身感受到了作为一名民生记者的不易，更深切体会到“责任”与“道义”四个字于新闻工作者非同一般的意义。半年后，我正式接手这个栏目，从此倾注了所有的心血。在岗位上，从当初一无所知的门外汉，到今天捧着“2007年度中国互联网站品牌栏目”和第19届中国新闻奖“新闻名专栏”等多项大奖，四年多的网媒生涯给了我第一笔宝贵的人生财富。

“网上民声”担负着重要的责任和使命，对网站、对参与单位、对所有的网民而言都非常重要，容不得半点疏忽。

由于栏目的特殊性，工作中稍有不慎就可能犯错误。刚接手的那些天，不断地有单位和网民打电话找来，说某个问题处理得不合适，该保密的公开了，该公开的反倒内参了，这也是我最头疼、最想要放弃的时候。

记得有一段时间，平台上出现了很多关于桃村黑诊所的投诉，卫生局一直未给出明确答复，忽然有一天，窗口里出现了一篇以桃村卫生院院长的名义发表的公开声明，声明中对治理黑诊所的决心和方法作了详细说明，写得相当有水平。我看到这篇文章时特别高兴，因为这位“院长”肯正视网民提出的问题并勇于进行公开承诺，这种态度是值得所有被投诉部门学习的。于是，作为榜样，我想也没想就把它提到了首页。始料未及的是，桃村卫生院院长当晚就找上门来大加指责，说那根本就不是他的声明，是有人冒名发布的，还闹着非要找广电局、找宣传部说理。同事告诉我的时候，我的头“嗡”的一下，整个人都蒙了，“这可怎么好？我要怎么办？都怪自己没落实清楚”。那时候真是又气又急，完全没了主意，我这么信任我的网友，为帮助大家解决问题倾尽心力，可是他怎么能这样做呢！真想找到发帖的人，一下子把他抓过来狠狠揍一顿。可气急是没有用的，我强迫自己冷静下来，找卫生局了解了一下桃村卫生系统的情况后，硬着头皮拨了院长的电话，先对工作失误进行了自我批评并诚心道歉，又对网上反映的问题详细了解。电话接通的那一刻，我做了最坏的打算，好在对方的声音听起来还算平和，我悬着的心也慢慢地往下放。经过细致沟通，双方表示了相互理解，事情就这样解决了。

还有一次，因为新同事一时疏忽，把一个带有攻击性语言的问题审核公开了，房管局随后打来电话质询，态度非常恼怒。我赶忙找到问题一看，也吓了一跳，因为问题不仅没表达清楚，最后还跟着一句“否则让你刀子见”。我赶紧把问题删掉，又打电话给房管局道歉。本以为事情就这样过去了，想不到没过多久，发帖的网民又态度恶劣地打来电话，问凭什么删除她的问题；不仅如此，第二天，这位老太太竟然铁青着脸找上门来，说我们诬赖她威胁部门，非要讨个说法。第一次见到这样的阵势，我吓得不知所措，最后还是部门领导出面才把事情平息了，而老太太直到现在都不知道那天坐在旁边怯生生不说话的人就是她口中的“姓宋的”。送走老太太，我难过极了，觉得自己就像一只躲在壳里的蜗牛，连一点承担责任的勇气都没有。

像这样的遭遇，在日常工作中经常会遇到。

一连串的问题，太多的委屈和越来越大的压力，让我感觉真的做不下去了，有好几次都冲动地想跑到领导面前去请辞，可是每次又都逼迫自己冷静下来，慢慢查找原因、寻求解决方法。而这两件对我来说惊天动地的大问题也让我知道：面对棘手的问题绝不能逃避和退却，在工作中要有高度的敏感性、警觉性和甄别力，要勇于承担责任。

渐渐地，我发现自己越来越不愿离开这个岗位了。为做好一次追踪报道，跑现场、做调查、磨破嘴皮；为更大力度地做好沟通，精心策划主持好每一场嘉宾访谈；而怎样处理问题才能让“网上民声”这根纽带更有效也成为我从未停止思考的问题。累，却不辞劳苦，因为我爱我的网民朋友们，我愿意和他们唇齿相依、同舟共济。每当走在华灯初上的街上，和一个个素不相识的行人擦肩而过时，我总是想，他们或许就是我的读者，他们可能通过我的栏目得到了帮助，他们用正直、善良和信任赋予了我工作的灵感和激情，而我，也靠着这份精神鼓励自己兢兢业业。我也骄傲，因为我是连接全市人民和政府部门的一座桥梁、一根纽带，因为我是一名新闻工作者！

2008年6月26日，“网上民声”迎来了五周岁生日，完成了一次从版面到内容再到技术的全面升级。庆典上音乐响起的时候，所有人都在欢腾，而我却百感交集、眼泪盈眶，那一刻，我仿佛看到了自己多年的辛苦和勤奋，多年的追求和茁壮成长，我在不断跌倒与爬起的动作中，终于完成了青葱岁月里的华丽转身，完成了一个初入社会年轻者的完美蜕变。

从现在开始，“网上民声”将迎来更大的挑战与更严峻的考验，前路漫漫，需要更多的探求与摸索，我清楚地知道，还有更多的任务等着我去完成，我的肩上是政府和几十万网民沉甸甸的重托。面对这份更加沉重的责任，我更要不辱使命，在奉献中完善生命，实现人生的价值和飞跃。

（宋君：“网上民声”栏目副主编）

管丽娟：在路上

我是“网上民声”的一名记者，自从做这项工作开始，我就一直在路上奔波。

2010年春节前夕，我成为胶东在线“网上民声”栏目的一名追踪报道记者。初时的我忐忑不安，这是一个全国知名的栏目，这是一个荣获中国新闻奖的栏目。民声记者，在胶东在线网站里，被赋予了特殊的意义。总编说：“你心里要时刻想着百姓。”新闻中心主任说：“写出稿件不是最主要的，替网民把问题解决了，才是最重要的。”

做“网上民声”记者，工作无疑是辛苦的。网民出于种种原因，愿意在留言中写下联系方式的很少，绝大多数的线索需要我们直接去现场采集信息，而由于网民留言描述不清找不到现场的情况有很多。曾经有网民反映在芝水小区18号楼南面的大坡上有一辆来历不明的无主车辆，热心网民怀疑是被盗抢的车辆，希望“网上民声”能够帮忙解决。由于对芝水片区并不熟悉，在附近居民的指点下，我找到了芝水小区18号楼，南面有一个大坡上摆满了摊点，是附近居民赶集的地方。可是无论再怎么找，我都无法在这个大坡上找到网民留言所说的无主车辆。热心网民曾两次留言反映这个问题，应该不是虚假线索。我又询问了很多路人，最后终于得知在北向还有一个新建的芝水小区，那里还有个18号楼。最终找到那辆无主车时，我已经在寒风里走了四个多小时了。类似这样一个现场找一上午的情况经常发生。

做“网上民声”记者，也是富有挑战的。工作中，我总结出了适合自己的工作方法：胆大心细，现场第一。“胆大心细”就是不论什么样的事件，都要有去了解、去探索的勇气，从细微处找到为网民解决问题的方法，同时做好自身人身安全保护；“现场第一”就是除了策划类采访，一律需要亲身去现场进行采访，并且拍下照片或DV；在与相关责任人进行沟通时，尽量要亲自上门，避免电话采访时对方以领导不在等原因推诿，同时可以做好现场录音，为稿件内容的真实性负责。例如某楼盘电梯被盗一稿，事后接到了开发商的抗议电话。但是我们有现场照片、有采访录音，所以即使他们来恐吓，也没有什么可担心的。民声问题90%以上是一些“负面新闻”。采集这些新闻，除了要应对一些强势部门，还经常会遇到人身危险。曾有网民留言说在华信家园有非法老年公寓虐待老人，春节期间就抬出了两位离世的老人。拿到这条线索，非法、隐密、虐待、尸体——每一个关键词都让人无比恐惧，但是这样的问题要解决，我们就必须向民政或是公安部门提供第一手的证据。来到华信家园，首先面临的是“进门难”，老年公寓开在居民楼里，单元门大锁，外人就无法进去。在想了各种办法进入单元门后，又面临着进房门的困难。后来我佯装成为亲戚找老年公寓的市民，方被允许进门。在与对方的交流过程中，我都是神经紧绷的，生怕被对方看出我是来调查的记者。房里躺着很多老人，只有睁着的眼睛告诉我他们还活着。因为对方警惕性太高，我没能拍下照片，只是录下了和对方的对话。十几分钟后我走出了那间老年公寓，需要的证据有了，并且全身而退。后来我继续跟踪，与多个部门屡屡沟通，有关部门终于采取措施端掉了这个老年公寓。这次采访让我得到了历练，积累了丰富的采访实战经验。

长时间做民生新闻采访报道工作，让我更清楚市民百姓内心里想什么，需要什么。烟台市芝罘区大海阳71号院的几位居民打来电话询求解决煤气表校表问题，黄海城市花园的成先生想解决困扰多日宽带问题……这都是生活中很琐碎的事，如果我是他们，我生活中遇到了这些事，如果有人能帮我解决，我该多么高兴！就是这种小事的解决，让网民更加认可了“网上民声”的品牌。其他诸如通过“网上民声”端掉非法老年公寓、帮助80多户居民解决了困扰二年的臭水沟等影响较大的事件，则更说明了“网上民声”的影响力越来越大，解决问题的能力也越来越大。

作为一名“网上民声”记者，我时常有一种成就感和自豪感。网民反映的问题较多集中在水、电、暖、煤气、房子、垃圾、修路、公交等方面。反映老百姓生活中这些琐碎的问题，并达到解决的目的，是我记者工作的核心。例如“市区修路垃圾无法及时清运”一稿，我本来出去采访的是东风里由于毓西路施工改造垃圾无法清运的现场。与责任编辑商量的采访路线是东风里垃圾现场——毓西路施工现场——市环卫处。在采访现场拍照时，我遇到了南通路居委会的一位工作人员，她把我请进居委会办公室，向我介绍了这几天清运这堆垃圾的难处。按照采访的常规做法，如果我直接去找市环卫处，得到的结果很可能是“市环卫处要求芝罘区环卫处解决”，到时我所能给网民的交待就是芝罘区环卫处会来处理，而很难有实际性进展。与居委会的工作人员商量后，我们一起打电话将芝罘区环卫和养管处的相关工作人员请到居委会，共同商讨一个可以长效解决垃圾清理的办法。最终居民反映的问题得到圆满解决。

我越来越喜欢上“网上民声”记者这份工作，为百姓解决生活中的问题，这是一件有意义的事情。2010年7月底，网民反映的停电公告看不懂等问题在我的报道后受到了供电公司的高度重视，不到半个月的时间里，供电公司就重新制定了停电公告内容规范。网民在肯定供电公司的同时，对“网上民声”也送来了称赞：“网上反映的问题解决了，好样的。”与胶东网友一路走过，分享他们生活中遇到的快乐或不快，与他们一起战斗并寻找幸福生活，通过媒体舆论监督来协助网民解决问题，是一个民声记者最引以为傲的事。

（管丽娟：“网上民声”栏目记者）

附一 专家解读“网上民声”

“网上民声”作为一种制度化网络问政模式，得到了网络传播界、新闻传媒届专家学者的青睐和认可。2009年，胶东在线组织了“网上民声”理论研讨会，邀请了国内一批重要的专家学者共同研讨网上民声，他们纷纷撰文分析这种模式，提出了深刻的见解。

何侃：
民意互动，建立政府、媒介、民众沟通协调新机制

评选讨论时有人提出，评选网络新闻奖并不是规定什么方式而是促进挖掘与开拓网络新闻的潜力与空间。我非常认同这个观点。评述胶东在线“网上民声”专栏获奖的意义，不但要肯定其为拓展民生新闻所进行的创新性实践，而且要看到专栏依托网络交流平台建立起政府、媒介、民众“面对面”沟通协调的新机制，体现了鲜明的特色，以“民意互动”形式充分显示了网络舆论及其载体积极的建设性力量。

倾听网络民意，是当代中国民主政治建设中的一道独特风景。无独有偶，上有前述的《胡锦涛总书记同人民网强国论坛网友在线交流》，下则有胶东在线的“网上民声”专栏值得评说。

众所周知，互联网早已成为民意表达的快捷平台，尽管网络民意不尽代表全部民意，但是由于网络舆论生成迅速，言论更为自由，在当今社会舆论传播中往往能产生出巨大的“蝴蝶效应”。拥有全世界最庞大网民规模的中国，面对网络民意汇成的舆论洪流，是疏还是堵，是捂还是揭？进退之间，考验着政府信息公开能力以及利用网络为民造福、推动社会进步的能力，也时时考验着网络媒体的

舆论引导能力和导向正确与否。

除了在各类突发事件中重视民意表达、疏导民众情绪、引导社会舆论以外，近几年出现了一个可喜现象，由媒体主动搭台、媒介和政府部门联合主导，直接与公众对话的网络平台正在兴起，从中央媒体到地方媒体、从中央部门到地方部门，开始重视进行网络民意收集、尊重民意解决问题的制度化建设。

2009年荣获中国新闻奖一等奖的网络专栏——胶东在线专栏“网上民声”、人民网专栏“地方领导留言板”，以及2008年获奖的红网专栏“百姓呼声”就是这种崭新理念的实践操作。

2003年，胶东在线与烟台市市直机关建设办公室联合开设的“网上民声”专栏，为探索网络政务服务、网络舆论监督、网上信访新通道等进行了许多有益尝试。栏目由创办之初的28个部门参与交流互动一直增加到现在的94个，几乎涵盖了全市所有的政府部门及中央、省驻烟台的热点“窗口”单位。栏目累计收到市民反映的问题36万余条，其中报道舆情内参3.6万条，回复率始终保持在97%以上。同时，烟台市委、市政府已将这个栏目作为职能部门与群众沟通的一条重要舆情收集分析渠道和工作渠道。可以说，胶东在线“网上民声”为烟台地方政府与民众的信息沟通、关系协调提供了一种新机制。

“网上民声”创造的这些传播业绩，值得我们给予很多关注。从中国新闻传播近几十年的历史变化和发展来看，“网上民声”现象的出现是一种惯性和必然，并有可能超出其自身的运行地域和作用空间，体现出更大的借鉴价值和普遍适宜性。

“网上民声”在模式、机制方面具有鲜明的创新点。“网上民声”的基本定位和出发点是为了吸纳民意，倾听民生、汇集各方呼声、建议和批评等信息。这是一个下情上达的管道，也是一种改善下情上达信息流转现况的探索努力。“网上民声”难能可贵的是，将上述原则意愿转化为在网上可以具体落实的可行样式和运行机制：利用网络尽可能消减阻碍真实民意表达的中间环节；通过网络切实而及时地释发和公开各种社会情绪和敏感问题，避免郁积梗阻情况的发生；通过有关主管部门强制规定政府职能机关对网民所反映问题和意见，进行及时、负责、诚恳的回复和督办，并将此过程置于政府、网站、民众的三重公开监督之下；促进政府和官员的服务意识和执政作风的切实改进，提高理政效率，抑制腐败推诿；反映意见和回复信息的透明传播过程，在大量问题和疑惑得以解决的同时，促进了政府和民众之间和谐互动关系的生长，逐步构成一个常设、透明、广泛和互动的社会信息分享交流机制等。

这一模式的存在、运行和发展是地方政府、网络平台和本地民众三方共同参与和互动配合的结果，“网上民声”模式的三方互动基本构架是政府、网络平台和烟台广大民众共同创建和发展起来的。这样的一种系统建设，最终导致“网上民声”模式运行独具特色，充满活力，行之有效，日益壮大，并产生很大影响，模式的辐射力和示范力后劲强大。

当然，“网上民声”也还有不足，其功能也不可能是万能的。只有坚持不断完善和开拓创新，才能在未来发挥出更大的辐射潜力。从精益求精的更高标准出发，“网上民声”栏目还应不断改进：参与“网上民声”交流的部门还不够多，还不能满足网民的广泛需求；还要进一步调动各部门各机构的积极性；需要进一步增强所反映问题的结办率，提高民众对这一机制的信心度；要通过努力提升“网上民声”更广泛的社会影响力和权威性，通过深入追踪报道形成舆论压力，对政府部门和工作运行构成建设性良性监督。“网上民声”这些务实的自我总结，既是对未来工作目标的前瞻性确定，也是其未来持续健康发展的有效保证。

通过对“网上民声”运行模式的分析可以看到，尽管平面媒体、广播电视媒体也承载着反映百姓呼声、汇集民情民意的功能，但是进入网络时代，面对海量的民生需求信息，技术与成本成为无法逾越的障碍。而网络媒体除了在收集民意与回应答复占据优势外，发挥互动参与和多向传播功能还进一步升华和丰富了民生新闻的内涵。

通过互联网，公众可以就自己关注的民生问题或国家大事，与政府直接进行对话，“网上民声”搭建起党和政府与群众沟通的一座真正民心桥；创新舆论监督形态，“网上民声”所设立的举报、投诉、调查等环环相扣的操作流程，把人民群众监督、媒体舆论监督、党内监督等监督方式融为一体；创新民主决策、科学决策机制，市民网上出谋划策，政府依据民声做决策，有效推进政务公开和决策民主化进程。

在“网上民声”专栏中，快捷、多元、平等、互动等网络特性集为一体，依托网络交流平台，实现了民意互动，建立起政府、媒体、公众“面对面”沟通协调新机制。有专家评论“网上民声”是确立了网络媒体协调社会功能的一个经典模式，我非常赞同而且认为通过网络媒体平台实现“民意互动”对中国政治生态环境的影响还将继续突显出来。

（何侃：云南日报报业集团副总编辑、云南省记协副主席、高级编辑；此文是作者在2009年12月中国新闻奖获奖作品高端研讨班上的讲评。）

闵大洪：
“网上民声”栏目体现了全心全e为人民服务的理念

在全球信息化浪潮的推进下，世界各国提出电子政府、电子政务建设，其目的是建立起更有效率的行政流程，为公众提供更广泛、更便捷的信息及服务。其技术内涵是运用信息技术、通信技术及互联网技术等，打破行政机关的部门界限，实现政府机关间、部门间及政府与社会各界间畅通无阻的沟通，并依据公众的需求、公众可以使用的形式、公众要求的时间及地点，提供给公众各种不同的服务选择。美国学者托马斯·萨斯曼（Thomas M. Susman）在2001年的一次演讲中指出：公众期望电子政府能具备四大好处：1. 公众对政府更具监督和追究责任的能力；2. 帮助政府机构更有力和有效地履行使命；3. 带来更便利的政府服务；4. 更方便公众获取政府信息。

中南海新华门内影壁上毛泽东手书的“为人民服务”始终是中国共产党和中国政府的根本宗旨。因此，中国电子政务建设的要义，简单一句话就是：全心全e为人民服务。它要在两方面得到改进乃至改造：一方面，使政府的各项监管工作更加严密、有效，自身更加廉洁，专业，运作更加透明、公正；另一方面，使民众获取信息更加及时、全面；为民众提供的各类服务更加便捷、高效。

在我们观察胶东在线2003年5月创办的“网上民声”时，可以发现它尽管是地方重点新闻网站的一个栏目（频道），但实际上这一平台担负起了烟台市电子政务很大一部分职责，成为市委、市政府听取民声、解决民忧、吸纳民意的一条重要渠道，成为一座政府、群众间的“连心桥”，这或许是它创办六年来最重要的成就之一。“网上民声”开办后3个月，便有28个政府部门参与到栏目，开办半年时增长到52个，而目前已经达到94个部门，几乎涵盖了烟台市所有政府部门及中央、省属驻烟台的重要窗口单位，并且延伸到县市区政府部门和窗口单位。“网上民声”在发展完善的过程中，为推动烟台市政府真正转变为一个“服务型”政府发挥了重要的推动作用，同时有力地保障了人民群众的知情权、参与权、表达权和监督权。六年来，“网上民声”在不断完善中深化服务，充分显示出一家主流网络媒体的社会责任和社会担当。

网上听民声　网下办实事

有些领导干部总认为现在网上常常民意沸腾，网络舆论也给不少地方带来负面影响，给工作带来干扰，因此对互联网颇多微辞。其实，现实社会多一分和谐，网上才会少一分杂音；现实社会的矛盾和问题得到解决，网上舆论才能得到平息。胶东在线网站总编辑邓兆安曾指出：“和谐的网络环境与和谐的社会应该是一种相互促进相辅相成的关系。”而“网上民声”全力以赴进行的工作就在于，通过网络平台听取民声、了解民意，然后卓有成效地促使民生问题的解决，通过办好一件件实事化解社会矛盾，进而更有说服力地引导舆论。

长期以来，不少部门“门难进、脸难看、事难办”已成为一种典型的“政府病”，但“网上民声”决心让广大市民通过自己的平台“少跑一趟路，少踏一个门槛，少走一趟程序”。市民反映的问题涉及到方方面面，表面看起来不少是生活小事，但在普通市民那里往往就是一个难以解决的大问题。如果问题解决不了或解决不当，便容易产生对立情绪。市民能够通过网络途径将有待解决的切身问题反映到有关部门，然后得到有关部门的及时答复和处理，就可以使大量矛盾化解在基层，有效促进社会和谐稳定。因此，参与“网上民声”的94个单位，均制定了相应的制度，在答复问题解决问题方面，要做到“领导到位、人员到位、职责到位”，“答复问题要求实事求是、认真细致、耐心诚恳，不得敷衍塞责、推诿应付、冷淡生硬。对解释不清楚、答复问题不认真、解决问题不彻底、造成群众反感，在社会上造成负面影响的，要追究单位领导的责任。”有人将胶东在线的“网上民声”比作“第二信访局”，其实从它开创的网上听取、网下落实的模式来看，无疑要比目前信访来得更为有效。

网上增功能　网下建机制

2008年9月，烟台广播电视台和胶东在线合编的《民声乐章》一书出版。这本书全面回顾了“网上民声”创办五年所取得的成果和经验。

“网上民声”是一个多种形态合成的大型栏目，为了保证这一平台的效力不断提升，创办六年来进行了五次大型改版，为的就是把功能做得更强大更完善，使问题的解决力度更大、处结质量更高。早期“网上民声”仅有对话部门、对话台几个栏目，后来逐步增加了对话台反馈报道、问题查询、问题回复率统计、满意度统计等多个栏目，今年5月26日推出新版，栏目数量达到22个，着重解决了由以往单纯的追求回复率转而重视回复时效与问题处结情况。为此，新版在每条问题后面均显示回复时间，让广大网民起到更好的监督作用；在首页上实时显示最新回复问题，便于让网民随时了解自己所提问题的处理进度；设置处结通报和已解决问题两个子栏目，督促部门把对网民投诉的处理落到实处。另外，强化了网民对热点问题的交流讨论功能，同时还与烟台电视台、烟台广播电视报联手为广大网民呈现一档“台报网互动”组合栏目，三家媒体优势互补，力求多渠道多形式解决网民反映的问题。

“网上民声”作为沟通政府与公众之间的平台，且要发生实际作用和效力，与网站众多一次性的完成新闻、信息发布的栏目有根本的不同。要成功，不仅要得到领导部门和各系统各工作部门的大力支持和协助，还要建立起完善的运作机制和工作制度。目前，“网上民声”已形成“接收—转达—批复—落实—回复”规范的运作机制，其中“三张单子”（指“网上回复督办单”，“网上民声回复及办理情况通知单”、“热点、难点问题领导批办单”）管理制度在其中发挥了重要的督办作用，从而使各部门能够自觉接受市民监督，受理市民投诉，变工作压力为工作动力，改变作风，深入实际。“网上民声”在网上、网下同时发力的种种做法，为业界提供了宝贵的经验。

着力打造品牌

2007年11月，《网络传播》杂志曾对胶东在线总编辑邓兆安进行了一次专访，后来刊发的文章标题为《有作为才有地位》。这的确概括了事物发展的一条朴素真理。就中国重点新闻网站的体系而言，原来并没有纳入地市级媒体网站。但近年来，已有泉州网、温州网和胶东在线三家地市级媒体网站通过自身不懈的努力进入此系列。胶东在线的“网上民声”栏目作为胶东在线的一个响当当的品牌，不断得到领导部门的褒扬，亦连续获得互联网界和新闻界的奖项，如获得“2007年度中国互联网品牌栏目（频道）”及获得第18、19届中国新闻奖网络作品复评优秀专栏。笔者在6月19日由人民网主办的“中国网络媒体发展论坛”上曾指出：“搭建一个氛围宽松、沟通顺畅、凝聚共识的网络议政、问政的平台，需要胆识、魄力、智慧和眼光。”并以强国论坛为例，说明今年它开设出“E两会”、“E政广场”平台，绝非传统论坛传统意义上的改版，而是一次全新探索，是强国论坛正在孵化的一个新品牌。因此，一个老品牌面临的挑战是保持长久常新，而一个老品牌能否孵化出新品牌，或一个网站能否与时俱进地不断创建出新的品牌，或许更为重要。

可喜的是，胶东在线对未来发展已明确了品牌战略，如2008年11月，网站联合了烟台市精神文明办公室等十个部门打造的公益性慈善栏目——“爱心无限”正式开通。至今，栏目不间断地策划组织了系列公益救助活动，激发了广大市民的无限爱心与参与热情，帮助了包括烧伤男婴、孤寡老人、贫困女童等需要救助的群体，营造了关爱他人、回报社会的舆论氛围，每一次活动都产生了巨大的社会反响。由此，“爱心无限”正成为胶东在线着力打造的又一个具有网上组织网下活动紧密结合特色的新品牌，从而也显示了胶东在线的旺盛活力。

胶东在线创办之初，没有取名“烟台在线”，就在于从一开始就放眼于整个胶东半岛。有眼光才能办大事。胶东在线一路走来，已取得不少成绩，但要在胶东半岛取得更大的影响，还须不懈努力。近期，胶东在线将入驻新的广电大楼，整个工作平台焕然一新——网站鼓满风帆全速前进的时刻到来了。

（闵大洪/北京网络媒体协会会长）

周勇：“网上民声”开创协调社会的新模式

胶东在线网站的“网上民声”栏目引起了比较广泛的关注。本文就此谈三个方面的问题，一是网上民声出现的意义，二是对敏感问题的处理，三是对参与部门积极性的调动问题。

开创协调社会新模式

经典传播学理论认为，大众传播媒介具有四大功能。一是监测环境，就是告诉大家社会上发生什么事情，二是协调社会，三是传承文化，四是提供娱乐。互联网出现以后，大众媒介功能图景发生了新的变化。这个变化就是协调社会和传承文化能够通过互联网更为直接地表现出来。“网上民声”具有的开创性意义就是“协调社会”。

笔者认为，“网上民声”栏目在“协调社会”方面发挥了非常重要而直接的作用，有很多创新和突破，代表了网络媒体新的发展方向，确立了网络媒体发挥“社会协调”功能的第一个经典模式。这个模式涉及到网民/公民、网站、政府部门（这里指广义上的政府部门，包括立法、行政、司法等各个社会管理部门，以及其他涉及公共服务的部门）和民声平台等四个基本要素，可以用一幅示意图来表示（见图1）。

这个图是对网上民声协调功能比较抽象的概括。网民/公民、胶东在线网站、“部门”处在模式三角形的三个顶点，他们彼此之间是有联系和交流的（用双向的虚线表示），但这种联系在“网上民声”栏目出现之前，并没有形成常规化、制度化的互动框架与机制，这种交流更多是随机的、偶发的、临时的。“网上民声”这个平台出现以后，三者之间通过这个平台形成了强有力的固定联系。在这个平台上发生了很多“化学反应”，在里面起到了核心作用。

在这个模式里，“网上民声”发挥着多种作用，可以说是“一个平台，多种作用”，比如新闻、监督、信访、议政、办事、咨询，等等。这些都是其“协调社会”功能的表现。“网上民声”栏目通过对互联网技术的创造性应用，开辟了社会协调功能的新篇章，它的功能已经超越了传统上的大众媒体，而成为了广大民众参与社会治理的平台与渠道。对中国地方新闻网站如何落实胡锦涛总书记“把互联网建设好、利用好、管理好”的指示，提供了一个有益的参考。同时，网络民声也为落实党的十七大提出的四权（知情权、参与权、表达权、监督权），提供了一个绝佳的平台。“网上民声”是烟台地方实现网络社会和信息社会建设的生动体现，是对互联网的创新应用，是对互联网应用的社会性创新。总之，“网上民声”开创了网络媒体协调社会职能的新模式。

大胆触摸社会敏感问题

对社会敏感问题的处理是考察网络民声类栏目是否真正发挥社会协调功能的重要标准，也是网络民声类栏目的核心价值的体现。现在公众通过“网上民声”进行一些基本政务咨询，对社会建设事务提出一些建议，这些日常具体事务的协调是非常必要的，也是“网上民声”的基本功能。但是，如果要衡量“网上民声”是不是真正进入到地方政府管理的核心，能不能真正发挥社会协调的作用，对社会敏感问题的处理是绕不过去的关键。

对于“网上民声”来说，敏感问题处理得好，网站的影响力和公信力就会得到很大的提升，协调社会的作用也就能发挥得更充分，更好地在政府与民众之间搭建沟通桥梁。但是，社会敏感问题的处理并不容易，处理不好会带来麻烦，甚至引发危机。在谈到敏感问题的处理之前，我们可以对社会敏感问题进行一点理论探讨。

我们先来看社会敏感问题产生的领域。一般来看，“网上民声”处理的问题包括四个方面：一是公共事务，二是个体申诉，三是政务咨询，四是政务办理。在这四类问题中，公共事务和个体申诉是敏感问题集中的领域。那敏感问题的敏感性到底又是如何体现呢？简单来讲，敏感性的形成可以分为两个维度，一个是事件敏感度，一个是传播敏感性。事件敏感度是指事件本身具有的敏感程度，传播敏感性则是指事件本身的传播扩散能力。任何敏感社会问题最终呈现出来的敏感性都是由这两者决定的，而且与这两者都呈正相关。如果用一个简单的公式表示，那么有：敏感性=事件敏感度×传播敏感性。

在处理敏感问题的时候，首要的原则是差异化原则。要对敏感问题从事件敏感性和传播敏感性两个维度进行分类，差异化处理。特别要关注敏感度高、传播敏感性又强的问题，这些问题处理不好就能酿成传播危机、公共危机，甚至重大社会事件。近期发生的石首群体事件和邓玉娇事件就是比较典型的例子。网站要针对这些问题准备预案，加强演习。

第二个原则就低烈度原则，尽量降低敏感问题的传播敏感性，尽量使得敏感问题在较低的烈度下得到处理。要做到这一点，需要“网上民声”栏目与相关部门形成更加密切的合作，做到：及时处理，越早处理越主动；公正处理，公正是敏感事件脱敏的关键；整合处理，发挥各方面的合力，协调一致，推动问题的解决。

对网络上的敏感问题，一方面要适度宽容，正面引导、正面应对为主；另一方面也要提高网上把关人的素质和能力，通过版面引导来扬善惩恶，营造良好风气，通过流程设计和技术手段做好必要的分流、过滤与屏蔽。

一个敏感问题的出现并不一定是坏事，通过恰当的处理还能够变成好事。敏感问题的处理需要网上民声类网站认真对待，处理得好就会成为发挥协调社会功能的良好机遇。

现在烟台市有94个部门“入驻”了胶东在线的“网上民声”栏目。从实际情况来看，这近百个部门在网上的积极性并不一致，受到的关注程度也不一样，有的部门在网上很热闹，“车如流水马如龙”；有的部门则是“门前冷落车马稀”。

如何从总体上进一步调动部门的积极性，进而提高上网部门的参与水平、更好地发挥“网上民声”的作用呢？最根本的方法就是要换位思考，从上网部门的参与动机来考虑问题。

政府各个部门参与“网上民声”，究其动机，无外乎如下五个层次：第一，完成规定任务；第二，降低工作成本；第三，改进工作表现；第四，构建部门形象；第五，开创工作新模式。当然这五个动机层次程度上差异非常大，由此带来的参与动力、积极性、主动性差异也很大。

针对“完成工作任务”的动机，需要进一步提升“网上民声”的地位和影响力，把更多的部门纳入到“网上民声”中来。市委市政府需要给予“网上民声”更加强有力的支持，现在“入驻”“网上民声”的主要是委办局，在条件成熟的时候，书记、市长都可以通过这个平台与网民见面，这样既能进一步提高网上民声的重要程度，同时对其他部门也具有垂范作用。另外，还需要推动一些关键的部门，比如公、检、法、组织、信访等部门能够尽快上网，提高这些关键部门的上网效果；区县等下一级政府有些已经上来了，但是还不是全部，需要积极推动；还有基层部门，比如街道、居委会等也可以为之提供网络平台，这些基层部门是最贴近老百姓日常生活的，往往也更有活力。通过不断提高网上部门的覆盖面，从而吸引更多公众参与，提高“网上民声”的影响力。

“网上民声”栏目需要不断改进技术，降低政府部门的使用成本，帮助有关部门以更低的投入完成更多的工作，更好地完成工作。手机上网越来越方便，也越来越普遍，“网上民声”可以考虑建立手机使用和维护平台，网民可以通过手机来上线，部门可以用手机来进行维护。还可以开创更多新的服务形式，提供更多的服务，如电子政务平台、部门FAQ服务、建立部门和网民间的一般讨论区，等等。“网上民声”栏目只有让相关部门和窗口单位真正改善了工作表现，并提高了工作效率，这些单位才会真正认真对待。

政府部门的最高动机是通过网络开创工作新模式。“网上民声”开创了政府部门面对公众的新渠道，未来还有可能帮助部门形成新的工作模式，形成真正的电子政府。

（周勇/清华大学新闻与传播学院党委副书记）

邓炘炘：“网上民声”的辐射力和示范力

胶东在线“网上民声”为烟台地方政府与民众的信息沟通提供了一种新机制，目前，当地政府和领导部门对“网上民声”给予充分的支持和肯定，社会各界对它广泛赞扬，民众对它的期待和依靠也越来越大。六年的不懈努力和细致打磨，使得“网上民声”跻身成功之列，成为值得仔细观察和分析的一个网上传播案例。

“网上民声”为什么会成功，它的成功经验能否推广扩散，它的做法能否化为更广大范围内的有效运行呢？迄今，全国已有70余家党政部门和各类媒体到胶东在线参观，学习“网上民声”经验；浙江在线、广州大洋网、大连天健网、武汉长江网、寿光网等先后借鉴性地推出了类似栏目。这说明，有关的研究、总结和移植的努力已经在进行之中了。从中国新闻传播近几十年的历史变化和发展来看，“网上民声”现象的出现是一种惯性和必然，并有可能超出其自身的运行地域和作用空间，体现出更大的借鉴价值和普遍适宜性。

“网上民声”模式机制创新点

从“网上民声”的名称可以看出，它的基本定位和出发点是为了吸纳民意，倾听民声，汇集各方呼声、建议和批评等信息。一言以蔽之，这首先是一个下情上达的管道，也是一种改善下情上达信息流转现况的探索努力。其指导思想是明确的，意在解决政民信息沟通问题，例如它明确提出“反映社情民意”，“化解社会矛盾”，“强化政府服务”，“解决实际问题”等运行目标。这种“桥梁”、“窗口”功能的设定并不新鲜，也不是只有胶东在线一家提出。但是，问题的关键是，如何将上述原则意愿，转化为在网上可以具体落实的可行样式和运行机制。

“网上民声”迄今提供的模式榜样是：利用网络尽可能消减阻碍真实民意表达的中间环节；通过网络切实而及时地释发和公开各种社会情绪和敏感问题，避免郁积梗阻情况的发生；通过有关主管部门强制规定政府职能机关对网民所反映问题和意见，进行及时、负责和诚恳的回复和督办，并将此过程置于政府、网站、民众的三重公开监督之下；促进政府和官员的服务意识和执政作风的切实改进，提高理政效率，抑制了腐败推诿；通过反映意见和回复信息的透明传播过程，在大量问题和疑惑得以解决的同时，促进政府和民众之间和谐互动关系的生长，逐步构成一个常设、透明、广泛和互动的社会信息分享交流机制，等等。

这一模式的存在、运行和发展需要地方政府、网络平台和本地民众三方的共同参与和互动配合：政府和传媒尊重和保障民众意愿的表达，是“网上民意”平台创建的基础；政府以自觉自律的诚恳态度面对民意表达，不断提高执政理政的能力和效率，并自愿接受公开监督，是“网上民意”平台运行的主发动机；社会民众的积极参与和强烈认可，是“网上民意”长期保持旺盛活力的能源供应；胶东在线以推进当地社会和谐发展为基本目标，通过执着、公平、客观和建设性的专业传播服务，锁定并不断强化政民信息互动的紧密关系，铸就了“网上民意”模式的三方互动基本框架。可以说，胶东在线“网上民声”模式是政府、网络平台和烟台广大民众共同创建和发展起来的。

从传播理论的角度来看，从寻找适合中国国情现况的政府、传媒和民众之间信息沟通工具和方式的一贯努力来看，“网上民声”的存在和发展是历史的必然趋向，也是历史的突破尝试。其示范和启发意义在于：一是它把政府、传播平台、民众诉求和社会现实信息流转整合到一起，把社会信息流转导向良性运行的方向。二是该平台对于各种开放性信息的公开、分享、处理、反馈和消化，都具有较大的可行性和可控性。这种信息运转范围的划定，避免了部分问题的不可解决性，而导致失控、激化以及非理性的发生。三是通过有关部门及时回复的强制性要求和一整套评估督促机制来实现，并通过将这一过程公之于网上，接受民众监督来不断鼓励和推进。四是政府有关部门还开通电子信箱和投诉电话，让民众能多渠道地表达自己的意见和判断，更自愿地参与到社会民主的过程之中。

这样的一种系统建设，最终导致“网上民声”模式运行独具特色，充满活力，行之有效，日益壮大，并产生很大影响。在此可以预言，“网上民声”模式的辐射力和示范力后劲强大。

未来辐射潜能分析

根据胶东在线自己的总结，“网上民声”栏目运行目前尚存在的具体不足和改进要点有如下几点：一是参与“网上民声”交流的部门还不够多，虽然当地已经有94个部门参与其中，但还有一些部门没有纳入这个平台，还不能满足网民的广泛需求。二是还要进一步调动各部门各机构的积极性，更加务实地推进这种政府和民众的信息互动。三是需要进一步增强所反映问题的结办率，提高民众对这一机制的信心度。四是要通过努力提升“网上民声”更广泛的社会影响力和权威性，通过深入追踪报道形成舆论压力，对政府部门和工作运行构成建设性良性监督，并促使社会信息，特别是管理信息，进一步透明化。这些都是“网上民声”主办者非常务实的自我总结，也是对未来工作目标的前瞻性确定；这种清醒的认识和总结，是其未来持续健康发展的有效保证。

长期以来，地方政府和部分官员对于在日益开放社会环境中，在面对越来越多的利益兼顾和角色冲突而引发的挑战面前，缺乏心理准备和应对能力。“网上民声”经验立足烟台，在一个特定的地理范围和环境层面内，通过政府机构积极主导和参与，通过民众的广泛拥护和支持，通过互联网络的技术保证，通过上下左右各种走向的信息联通、透明、分享和制衡，使得烟台地方面对的各种大大小小的困难、问题、矛盾和挑战，在某种程度上，有了一个良性而有效的信息呈现平台和实际处理机制。这一模式的丰富性、有效性和平稳性特征以及其六年存在和发展的现实，已经显示出它的强大生命力；可能比许多更为理论化、更为激进或更为理想化的模式和方法，更能实在推进中国地方社会的发展运行以及扎扎实实的民主进程。

“网上民声”栏目在线展示的一些网民提问和有关部门回应，不少是些“小事”或“具体事”，并不都是事关宏旨的大问题，然而政府和部门官员的服务意识和服务能力，普通民众（网民）的民主素养和评政、议政水平，可能就在这种日复一日的提问、倾听、查办、回应和反馈中，得到实在的锻炼和提升，并逐步化为社会规则成为常态运作。这正是社会进步和希望之所在。

胶东在线“网上民声”可以发挥出巨大的建设和组织作用。其具体表现是：一是传播议题的确定作用。传播议题或话题可以来自政府，也可以来自民众，但更经常更大量的议题则是来自媒体的选择和突出。二是面对各种议题和争论，网络平台可以起到组织和引导理性讨论的作用。在这方面，“网上民声”都在发挥引导和服务作用。三是许多社会问题和矛盾并不能立即得到完满的解决，但是各方的参与和理性的讨论，有可能激活社会的集体思考，推动寻找可行答案的探索过程。网络平台可以为这一过程的实现提供基础支撑。四是地方性传播平台还有对信息进行提炼和加工的责任，例如将全国性问题做本地化视角的处理，或将本地性问题放在全国性意义框架下来观照，以获得适当和积极的传播效果，真正实现良性传播。

国家社会的民主富强和谐，基于全国各个地方在这些方面的稳步建设和点滴积累；而所有朝向这一基本目标的努力，都离不开信息的沟通、分享和使用。就这一点而言，“网上民声”模式和路径的探索具有很强的示范性和借鉴性。“网上民声”模式未来持续发展的难点和关键在于：作为地方性的信息沟通桥梁、信息分享平台、信息权力平衡和政民互动联系的中枢环节，需要与时俱进地把握好操作、协调和推进的历史分寸感和时机感，并尽最大可能保持住其最为宝贵的传播活力和创新势头。

（邓炘炘/中国传媒大学传播系主任、教授）

胡宝祥：
胶东在线“网上民声”的社会基础

烟台有名气，有全国文明城市、国家环境保护模范城市、最佳中国魅力城市的闪光名片。烟台的网络媒体也不凡，胶东在线的“网上民声”就是中国互联网品牌栏目，并问鼎中国新闻最高奖。分析自2003年5月“网上民声”开办以来刊载的内容、组织的活动、解决的问题、市民的反映、各界的评价，可以看出其创办、运作、发展的社会基础，概括为：和谐社会建设是其因；网民热心参与是其本；民声政声共鸣是其力；媒体社会责任是其源。

和谐社会建设是其因

“网上民声”开宗明义：听民声、知民情、帮民困、解民忧，把百姓生活的实际需要与党政部门的工作内容结合起来，将使各项民生工程借助新闻媒体的力量得到更好的宣传，为普通老百姓的工作、生活提供综合服务。

社会主义和谐社会，是民主法治、公平正义、诚信友爱、充满活力、安定有序、人与自然和谐相处的社会。以人为本，正确反映和兼顾不同方面群众的利益，正确处理人民内部矛盾和其他社会矛盾，妥善协调各方面的利益关系，是和谐社会建设的重要环节。“网上民声”栏目，以促进政府工作与百姓生活的结合、反映百姓呼声和利益，实现政声与民声的共鸣为己任，是网络媒体进行正确舆论导向、促进和谐社会建设的成功尝试。

网络媒体是继报刊、广播、电视之后的新型媒体，由于网络传播的及时性、交互性、丰富性和开放性，网络成为网民表达思想言论的意见平台，网络与舆论结合，形成一种新的舆论形态——网络舆论。

网络舆论是公众在互联网上公开表达的、对某种社会现象具有一定影响力和倾向性的共同意见。就舆论的本质看，网络舆论是社会舆论的一部分，只是由于传播平台是互联网，融入了互联网海量信息、交互传播、时效快捷、无界传播、海量存储、随意检索、多媒体多终端的优势，呈现出与传统舆论特别是新闻舆论不同的特点。

1. 网络舆论主体泛化而分散。舆论的主体是公众。网络传播的出现突破了大众传播由点到面的单向传播方式，实现了双向互动。在网络上，可以自由讨论、交流意见，每个人都可能成为舆论的主体，造成了舆论主体的泛化和分散。

2. 网络舆论内容丰富而复杂。互联网上内容无所不包，丰富的信息和多样的服务给人们带来了实惠和便利，同时也产生大量的信息垃圾和信息污染。由于网络媒体的自由性、共享性、个性化和开放性，“把关人”作用削弱，各种信息大量充斥其间，网络舆论内容千姿百态。

3. 网络舆论形成迅速而难控。网络传播打破了时间和空间的界限，即使足不出户，也可以与外面的世界对话。网络媒体不受截稿时间限制，新闻更新速度快。一旦有重大新闻事件发生，尤其是一些突发性的灾害事件或重大新闻，网络媒体都会在第一时间予以及时、追踪、滚动报道，捕捉最新动态，迅速吸引网民。由于网络传播的快捷和互动，重大新闻事件在网络上成为普遍关注的焦点时，就会很快引发并形成舆论。

胶东在线网站牢牢把握网络舆论的特点，通过“网上民声”将网民反映进行科学引导，促进政府与市民的互动与结合，化难为易，用网上平台促进官民交流，实现网上舆论和谐，也促进了社会和谐。

网民热心参与是其本

胶东在线网站热心网民杨明义老人，看到他家门口的西山路路面破损，车辆难进，行人经常磕磕碰碰，就在“网上民声”发了帖子，当天就收到城管局的回复，第五天城管部门就安排人去修路了。杨明义说，“网上民声”确确实实是为老百姓办实事，反映了老百姓想说而没法说的话。据胶东在线网站总编辑邓兆安介绍，“网上民声”设立了问题回复统计和满意度调查，网民可根据各部门对自己所提出问题的解决情况，做出满意和不满意的评价，并由程序自动生成满意度排行和处结率的排行，这样促使各部门更加重视网民反映问题的解决。

在这里，我们看到了网络与网民的共鸣。

网民是市民的一部分。他们关心所生活的城市，关心政治、经济、文化、社会的方方面面；他们是城市的建设者，是社会进步的动力和源泉。作为媒体特别是新型的网络媒体，离不开网民的支持和参与。特别是像“网上民声”这样的特色栏日，与网民更有着息息相关的共生关系。

作为全国文明城市、最佳中国魅力城市，烟台市民、烟台网民对于生于此、长于此的这座城市有着深爱、大爱，通过“网上民声”发表自己的意见、建议、评说、批评、表扬、见解，是爱意的网上延伸和放大，如果没有他们的热心参与，网上民声栏目就是无源之水、无本之木。

网络与网民是鱼水关系，网民是水，是网络生存和发展的基本条件。网络媒体要充分了解网民，倾听他们的声音，尽可能地寻找共同话题，寻找较多的共鸣点。与传统媒体受众相比，网民的地位发生明显变化。传统受众是媒体信息单向传递的接受者，传媒让你知道什么，你就只能知道什么；传媒让你什么时候知道，你就什么时候才能知道，处于一种被动的等待状态。网民则出现了“四转一增”趋势：

由被动接受转向主动选择。网络媒体的信息极其丰富，形态多种多样、传播迅速及时，受众只需操控鼠标，通过浏览、链接，就能自主地选择自己感兴趣的内容，选择的范围、自主性、准确性较传统受众有大幅提高，选择也不受广播电视播放和报刊邮发时间的限制。受众不再是被动接受而是主动掌握和控制传媒传递的信息。

由盲从转向独立。网络使受众可以更多地接收到关于同一事件的不同侧面、不同形式、不同观点的报道，从而做出自己更为独立的判断。网络受众还可以及时在网上反馈自己的意见，随时发表自己的观点、看法。网络传播实现了媒体与受众之间的交互、受众对受众的传播沟通。

由相对固定的内容选择转向流动选择。在网络媒体上，超链接功能可以使受众轻易地从一类内容转移到另一类内容，从一个网站转移到另一个网站，而且这种流动性近乎无限。网络媒体如同一个商品极为丰富的大型超市，受众可以随走随看，受众目光不再被固定在相对有限的区域内，兴趣与口味会出现更多元的选择。

由大众转向分众、小众。网络信息的无限广泛与受众的有限精力，决定了受众只能选取其中的极小一部分，除极少数大型门户网站人流相对集中外，网民更多时间还是停留在志趣相投但访者不多的各类个性化网站上。众多的网站分流了人群，在整体上形成分众化、小众化传播。

网民参与意识不断增强：一是参与的广度进一步扩展。网民更多地加入到传播过程中，提出自己对信息需求、对传播内容的看法，并将自己认为有价值的信息在网上传播。这种参与，不仅意味着传播者与受众之间界限的模糊和网民地位的提高，更体现了网上信息内容的多元化与复杂化。伴随着网络开放性所带来的受众角色和地位的提高，网民关注信息的层面及范围得到很大扩展，并且有进一步向外延扩展的趋势，这种趋势将成为未来网络受众主体参与意识发展的一个重要方向。二是网民参与事件的深度将大大加深。信息传播全球化、多元化的环境，培育、锻炼了网民的分析能力、比较能力和思考能力，使他们的独立评判意识、主观选择意识、不满足感和参与感都日渐增强。网民在接受信息阅读新闻时，已经不满足于仅仅知道新闻事件本身，还有着对这一事件背后的深层“探究”。网络不仅要满足受众的“知晓权”，还要有效地平衡受众心理，起到心理宣泄的作用。三是网民参与的责任意识进一步加强。网络环境下的匿名制在很大程度上保证了受众对于各类问题看法的真实性和个性化，这也是网络这一媒介领先于其他传播媒介的重要因素。但是过分地给网民以隐私的保护，容易在另一个层面上引发网络传播秩序的混乱。没有限制的自由话语权将导致受众言论的毫无节制，使真假难辨的网络信息在没有被过滤的情况下无限扩散出去，导致无法控制的后果。在这样一种大环境下，想要更好地发挥网民的主体参与性，必须尽力避免出现因受众缺乏责任意识而导致的混乱状况，不断引导网民充分意识到话语权的强大力量，树立起对于自己言行的责任意识。

民声政声共鸣是其力

“网上民声”促进民声政声共鸣，从烟台市直机关工委副书记李浩生的评述可以比较清晰其脉络。他说：“网上民声对老百姓来说，能够把自己的所思所求、遇到的实际困难诉说给部门；对部门来说，通过网上民声可以了解社情民意，发现自身工作中存在的问题和不足。‘网上民声’在政府部门和群众之间搭建了一个平台，起到了桥梁和纽带的作用。”

在“网上民声”栏目可以看到，烟台市所有部门和单位都有专人负责处理市民们的诉求、意见和建议，答复和处理情况一清二楚。这里成为政府尊重民意、汇聚民智的交流站。“网上民声”广开言路，大量的网上民意进入烟台市委、市政府的决策视野。小到小街小巷的整治，大到火车站的设计、国际机场的改造和航线的开通，烟台市民都能通过“网上民声”出谋划策。

烟台市纪委书记王晓敏这样评价网上民声：在互联网时代，利用科技手段预防腐败是各级纪律监察机关正在研究的课题，只有透明、公开、开放，才能实现对腐败行为的有效监督。胶东在线“网上民声”在解决民生问题、畅通百姓诉求、化解社会矛盾、促进部门作风转变方面，发挥了很好的作用，在促进廉政建设、预防腐败方面发挥了促进作用。

民声与政声共鸣，是社会和谐和社会进步的重要基础。网络及时将政府声音传达给民众，民众的见解和意见基本上可同步反馈给政府，使政府的判断与人民群众的生活体验、实际感受更加贴近、更趋一致，政府对发展的认识更加符合实际和人民群众的意愿，政府的工作重点与群众的关系更加直接与密切，促进民意与政声的交融升华，达到民声与政声的和谐共鸣。

共鸣，需要信息对称。网络媒体是信息传播的“先遣队”，正成为公众迅速获取重大事件信息的第一渠道。网络还是信息分享的“大舞台”，除了具备报道迅速的特点，更体现出了自身作为热点设定者、评论发布者、事件监督者的作用。在web2.0时代，每个人都可以参与到事件的讨论中来，其方式也多种多样，如新闻跟帖、网络论坛（BBS）、博客、邮件和个人空间，民众能够高度参与到事件的评论之中是网络媒体最大魅力所在。政府通过网络了解民意，通过网络与市民沟通，是执政能力提高的表现，也是网络媒体作用的体现。

媒体社会责任是其源

中国网民数量已经超过4亿。从传播学的角度来讲，互联网已成为当今中国的主流媒体，发挥着实实在在的巨大影响力。正是如此，网络媒体如何顺应时代的潮流，表现出更强烈的社会责任感，已经迫在眉睫。如果网络媒体不把社会责任放在第一位，反而会产生巨大的破坏力。

胶东在线的“网上民声”，将推进阳光政务建设、密切党群干群关系，化解社会矛盾，维护社会稳定为宗旨，凸显了网络媒体的社会责任感。

网络媒体的互动传播、时效快捷、多媒体传播、网通四海、海量存贮、随意检索等特色和优势，决定其在和谐社会建设中除承担一般媒体的作用和责任外，还有其特殊的作用和责任。从“网上民声”的实践看，在和谐社会建设中，网络媒体可以发挥以下作用和责任：

1. 沟通作用与导向责任

“不通则痛”，去痛的根本途径是“通”。如果社会、上下、城乡、阶层、群际、人际之间没有正常沟通途径，下情不能上通，上情不能下达，彼此不能交流，矛盾就会“淤积”，以至“堵塞”，社会就可能陷入不和谐之中。

实现和谐需要沟通，需要畅顺的沟通渠道。网络媒体就是一个社会、上下、城乡、阶层、群际、人际之间畅顺的沟通渠道。

网络沟通是即时沟通。网络传播迅速快捷，不受发布时间、空间的限制；网络反馈直接顺畅，不受“归纳”、整理等环节的限制，是顺畅的“连通器”。

网络沟通是双向沟通。网络传播是相互传播，“上情”与“下情”基本上同步互传，实现双交流。主流媒体营造的“媒体舆论场”和民众议论纷纷的“公众舆论场”两个“舆论场”，在网络上可以实现重叠。网络可以有效收集民众舆情，通过多种方式沟通民众与政府信息，并且比传统媒体能有更好的效果。

网络沟通是人际沟通的主要通道。由于现代社会人口高度密集，网络、电话、短信等人际传播形式发达，特别是在非常时期，有时人际沟通比传统媒体要快、要广。

在发挥沟通作用时，网络媒体有重要的导向责任。

如何把握导向，胶东在线及其网上民声栏目给我们以启示：

把握导向，应正确理解、领会和掌握党和政府的方针、路线、政策，自觉为党和国家的大局服务，为全面建设小康社会服务，为广大人民群众利益服务。把对网络媒体的政治要求和网络传播规律结合起来，把正确引导网上舆论的任务渗透到受网民欢迎的栏目、频道和专题之中。

把握导向，应客观公正地公布事实、辨明是非、指出利害、讲清大局、揭示趋势。通过对重点、难点、热点问题的报道和讨论，用实事求是的舆论引导似是而非、以非为是的议论，把单纯从个人利益、地方利益、局部利益出发的思考方式改变为具有全局利益、国家利益和大局意识的思考方式。

把握导向，应真正了解民众的喜怒哀乐，掌握民众的愿望和要求，摸清民众对党和政府的理论、路线、方针、政策以及重大决策是否满意，是否赞成，以把握社会脉搏。对民众的正确舆论要及时给予肯定和支持；对民众的一些模糊认识要及时给予解释和疏导；对影响社会稳定的流言、传闻要及时予以澄清。

2. 润滑作用与把关责任

减少摩擦，有益和谐。和谐社会需要“润滑剂”，网络媒体则有这种润滑功能。

润滑作用之一：宣泄公众情绪。公众因为对某些事情不满意，需要发泄心中的不满和不平，社会需要这种平台。在给某些情绪以发泄的同时采用科学方法给予引导，可以化解潜在矛盾，降低压力，化消极为积极，化干戈为玉帛，成为社会的减压阀。网络评论、论坛是体现这一功能的重要平台。

润滑作用之二：调节社会舆论。某些社会舆论之所以偏颇，是因为信息不对称，因而出现误会、猜疑，利用网络的灵活沟通功能，有意识地将某些信息公开或多角度阐述，可以变偏颇为公正。用于处理社会矛盾，这种调节犹如法庭的调解，可以找准矛盾双方的“情感共同点”、“利益平衡点”、“心理结合点”，抓住双方的共同心理，找准双方的利益结合点。

润滑作用之三：自由平等交流。网络将人、信息、媒介整合为一体，实现了人类跨时空、平等、普遍地沟通的梦想，让普通公众拥有话语权。同时其隐匿性也使人们的人际间交流的心理需要得到无限满足的空间。

润滑作用之四：百姓言路畅通。网络可以使各个阶层都有自己的诉求渠道，让百姓意见直达天庭，让中央意愿直入民心。在网络媒体上，人们对国计民生大事和身边问题，都可以尽情表达自己的意志，畅所欲言，自由、独立、平等地发表意见。这种宽松的话语环境，是和谐社会的基础。

在发挥润滑作用时，网络媒体有重要的把关责任：

首先要有把关意识。网络有其固有的弊端，如信息复杂、噪声污染、传播失范、以讹传讹等。在网络上，人人都可以传播，但传播并不都是有效的、有益的，不乏一些垃圾信息、冗余信息，也有使人们丧失理智、走向堕落和毁灭的内容。如果任其自由发布，对社会、对个人都是不利的。如果网络为敌对势力、别有用心的人利用，则可能引起社会动荡，和谐社会的建设就会被破坏。因此，网络工作者必须强化把关意识。

其次要有把关能力。把关能力包括三个方面，即判断、处理和“度”的把握：

判断是最重要的。对错综复杂的网络信息要有鉴别力、洞察力，能够透过现象看本质。判断准确需要较高的政治素质、政策水平、业务知识，需要掌握较全面的信息，需要对社会、对实际有比较充分的了解。目前，可信度较低成为网络媒体的痛处，与判断不准、把关不严有很大关系。

处理要快。网络传播迅速，传播范围广阔，有益信息不能及时发布，效果要打折扣；有害信息不能及时封堵、撤除，则贻害无穷。快速处理能力对网络媒体来说有其特殊重要性。

把握好“度”。负责任的网络媒体，社会责任感强，特别重视传播艺术、引导艺术。在和谐社会建设中，公众情绪的宣泄、社会舆论的调节等环节，无论正面或负面信息，都并非越多越好、越快越好，也不是越少越好、越慢越好，关键是把握好“火候”，以是否有利于和谐社会建设为标准，按着当时、当地的情况科学处理。

3. 共鸣作用与喉舌责任

网络互动传播有共振效果，具有共鸣作用。这主要体现在：

民声与政声的共鸣。网络能及时将政府声音传达给民众，民众的见解和意见基本上可同步反馈给政府，使政府的判断与人民群众的生活体验、实际感受更加贴近、更趋一致，政府对发展的认识更加符合实际和人民群众的意愿，政府的工作重点与群众的关系更加直接与密切，促进民意与政声的交融升华，达到民声与政声的和谐共鸣。

网络媒体与传统媒体的共鸣。网络迅速、交互，报纸深刻、细致，广播便携、方便，电视形象、生动，各有优势。网络与三大传统媒体配合，可以使同一信息在很短时间内共振放大，一波连一波，环环相扣，共生共鸣，“天衣无缝”。二者在时间上相互配合，能把最新信息呈现给受众；在内容上的互相补缺，能够先后呼应，使新闻和媒体影响深远；在谋划调度上联动，可实现最优化的资源配置。

网络与网民的共鸣。网络与网民是鱼水关系，网民是水，是网络自身生存和发展的基本条件。网络媒体要充分了解网民，倾听他们的声音，拣“好听”的以鞭策，拣“难听”的以反思，尽可能地寻找共同话题，寻找较多的共鸣点。

网络媒体的共鸣作用，不仅体现在平时。在非常时期，利用这种共鸣作用，网络媒体能够成为进行社会动员的重要工具。

在发挥共鸣作用时，网络媒体特别是新闻网站有重要的喉舌责任。

共鸣有两面性，它可以放大主流声音，同时也能扩大失实信息的负面影响。因此，具有意识形态属性的网络媒体，要非常清醒自己承担有喉舌责任。

要为大局鼓与呼。网络媒体应自觉与党和政府保持一致，为党和国家的工作大局服务，为全面建设小康社会服务，为构建和谐社会服务。网络要自觉成为党和政府的“扩音器”。

要为群众鼓与呼。党和政府是为人民群众服务的，人民的利益是最高利益。网络媒体要自觉维护群众利益，反映群众呼声，成为群众的“公用扬声器”。具有喉舌责任的网络媒体，在化解社会矛盾中，不能做“消声器”，不能做“扩大器”，只能做“连通器”，是和谐沟通的“电话线”。在掌握上，对于不和谐现状的传播，忌“高音”，忌“低音”，要唱中音。

4. 预警作用与参谋责任

在一个日趋开放和风险日益增多的现代社会，建设预警机制是非常重要的。网络媒体因其传播特点，在收集舆情、应对危机等方面可以发挥特殊作用。

网络在为民众提供诉求渠道的同时，也为快速、准确收集舆情提供了方便。当各个阶层都有自己的诉求渠道时，社会冲突就会降低。畅通的言路犹如社会气象台，可以使高层及时、准确地了解民生、民意，从而通过预警防范措施，减少社会冲突的次数和烈度。

网络的交互传播可以尽早发现隐藏在底层的蛛丝马迹，防患于未然。底层社会因在社会资源分享中处于相对不利的地位，自然会产生不满情绪，积累越长，反社会的倾向就越激烈。社会不公一旦超出社会的承受能力，就会酿成社会动荡，引起社会危机，就要付出更大的成本才能平息。这种“早期发现”是预警方案提出的前提。

网络传播渠道通畅，而通畅的信息送达渠道对于有效的危机管理是必不可少的。信息通畅，一可以防止信息误传、失真；二可以灵敏地启动预警系统，在短时间内控制事态；三可以对危机潜伏期的情报及时处理，为准确分析危机发生的概率以及危机产生的负面影响提供数据支持。

在发挥预警作用时，网络媒体有重要的参谋责任。

网上民声的参谋之责，主要在两个方面体现：一是为政府或其他决策者及时提供网络舆情，使其掌握信息。同时发挥整合作用，把众多散落的、繁杂的个人意志聚合成“公意”。这种舆情提供和分析，可以帮助政府预防因民众的行为不当发生的灾难，或在危机出现后提供有效的危机管理预案，减少损失。早做准备，也可以降低管理成本。二是为民众提供参考信息，通过科学的舆论引导和心理引导，帮助民众在危机出现时梳理复杂的社会信息，从容应对，人们就不容易产生恐慌心理。

“网上民声”以其坚实的社会基础，将网民的力量聚集为推动社会进步的力量，推进政府职能、政府体制、运行机制以及行政决策科学化等方面的改变，开创了网络媒体协调社会功能的新模式，值得关注与推广。期待胶东在线有更多的创新和创造。

（胡宝祥/深圳新闻网副总编）

孙光海：
“网上民声”：网上民生的妥善落地

全球金融危机的阴霾依然笼罩，对经济发展的影响挥之不去。严峻的形势面前，党中央、国务院提出“保增长、保稳定、保民生”举措，着力解决人民群众最关心、最直接、最现实的民生问题，当前民生问题突出，民生与群众生活切身相关，加强服务意识，将党和国家的关怀落实到群众身上。

如果说民生是群众的生命，那么民主是社会主义的生命。民生与民主在本质上是一种相辅相成、和谐共进的关系。以民主促民生正是当下各级政府正在广泛采用的试金石。

民主在中国得到空前的膨胀，民意在很大程度上改变了事态的发展，甚至改变了地方政府的决定。这背后强大的推手就是互联网。网络开辟了“电子民主”的新渠道。互联网架起了政府与民众之间相互沟通和对话的电子桥梁，推动了市民与政府官员的直接对话。

目前我国网民数量已经超过4亿，互联网日益成为民众日常生活中获取信息的重要来源。新时期的领导干部都开始重视网络的发展，积极运用网络了解民情，汇聚民智，使党委、政府的决策更加科学，更能反映百姓需求。2008年6月20日，胡锦涛总书记亲临人民网，并通过“强国论坛”与网友在线交流，开启了网络民主的划时代意义；今年的6月20日这天，烟台接下善用网络民主的大旗，当地的重点新闻网站胶东在线正对其王牌栏目“网上民声”的“功过”进行系统、全面、中肯地评定。无疑，此举意义非同一般。

网络民生的妥善落地

胶东在线是继泉州、温州之后的第三家地级市被批准成为重点新闻网站的，这对于烟台市来说，可谓是一种骄傲！这对于胶东在线自身建设而言，仅仅是一个通行证，胶东在线总编辑邓兆安敏锐地意识到网络民主，并妥善地解决了网络民主落地的问题，于是在网站成立后的第二年便开通“网上民声”，并在当时就与政府部门达成“君子协议”。

互联网上汇集的都是原生态的民意，政府部门通过“网上民声”与网友“零距离接触”，从某种程度上说，这既是了解原生态民意的过程，也是释放民声的过程，在这里，民意民声突破了传统反映渠道层层过滤的局限，以各种原生态的形式展现出来。虽然党和国家领导人与网友“第一次亲密接触”时间短暂，网友意见数十万条，所有问题不可能全部解决，但是关键在于“群众有权利知道政府在想什么、做什么，并且政府也需要问政于民、问计于民，推进政务公开和决策的民主化”这样一个过程和新开端。

烟台有关窗口单位安排专人上网看帖回帖，最少早晚两次到“网上民声”去收集自身部门的民众诉求与建议。2009年6月18日，网民的咨询和意见达到108条，当晚9点，问题涉及的相关部门和机构回复率达到了90%以上，仅仅一天时间，政府部门网上舆情处理机制之健全，处理速度之快速，可见一斑；6月19日就有79条网民投诉、咨询信息，部分问题有关部门当天就回复，实现网上投诉有结果、处理有时限、建言有回音，形成政府对网上社情民意反应敏捷、渠道畅通、直接开放的回应机制；并且，政府会安排工作人员每天都上网看帖，收集网上的社情民意。如此善待网上民意，真正做到了为民办实事。胶东在线“网上民声”的成功实践，表明烟台走在全国前列进入电子民主的新时代。

政府与民众的“新型桥梁”

经过十几年的发展，中国网民由最初的几千人迅速增加到目前的4亿多人，成为世界网民第一大国。互联网正在中国民众的政治、经济和社会生活中扮演着不可或缺的角色。借网络信息参与重大事件、表达自身诉求，正成为愈来愈多中国网民习惯的生活方式，中国网民已经成为推动政治、经济、文化与社会发展的一股巨大力量。

近年来，每当一些社会、经济热点或焦点新闻出现时，越来越多的网民会在网上发表议论，表达自己的观点和立场。网络表达成中国式民主新通道，但是今年以来，一个突出的现象是，各级政府和相关部门更加重视互联网舆论舆情，不仅充分关注网民意见，而且主动通过互联网来征求意见，以此作为制订政策和相关规定的重要参考，互联网已成为联通政府与公众沟通的不可或缺的“新型桥梁”。

网民的力量不可预测。在“周老虎”、“躲猫猫”、“俯卧撑”等成为热门词汇之后，人们发现用“网络民意”之剑也能撩开诸多事件的真相。网络成为“民意直达高层直通车”，是中国社会主义民主政治发展的新景象。

一些地方官员还不适应互联网时代，有的对网络民意视而不见，有的甚至动辄以行政手段强行压制一些网络言论。在新的历史条件下，互联网已经成为重要而独特的渠道。以网络为媒介的“政府—民间”新互动模式已经成为中国政治文明的重要元素。

官员急需提高“执网能力”

如何用好网络、管好网络成为领导干部面对的一个新课题。如今，政府决策者必须具备成熟的网络意识，一个人每天躲在办公室花一个小时看党报和地方报纸，与花同样时间浏览各大新闻网站，哪一个获得的信息量更大、信息的真实度和实用度更高？此外，利用网络，还有助于决策者聆听和吸纳民意。

党要加强执政能力，那么领导干部就要增强执网能力，这也是新时期衡量一个官员、考验一个领导干部是否合格的重要尺度。领导干部的执网能力就是党的执政能力在互联网上的具体展现，尤其是在社会转型以及利益群体博弈，有的人原有价值观随之消解或扭曲；有的因遇困难暂时无法解决而生出怨气；有的因出现消极腐败现象而对党和政府的认同度下降；有的人只是一种简单的从众心理等背景下。

现在一些领导干部往往把网络当作“洪水猛兽”，听不得半点“不同”的声音。对“互联网政治”抱着抵触态度，一是惧怕，二是打压，三是不理。部分官员对待互联网仍采取堵、盖、封、删等方法，这明显不符合互联网政治要求。无疑，“网上民声”这一平台能有效地化解矛盾，把问题处置在萌发状态，胶东在线的经验可以在其他地方复制，全国就有几十个党政部门到烟台取经。如今，越来越多的领导干部开始对网络产生浓厚兴趣，或网上“潜水”，暗察民意；或注册实名“直面”网友，坦诚交流。最重要的，是要敢于增加透明度，直面群众。

回顾近年来极具影响力的舆论事件，其要么是被网友揭发，要么是被网络舆论放大，通过搜索引擎相关网页高达几十万甚至几百万个。如果没有互联网，很多真相可能还尘封至今。比如深圳海事局党组书记、局长林嘉祥在公共场合调戏未成年女孩，并蛮横撒野而被免职，这事件搁在以前，没有视频，没有网络，没有公众持续的关注，事情将会怎样？也许它作为一个“离奇”的社会新闻，根本无法进入公众的视野，最终不了了之。

但在人人都有“麦克风”，人人都有照相机，到处都有摄像头的网络信息时代，这种状况已在改变。现在，任何一个小范围的事件，都可能通过网络、手机等现代信息传播工具迅速放大，最终成为全国、全社会乃至全球关注的公众事件。

“网上民声”的启示意义

网络社会是现实社会的真实体现，也是现实社会的一面镜子，网上的人和事情都是活生生的现实生活中的人和事，网络以低成本、及时、便捷、互动等优势，成为建构在政府和民生之间的桥梁。网络释放民声，但政府相关部门也要积极回应网民的诉求与建议。

政府网站长期以来服务实用性差、“休眠”不更新成为一种惯常现象，网站与政务“两张皮”问题仍然严重。据统计，2009年4月，胶东在线的“网上民声”共收到有效网民留言6164条，已回复5993条，平均每天留言数近209条。4月份政府各部门平均回复率为97.23%，回复至少表明政府在重视、表明政府对民众诉求的一种回应，这是一种态度。随着社会民主化的加强和网民素质的提高，网民成为影响我国政治、经济、生活的重要力量，互联网则成为民意表达的重要平台，毋庸置疑，比起其他地方的民众，烟台的市民是幸运的，应该为有了“网上民声”这套模式与机制而幸福。

胶东在线重视网络民意，关注民生，关键是落实在了实际的行动上。“网上民声”成立六年来，一件件“咨询投诉故事”的背后，都是一件件为民办实事的感人故事，也是以人为本、尊重民意的体现。“网上民声”从原来最初的十几个政府部门扩展到现在94个相关机构和职能部门，并且成功地解决或解答了网民的各种诉求。政府妥善、宽容、积极地对待网络上的声音，是社会主义民主政治和法制建设的进步，同时也是汇聚民声的胶东在线社会责任的直接体现，更是令人尊敬的网站品格。

（孙光海/《网络传播》杂志总编助理）

附二 “网上民声”栏目大事记

2003年5月 胶东在线网站在全国首创“网上民声”栏目，共有28个部门参与，被烟台市委、市政府确定为政府部门与市民沟通交流的一条重要渠道。

2003年11月10日 央视《新闻联播》在显著位置报道了“网上民声”在听民声、解民意、办实事，有效提高政府行政效能和服务效能方面的经验。

2003年12月12日 新华社以《烟台市建立政府市民网上对话制度》为题，对胶东在线“网上民声”经验作了报道。

2004年4月28日 中新社记者以《不怕“衙门”脸难看 烟台有条网上官民对话渠道》为题对“网上民声”经验做了报道。

2004年5月 胶东在线召开“网上民声”一周年座谈会，烟台市直机关工委常务副书记李胜学致辞，副书记李浩生出席会议。

2004年9月 《山东信访》第8期刊登了题为《烟台市开通“胶东在线”与市民“网上对话”》的文章，介绍本网“网上民声”经验与做法。

2004年9月17日 原烟台市市长周齐视察胶东在线，高度评价了“网上民声”栏目。

2004年9月23日 红网、东北网、网易、四川新闻网等国内知名网络新闻媒体和商业网站领导到本网参观考察。来宾们详细了解了“网上民声”的工作程序、运作情况，纷纷表示要学习这一成功做法。

2004年12月7日 吉林省政府副秘书长兼信访局局长关德伟考察胶东在线“网上民声”。

2005年4月7日 山东省委宣传部副部长徐向红考察胶东在线，高度评价“网上民声”是反映舆情的重要窗口，是宣传工作的创新之举，并安排在当年6月份召开的全省舆情工作会议上做经验介绍。

2005年5月14日 内蒙古乌兰察布市委宣传部常务副部长王晓平一行26人专程到本网考察学习“网上民声”经验。

2005年11月15日 在第五届中国网络媒体论坛上，本网总编辑邓兆安向与会同仁介绍了“网上民声”经验，引起了中国网络媒体的强烈反响。北京千龙网、上海东方网等网络媒体负责人和中国传媒大学专家对胶东在线的“网上民声”给予高度赞赏。

2006年1月24日 烟台市委副书记范庆梅看望胶东在线网站工作人员，对“网上民声”给予充分肯定。

2006年6月 网上民声获2005年度山东新闻奖网络新闻专栏类金奖。

2007年4月27日 国务院新闻办网络局副局长魏正新、人民网副总裁官建文、中新网总裁孙永良等到胶东在线视察。魏正新指出：网上民声值得总结推广，让全国的网络媒体都来学习。

2007年8月24日 山东省委宣传部副部长徐向红，省广播电视局副书记、副局长魏绍水在原烟台市广电局局长郑云的陪同下视察胶东在线，再次对“网上民声”栏目做了高度评价。徐部长表示，将安排有关人员对“网上民声”栏目作进一步调研，并在全省总结和推广该栏目的经验做法。

2007年9月10日 在全国地方重点新闻网站第五次联席会议上，本网总编邓兆安重点介绍了“网上民声”栏目的发展经验，引起了与会代表的极大关注。

2007年9月12日 山东省委宣传部在《山东宣传信息》和《山东宣传工作》上同时以《畅通社情民意　促进服务民生——胶东在线网站倾力搭建政府群众“连心桥”》为题，刊发推广“网上民声”经验。

2007年9月24日 山东省委宣传部副部长刘保聚在烟台市委宣传部副部长陈海涛和市委外宣办主任牟志勇的陪同下到胶东在线参观考察，并对“网上民声”经验给予了充分肯定。

2007年10月 中宣部在重要内参《宣传信息清样》上以《胶东在线网站倾力打造“网上民声”搭建政府群众“连心桥”》为题，向高层领导推介“网上民声”的具体做法、效果和启示。山东省委常委、宣传部长李群在《宣传信息清样》上作出批示，要求在全省进一步总结推广这一经验。

2007年10月28日 时任山东省委外宣办、省政府新闻办主任（现任山东省委宣传部副部长）黄泽存到胶东在线网站视察指导工作，对“网上民声”栏目给予了高度评价。

2007年11月12日 《网络传播》杂志对本网总编辑邓兆安进行了专访，并以较大篇幅介绍了“网上民声”的发展经验。

2007年11月24日 新华社山东分社记者王志专程到胶东在线采访“网上民声”经验做法，并发表了题为《政府对话群众 看烟台如何减“中间环节”》的内参。

2007年12月14日 在第四届中国城市新闻网站联盟总裁（总编）年会上，本网总编辑邓兆安以“搭建市民和政府交流平台”为主题向与会的各新闻网站重点介绍了“网上民声”等名牌栏目的成功经验，得到与会代表的高度评价。

2008年1月30日 “网上民声”获得中国互联网最高奖——“2007年度中国互联网品牌栏目（频道）”。

2008年2月2日 烟台市委常委、时任烟台市委宣传部长朱秀香，烟台市政府副市长杨丽来到胶东在线网站视察，指导“网上民声”栏目。

2008年4月30日 “网上民声”获得第18届中国新闻奖网络作品复评优秀专栏。

2008年6月9日 山东省委常委、宣传部长李群到胶东在线网站视察指导工作，详细了解了胶东在线网站特别是“网上民声”栏目的运作情况，对胶东在线网站六年来所取得的辉煌业绩给予充分的肯定和祝贺。

2008年6月26日 胶东在线成功举办了“服务民生共建和谐”网上民声五周年回眸与展望庆祝活动。

2008年7月11日 浙江在线新闻网站党委书记、管委会主任项宁一，浙江省人民政府新闻办网宣处处长王四清来到胶东在线参观考察，重点了解“网上民声”栏目经验。

2008年7月14日 山东省委宣传部副部长刘宝莅在烟台市委宣传部副部长张革非、时任烟台市广播电视局副局长（现任烟台广播电视台台长）李明的陪同下，到胶东在线考察调研网上“民声栏目”的运作情况。

2008年7月18日 山东省新闻工作者协会副主席兼秘书长张作生到胶东在线考察，重点调研“网上民声”栏目的整体运作情况。

2008年8月21日 时任山东省网络文化办公室主任（现任山东省委外宣办主任）李建军在烟台市委宣传部副部长陈海涛，外宣办主任牟志勇陪同下，考察“网上民声”栏目，并对该栏目开通五年来所取得的骄人成绩给予充分肯定和高度赞赏。

2008年9月18日　第七届地方网联研讨会在烟台召开，来自全国各地25家地方重点网络媒体的总编参加了研讨会，学习了胶东在线“网上民声”经验。

2008年10月　汇编民声栏目征文精彩篇章的《民声乐章》一书，正式与广大网友见面。

2008年10月　网上民声被山东省委宣传部列为全省重要典型，在省直12家重要媒体进行集中宣传报道。

2009年1月24日　烟台市委书记、市人大常委会主任孙永春在烟台市委宣传部常务副部长刘明光、时任市广播电视局副局长（现任烟台文化广播新闻出版局副局长）方嘉孚的陪同下，来到胶东在线网站亲切看望全体员工，并为网上民声栏目题词：通达民意，反映民声。

2009年6月13日　国务院新闻办公室网络新闻宣传局局长李伍峰到胶东在线网站视察工作，并听取“网上民声”栏目经验介绍。

2009年6月20日　“网上民声”理论研讨会在烟台成功召开，山东省网络文化办公室主任刘致福、烟台市委宣传部副部长毕庶礼出席会议并致辞。

2009年6月22日　烟台市委常委、时任烟台市纪委书记王晓敏到胶东在线网站视察指导工作，并欣然为本网六年来潜心打造的品牌栏目“网上民声”题词：倾听群众呼声，促进作风建设。

2009年7月6日　“网上民声”通过公开征集的方式确定了栏目主题歌、宣传语和标志。

2009年8月　“网上民声”被烟台市委宣传部确定为全市重要典型，市直新闻媒体进行了集中宣传报道。

2009年10月30日　“网上民声”荣获第19届中国新闻奖一等奖（新闻名专栏），这是网络作品纳入中国新闻奖评选以来，国内地级市网站作品首次获此殊荣。该奖项不仅填补了烟台新闻史上中国新闻奖一等奖的空白，也实现了山东省网络作品首个大奖零的突破。

2009年11月8日　胶东在线总编邓兆安在北京参加第19届中国新闻奖颁奖大会，

受到中共中央政治局常委李长春，中共中央政治局委员、中央书记处书记、中宣部部长刘云山的亲切接见。

2009年12月 胶东在线总编邓兆安在第19届中国新闻奖获奖作品高端研讨班上做重点发言。

2009年12月 胶东在线应国家广电总局培训中心邀请为全国省级电视台总监做“网上民声”经验介绍。

2010年5月 中国记协新闻培训中心副主任刘梓良到胶东在线调研“网上民声”栏目。

2010年7月23日 胶东在线应中国记协邀请到内蒙古赤峰市介绍“网上民声”经验。

2010年8月18日 胶东在线总编邓兆安在中国互联网大会网络媒体创新论坛上就“网上民声”品牌建设进行演讲。

2010年9月16日 胶东在线在第七届中国城市新闻网站联盟年会上全面系统地介绍了“网上民声”等系列品牌建设经验。

附三 “网上民声”标志、宗旨、宣传语和主题歌

标志：

网上民声
ONLINE PEOPLE VOICE

标志寓意：标志以抽象的汉字“网”和“民”组合图形，并融入飘扬的丝带，直接点明“网上民声”的内涵和性质；纵横交错的“丝带”表达出民众对社会现象的不同理解，反映出“网上民声”构建表达诉求、解决问题的平台；标志以冷暖色调相结合，不仅体现出“网上民声”的严肃性和严谨性，而且展现出“网上民声”生机勃勃的发展前景！（www.jiaodong.net/minsheng）

宗旨：服务民生，共建和谐。

宣传语：网上民声，有求必应。

主题歌：网上民声之歌

有一道彩虹，
连接人间真情；
有一条纽带，
传递民意走进民心。
和风细雨搭起阳光平台，
小小空间捧出一片温馨。
啊，网上民声，网络天下，
字字句句，让人倾听！

有一个窗口，
敞开智慧心灵；
有一种声音，
呼唤公正彰显公平。
建言献策谱写真知灼见，
惩恶扬善迎来灿烂黎明。
啊，网上民声，闻达天下，
共建家园，携手同行！

（作词：张艳莲）

附四 参考文献、资料索引

[1]高兆明．社会失范论[M]．江苏：江苏人民出版社，2000
[2]刘祖云．社会转型解读[M]．武汉：武汉大学出版社，2005
[3]（美）安东尼·奥勒姆．政治社会学导论[M]．董云虎等译．浙江：浙江人民出版社，1989，114
[4]汪海波．改革开放30年经济发展的成就及其根本动力——兼及中国化马克思主义的改革观[N]．中国经济时报，2008，07
[5]陆学艺．当代中国社会阶层研究报告[M]．北京：社会科学文献出版社，2002
[6]张航．网络舆论不是民意的全部[N]．解放日报，http://news.163.com/09/0831/19/5I2NGE2N000120GR.html，2009，08
[7]喻国明．中国社会舆情年度报告（2010）[Z]．北京：人民日报出版社，2010
[8]国务院新闻办公室，中国互联网状况白皮书[Z]．2010
[9]张淑华．网络民意与公共决策：权利和权力的对话[M]．上海：复旦大学出版社，2010
[10]佚名．百度百科——周久耕[EB]，http://baike.baidu.com/view/2057114.htm?fr=ala0_1
[11]佚名．百度百科——邓玉娇[EB]，http://baike. baidu. com/view/2443586.htm
[12]佚名．大案要案的律师为何总遭"解雇"？[N]．南方周末．http://news.ifeng.com/society/5/200906/0625_2579_1220093.shtml
[13]佚名．百度百科——躲猫猫[EB]．http://baike.baidu.com/view/808510.htm
[14]杜俊飞．沸腾的冰点——2009中国网络舆情报告[Z]．浙江：浙江大学出版社，2010
[15]中国互联网络信息中心（CNNIC）．中国互联网络发展状况统计报告[R]，1997，11
[16]中国互联网络信息中心（CNNIC）．第26次中国互联网络发展状况统计

报告[R]，2010，6
[17]张莹．“网络暴力”恣意蔓延 “虚拟空间”呼唤社会公德[N]．京华时报，2008—12—02
[18]张慧中．美国网络暴力第一案的思考[Z]．人民网，http://news.qq.com/a/20081201/000885.htm，2008，12，01
[19]郭丽华．网络暴力现象探析[Z]．新闻传播，2009，11
[20]由姗姗．不穿“马甲”的网民县长：海南临高县长符永[N]．南方周末，http://news.163.com/06/0323/10/2CT279GI0001124T．html，2006，03
[21]韩月．上海市长韩正首次公开回应网友留言[Z]．人民网，http://leaders.people.com.cn/GB/12003726.html，2010，6，29
[22]佚名．广东省委书记汪洋与网友交流回应做秀质疑[Z]．新浪网，http://news.sina.com.cn/c/p/2010-07-02/115220597583.shtml，2010，07，02
[23]威尔伯·施拉姆．威廉·伯特．传播学概论[M]．李启、周立方译．北京：北京大学出版社，2007年版
[24]佚名．国务院研究部署进一步推进依法行政工作[N]．法制日报，http://news.sohu.com/20100624/n273033604.shtml，2010，06
[25]张之华．中国新闻事业史文选[Z]．北京：中国人民大学出版社
[26]邵恩荣．我国新闻舆论监督的现状研究[D]，兰州大学，2005，09
[27]中共中央文献编辑委员会．邓小平文选第三卷[Z]．北京：人民出版社，1993
[28]田大宪．新闻舆论监督研究[Z]．
[29]赵建凯．网络十年路 互联网聚民意唱民声[Z]，http://www.itxinwen.com/view/new/html/2009-08/2009-08-11-666301.html，2009，08，11
[30]中国共产党第十六次全国代表大会报告
[31]杨清林．港媒：新媒体已成为中共执政新手段[N]．中国新闻网，http://news.qq.com/a/20100107/001446.htm，2010，01，07
[32]佚名．什么是舆情，什么是网络舆情？[Z]．中科天玑，http://www.golaxy.cn/Article_View.asp?id=23，2009，05，04
[34]刘传建．网络新闻发言人：挑战和机遇[N]．四川日报，http://news.163.com/09/1028/06/5MMMVPIU000120GR.html，2009，10，28

后 记

经过近一年时间的写作，本书终于付梓了。从开始酝酿到完稿，我们深刻感受到了写作的艰辛和不易，但同时也收获了许多，对我们所创办的“网上民声”栏目有了更新的认识，对网络问政有了更深入的理解。

本书的写作，缘起胶东在线一个荣获第19届中国新闻奖一等奖的栏目——网上民声。该栏目作为中国首个制度化网络问政平台，其运作实践具有极强的示范意义和研究价值。我们的初衷是探讨党政机关在社会转型期大背景下，如何加强“执网能力”建设这一重要命题，以及对各级党政机关和网络媒体积极参与网络问政起到一定的推动作用。

目前，国内还很少有人对网络问政进行系统的、深入的理论研究，但是有不少评论、分析性文章见诸报端或网络。我们在具体写作过程中，根据需要提出了一些新的概念和观点，针对某些概念做出了新的解释。由于写作需要，该书引用了大量的参考资料，我们都尽可能地做到了明确标注，也尽可能地和大多数作者取得联系并得到许可，如果在版权方面不慎有冒犯之处，一定请当事者及时联系我们。此外，由于我们学识和能力有限，书中难免存在错误，敬请专家学者、读者批评指正。对此，我们深表感谢。

本书在付印前夕，我们想到了应该感谢的人们：

作为本书的顾问、烟台广播电视台台长李明对全书的策划及写作提出了重要的、具体的指导意见，使得该书体例更加合理，观点更加鲜明。

《网络传播》杂志总编助理孙光海对本书的写作和最终出版有重要贡献，他从专业的视角对该书的框架、篇章、行文以及规范做了细致地指导和点拨。

中国人民大学新闻学院党委书记高钢教授提出高质量的建议，并为本书作序；

人民网原总裁何加正先生对本书的肯定并为书作序；

国务院新闻办公室网络新闻协调局侯召迅处长对此书部分章节进行了审定与指导；

山东省委宣传部副部长刘保聚、山东省委外宣办主任李建军、山东省网络文化办公室主任刘致福对“网上民声”栏目给予了亲切关怀和重点扶持，对此书提出了宝贵的建议。

北京网络媒体协会会长闵大洪教授从专业角度给予指导；

中国传媒大学传播系主任邓炘炘教授从传播学视角给予指导；

清华大学新闻与传播学院党委副书记周勇给予重要指导；

深圳网络媒体协会副会长、深圳新闻网副总编胡宝祥从媒体角度给予指导；

烟台市直机关工委常务副书记李胜学、副书记李浩生在“网上民声”创办、发展过程中做了大量工作，付出了辛勤汗水；

烟台市委宣传部常务副部长刘明光、副部长陈海涛给予了亲切关怀和指导；

烟台市委外宣办主任牟志勇提出了许多指导性意见。

我们还要感谢胶东在线的全体同仁，没有他们的支持，本书不能顺利完成。网站副总编殷守龙、新闻部主任孙玲姿、副主任杨胜武、“网上民声”栏目主编宋君等同事提供了珍贵的图片和史料，使本书的大量案例更为生动与鲜明。更要感谢那些默默奉献、辛勤工作的“网上民声”参与部门和工作人员，他们是“网上民声”平台中的重要组成部分。

最后要感谢南方日报出版社领导和张高编辑，他们将专业精神与职业精神完美融合，为本书的编辑与成功出版付出了大量的心血。

互联网发展日新月异，已经而且将继续带给人类意想不到惊喜。胶东在线为能诞生在这样一个充满活力、朝气蓬勃的时代而欣喜，是时代的发展与社会的进步成就了此书。我们期待着社会各界对该书批评指正，期待专家学者不吝赐教，以修正谬误，日臻完善。

作者谨识

2010年10月